AF390980

SUTTON AND SONS LECTURE

LA CULTURE DES LÉGUMES ET DES FLEURS DANS LES ZONES TEMPEREES À PARTIR DES GRAINES ET DES RACINES

TOME 1

Traduit par PATRICK KUNYIMA LUPUMBA

CONTENUS

LA CULTURE DES LÉGUMES

L'horticulture participe pleinement au caractère progressiste de l'époque. Des changements ont été effectués dans le potager qui sont tout aussi remarquables que les méthodes modifiées de locomotion, d'éclairage et d'assainissement. Les légumes sont cultivés dans une plus grande variété, de meilleure qualité, et sont envoyés à la table à la fois plus tôt et plus tard dans la saison que ce qui était considéré comme possible par les jardiniers des générations précédentes.

Lorsque Parkinson demanda à ses lecteurs de préparer des melons à manger en mélangeant avec la pulpe «du sel et du poivre et une bonne réserve de vin», il devait être familier avec des fruits très différents des superbes variétés qui sont maintenant en faveur. Une plante apparentée, le concombre, est plus prolifique que jamais, et les fruits gagnent l'admiration pour leur forme symétrique.

La tomate a cessé d'être un luxe d'été pour quelques-uns, et est maintenant prisée comme un mets délicat tout au long de l'année par toutes les classes de la communauté.

Grâce à l'habileté de l'hybrideur, les pommes de terre modernes produisent des récoltes plus lourdes, moins susceptibles de succomber aux attaques de maladies, que les anciennes variétés, et la meilleure qualité de table a été maintenue.

Les pois ne sont pas ce qu'ils étaient parce qu'ils sont tellement meilleurs. Alors que les pouvoirs de la plante ont été concentrés, ce qui fait qu'elle occupe moins de place et cause moins de problèmes, sa productivité a été augmentée et sa qualité améliorée. Toute la tribu des impulsions a partagé l'avance, et une comparaison de n'importe quelle douzaine ou score des sortes préférées de pois ou de haricots cultivés aujourd'hui avec le même nombre de favoris de la moitié ou même d'un quartd'un siècle depuis prouvera aussitôt que le progrès de l'horticulture n'est pas le rêve de l'amateur.

Parmi les Brassicas, comme le brocoli, les choux de Bruxelles, le chou et le chou-fleur, on peut citer une série d'exemples remarquables; et les racines telles que la betterave, la carotte, l'oignon, le radis et le navet offrent d'autres exemples remarquables d'amélioration. Les salades également, dont le céleri, la chicorée, l'endive et la laitue, ont participé au changement bénéfique et offrent un large choix de gourmandises, adaptées aux différentes périodes de l'année. En effet, on peut vraiment dire qu'aucun des occupants du potager n'a refusé d'être amélioré par croisement et sélection scientifiques.

Les légumes disponibles pour un usage quotidien offrent un champ large et des plus intéressants à l'expert en matière de sélection et d'hybridation. Pour les réalisations passées, nous sommes redevables au travail inlassable des spécialistes et à leurs efforts continus, nous attendons de nouveaux résultats. Personne ne peut le dire si l'avenir réserve des changements plus importants que ceux qui ont déjà été observés. Une seule chose est certaine, cette finalité est inaccessible, et la connaissance de ce fait ajoute au charme d'une poursuite fascinante. Heureusement, les innovations ne sont plus accueillies avec la suspicion ou l'hostilité qu'elles rencontraient autrefois. Dans les jardins menés avec un esprit d'entreprise, les nouveautés sont les bienvenues et ont un procès impartial. Le jardinier prudent considérera ces semis comme purement expérimentaux, fait dans le but exprès de vérifier si de meilleures récoltes peuvent être assurées dans les années à venir. Pour ses approvisionnements principaux, il s'appuiera sur les variétés dont l'expérience s'est avérée adaptée au sol et adaptée aux besoins du ménage qu'il doit desservir. En cultivant le meilleur de tout et en cultivant bien tout, non seulement les meilleurs produits sont assurés en abondance, mais chaque année, le jardin présente de nouvelles caractéristiques intéressantes.

En considérant l'ordre général de travail dans le potager, le premier principe est que sa puissance productive doit être taxée au maximum. Il n'y a pas besoin de jachère - pas de repos du sol; et s'il devait arriver que la perplexité des cultures dures surgisse au sujet de l'élimination des produits, les trois proverbiales voies sont ouvertes: vendre, donner ou creuser l'étoffe comme fumier. Le dernier cours sera bien payé, en particulier pour l'élimination des restes de chou, chou frisé, navets et autres légumes qui ont résisté à l'hiver et occupent le terrain nécessaire pour les graines de printemps. Enterrez-les dans des tranchées et semez des pois, des haricots, etc., sur eux, et en temps voulu, la pleine valeur sera obtenue pour les récoltes enfouies et le travail accordésur eux. Mais une culture dure implique un fumage abondant et un remuage incessant du sol. Enlever beaucoup et en mettre peu, c'est comme brûler la bougie aux deux extrémités, ou s'attendre à ce que le fouet soit un substitut efficace au maïs lorsque le cheval a du travail supplémentaire à faire. Creusez toujours profondément: si le sol est peu profond, il est conseillé de tourner la broche supérieure de la manière habituelle et de briser complètement le sous-sol pendant encore douze ou quinze pouces. Là où le sol est profond et l'agrafe bonne, tranchez un morceau chaque année deux crachats profonds, l'automne étant le meilleur moment pour ce travail, en raison de l'immense avantage qui résulte de l'exposition du sol nouvellement transformé à la pluie, la neige, le gel, et le reste de la grande armée d'agences fertilisantes de la Nature.

Dans les travaux pratiques, il n'y a rien de tel que la méthode. Recadrez le sol systématiquement, comme si un compte rendu de la procédure devait être présenté à un comité de critiques sévères. Prévoyez constamment les travaux futurs et la disposition du sol pour diverses cultures, en gardant à l'esprit les proportions qu'elles doivent avoir les unes par rapport aux autres. Soyez attentif à avoir une quantité suffisante d'herbes aromatisantes et garnissantes toujours prêtes et à portée de main. Ceux-ci sont parfois recherchés soudainement, et dans un jardin bien ordonné, il ne devrait pas être difficile de récolter une touffe de persil dans le noir. Changer les cultures d'un endroit à l'autre, afin d'éviter de cultiver les mêmes choses sur les mêmes parcelles en deux saisons successives. Cette règle, bien que d'une grande importance, ne peut être strictement suivie et peut être ignorée dans une certaine mesure lorsque la terre est constamment et fortement engraisonnée. C'est, cependant, de plus de conséquences en relation avec la pomme de terre qu'avec tout autre, et cette racine précieuse devrait, si possible, être cultivée sur une parcelle différente chaque année, de sorte qu'il faudra trois ou quatre ans à parcourir le jardin. Enfin, semez tout dans des exercices à la bonne distance. La diffusion est un mode de semis négligé, et nécessite une culture négligente par la suite. Lorsque les cultures sont en semoirs, elles peuvent être efficacement éclaircies, désherbées et sarclées- en d'autres termes, elles peuvent être cultivées. Mais la diffusion exclut assez bien le cultivateur de la terre, et ne peut être recommandé qu'à l'homme paresseux, qui se contentera d'une demi-récolte de mauvaise qualité, tandis que la terre peut être capable de produire une récolte à la fois la plus lourde et la meilleure . Être cultivé sur une parcelle différente chaque année, de sorte qu'il faudra trois ou quatre ans à parcourir le jardin. Enfin, semez tout dans des exercices à la bonne distance. La diffusion est un mode de semis négligé, et nécessite une culture négligente par la suite. Lorsque les cultures sont en semoirs, elles peuvent être efficacement éclaircies, désherbées et sarclées - en d'autres termes, elles peuvent être cultivées. Mais la diffusion exclut assez bien le cultivateur de la terre, et ne peut être recommandé qu'à l'homme paresseux, qui se contentera d'une demi-récolte de mauvaise qualité, tandis que la terre peut être capable de produire une récolte à la fois la plus lourde et la meilleure. . être cultivé sur une parcelle différente chaque année, de sorte qu'il faudra trois ou quatre ans à parcourir le jardin. Enfin, semez tout dans des exercices à la bonne distance. La diffusion est un mode de semis négligé, et nécessite une culture négligente par la suite. Lorsque les cultures sont en semoirs, elles peuvent être efficacement éclaircies, désherbées et sarclées - en d'autres termes, elles peuvent être cultivées. Mais la diffusion exclut assez bien le cultivateur de la terre, et ne peut être recommandé qu'à l'homme paresseux, qui se contentera d'une demi-récolte de mauvaise qualité, tandis que la terre peut être capable de produire une récolte à la fois la plus lourde et la meilleure. . et nécessite une culture négligente par la suite. Lorsque les cultures sont en semoirs, elles peuvent être efficacement éclaircies, désherbées et sarclées - en d'autres termes, elles peuvent être cultivées. Mais la diffusion exclut assez bien le cultivateur de la terre, et ne peut être recommandé qu'à l'homme paresseux, qui se contentera d'une demi-récolte de mauvaise qualité, tandis que la terre peut être capable de produire une récolte à la fois la plus lourde et la meilleure. . et nécessite une culture négligente par la suite. Lorsque les cultures sont en semoirs, elles peuvent être efficacement éclaircies, désherbées et sarclées - en d'autres termes, elles peuvent être cultivées. Mais la diffusion exclut assez bien le cultivateur de la terre, et ne peut être recommandé qu'à l'homme paresseux, qui se contentera d'une demi-récolte de mauvaise qualité, tandis que la terre peut être capable de produire une récolte à la fois la plus lourde et la meilleure. .

GLOBE Artichaut

Cynara Scolymus

Le Globe Artichaut est cultivé principalement pour ses capitules qui en font un plat délicieux lorsqu'il est cuit immature. La plante est facilement élevée à partir de graines, bien qu'elle ne soit pas tout à fait rustique dans certains districts. Il poussera sur presque tous les sols, mais pour la production de grosses têtes charnues, un sol riche et profond est nécessaire. La préparation du sol doit être libérale, et en dehors de l'utilisation de fumier animal, la plante peut être grandement aidée par les cendres de bois et les algues, car elle est friande de fumier salin, sa maison étant les plages de sable de l'Afrique du Nord.

La routine la plus simple de la culture consiste à semer chaque année et à laisser chaque plantation se tenir debout jusqu'à la fin de la deuxième saison. Les graines peuvent être semées en février dans des caisses de terre légère ou en pleine terre en mars ou avril. Dans le premier cas, mettez les graines à un pouce de profondeur et à quatre pouces de distance, et faites-les démarrer à feu doux. Pousser régulièrement sur les semis et durcir complètement avant la plantation à la fin du mois d'avril, en laissant à chacun un espace de trois à quatre pieds dans chaque sens. Dans des conditions favorables, les plants du semis de février produiront des têtes en août, septembre et octobre suivants. La deuxième année, les têtes se formeront en juin et juillet. Cet arrangement assure non seulement un approvisionnement en têtes de juin à octobre, mais permet une rotation plus efficace des cultures dans le jardin.

Les semis en pleine terre doivent être effectués en mars ou avril, dans des semoirs distants d'un pied. Éclaircissez les plantes à six pouces de distance dans les rangées et laissez-les reposer jusqu'au printemps suivant, date à laquelle elles peuvent être transplantées sur des plates-bandes permanentes.

Les artichauts de globe peuvent également être cultivés à partir de drageons plantés en avril à une hauteur d'environ neuf pouces. Mettez-les assez profondément, marchez fermement et posez-les sur un paillis rugueux qui peut être utile. Si le temps est sec, ils devront être arrosés, et pendant une période de sécheresse chaude, de l'eau et du fumier liquide doivent être donnés librement pour assurer un bon approvisionnement en grosses têtes. Les semis qui sont bien démarrés dans un lit approprié prennent mieux soin d'eux-mêmes que les plants de drageons, surtout en saison sèche. Les semis vigoureux envoient leurs racines à une grande profondeur.

Donner des conseils sur le désherbage et le binage pour la promotion d'une croissance propre et forte ne devrait pas être nécessaire, car toutes les cultures en ont besoin.attention. Mais quant à la production de grosses têtes, quelques conseils peuvent être utiles. Certains cultivateurs ont l'habitude de tordre un morceau de fil autour de la tige à environ trois pouces sous la tête. Cela a certainement tendance à augmenter la taille, mais le même objectif peut être atteint par d'autres moyens. En premier lieu, un lit profond et riche et des approvisionnements abondants en eau favoriseront la croissance de fines têtes. Une aide supplémentaire dans la même direction sera dérivée de l'élimination de toutes les têtes latérales qui apparaissent lorsqu'elles sont à peu près aussi grandes qu'un œuf. Jusqu'à ce stade, ils ne taxent pas en grande partie les énergies des plantes; mais à mesure que les fleurs se forment en elles, leurs demandes augmentent rapidement. Leur enlèvement a donc un effet immédiat sur les têtes principales, et celles-ci atteignent de grandes dimensions sans l'aide de fil. Les petites têtes seront appréciées à de nombreuses tables pour être consommées crues, car elles sont consommées en Italie, ou cuites comme des `` frits d'artichauts ''. Les têtes principales plus grandes sont les meilleures pour servir bouillies de la manière habituelle. Une fois les têtes utilisées, les plantes doivent être coupées.

Les blettes sont la croissance estivale blanchie des artichauts Globe et sont par beaucoup préférés aux cardons blanchis. Au début de juillet, les plantes sélectionnées pour les blettes doivent être coupées à environ six pouces au-dessus du sol. Dans quelques jours après cette opération, ils auront besoin d'un arrosage abondant, qui doit être répété chaque semaine, sauf en cas de fortes pluies. À la fin du mois de septembre, les plantes auront beaucoup poussé et seront prêtes à être blanchies. Rassemblez-les, mettez une bande de foin ou de paille autour d'eux et mettez-les à la terre, en finissant le travail proprement. Le blanchiment prendra six semaines au complet, pendant lesquelles il n'y aura que peu de croissance - d'où la nécessité de promouvoir une croissance libre avant la mise à la terre. Les bettes non utilisées avant l'arrivée de l'hiver peuvent être soulevées et conservées en les emballant dans du sable dans un hangar sec.

L'Artichaut est rustique sur les sols secs lorsque l'hiver n'est que de sévérité moyenne. Mais sur les sols rétentifs, qui sont les plus favorables à la production de fines épis, un hiver rigoureux détruira les plantations à moins qu'elles n'aient une sorte de protection. La procédure habituelle consiste à couper les tiges et les grandes feuilles sans toucher les petites feuilles centrales, et, quand un gel sévère semble probable, terrasser partiellement les rangées avec de la terre prise entre les deux; cette protection est renforcée par l'ajout de litière sèche légère jetée sans serrer. Avec le retour du printemps, la litière est enlevée, la terre est creusée, et tous les drageons sauf environ trois sont enlevés: puis un pansement généreux de fumier est creusé, en prenant soin de faire commepeu de dommages aux plantes au-dessus et au-dessous du sol que possible. Au bout de cinq ans, une plantation sera assez épuisée; dans un sol assez pauvre, il sera épuisé dans trois ans. Mais sur tout type de sol, la culture de cet élégant légume est grandement simplifiée en semant chaque année et en permettant aux plantes de ne reposer que deux ans, comme déjà conseillé.

TOPINAMBOUR

Helianthus tuberosus

Le topinambour est un membre de la tribu du tournesol, assez robuste et productif de racines saines qui sont en faveur de beaucoup comme un mets délicat, et par d'autres sont considérés comme sans valeur. On dit que les hommes sages apprennent à manger toutes les bonnes choses que produit la terre, et cette racine est une bonne chose lorsqu'elle est correctement servie; mais cuit de la même manière qu'une pomme de terre, c'est certainement un légume très pauvre. Il est cependant intéressant de noter qu'en ce qui concerne la valeur nutritive, il est à peu près égal à la pomme de terre; par conséquent, en la cultivant pour un usage domestique, rien ne se perd dans le chemin de la nourriture, même s'il doit être cuit d'une manière différente.

Le topinambour poussera n'importe où; en effet, il rapportera souvent un rendement rentable sur des terres qui ne conviennent à aucune autre culture, mais pour assurer un échantillon fin, il faut un terreau friable en profondeur et une situation ouverte. Nous avons fait pousser d'immenses récoltes sur une argile solide et profonde, mais ce n'est pas une plante argileuse, car elle souffre bientôt d'un excès d'humidité. Bien préparer le sol pour cette culture est une question importante, car elle s'enracine librement et fait une immense pousse supérieure, atteignant, lorsqu'elle est très vigoureuse, une hauteur de dix ou douze pieds. Tranchée et fumier en automne, et laisser la terre agitée pour l'hiver. Plantez en février ou mars, en utilisant des ensembles entiers ou coupés avec environ trois yeux chacun, et placez-les dans des tranchées de six pouces de profondeur et de trois pieds de distance, les ensembles étant distants d'un pied dans les tranchées. Quand les plantes apparaissent, bêchez le sol entre, dessinez un peu de terre fine sur les tiges et laissez le reste à la nature. Prélevez une partie de la récolte en novembre et stockez-la dans le sable et creusez le reste quand vous en avez besoin, comme recommandé dans le cas du panais. Les tubercules doivent être creusés avec une fourchette en ouvrant des tranchées et en nettoyant tous les débris de racines, car tout ce qui reste poussera et deviendra gênant la saison suivante.

ASPERGES

Asparagus officinalis

L'asperge est une plante liliacée de durée pérenne, et elle nécessite un traitement plus généreux que la majorité des cultures potagères. Dans des conditions favorables, il s'améliore avec l'âge au point de justifier la meilleure culture possible. Les plantations qui ont résisté et prospéré pendant vingt ou même trente ans ne sont pas rares, mais une durée moyenne juste est de dix ans, après quoi il est généralement conseillé de casser un lit, la précaution étant d'abord prise pour assurer un lit de succession sur un sol frais bien préparé à cet effet. Les plantations se font soit en semant des graines, soit à partir de racines transplantées; et bien que les racines soient extrêmement sensibles lorsqu'elles sont déplacées, le succès peut, en règle générale, être assuré par des soins spéciaux et une action rapide, en supposant que la période appropriée de l'année est choisie pour l'opération. L'avantage d'utiliser des racines est le gain de temps, et dans la plupart des jardins, c'est une considération importante. Heureusement, les racines peuvent être plantées presque aussi sûrement à l'âge de deux ou trois ans qu'à un an.

Sol. —Les asperges pousseront dans n'importe quel sol bien cultivé; un loam sableux riche et profond est particulièrement approprié. Un sol calcaire n'est en aucun cas défavorable aux asperges; cependant, un sable riche en humus n'est pas moins à désirer, car les plus beaux échantillons de la croissance européenne sont les produits des quartiers autour de Paris et de Bruxelles. L'asperge de Londres, qui est appréciée par beaucoup pour sa pleine saveur et sa tendreté, est pour la plupart cultivée à proximité, dans des sols alluviaux profonds enrichis en abondance de fumier. La nature nous donne la clé de chaque secret qui concerne notre bonheur, et sur la culture de l'asperge, elle est libérale dans son enseignement. La plante pousse à l'état sauvage sur les côtes sablonneuses des îles britanniques - une preuve qu'elle aime le sable et le sel.

Préparation du terrain. - La culture de routine doit commencer par une préparation minutieuse du sol. Un drainage efficace est impératif, car l'eau stagnante dans le sous-sol est fatale pour la plante. Mais un terreau riche n'a pas besoin de la fumure extravagante qui a été recommandée et pratiquée. Creuser en profondeur et, lorsque le sous-sol est bon, creuser des tranchées peuvent être recommandés, mais un fumage moyen suffira, car les asperges peuvent être efficacement aidées par des pansements annuels et une culture de surface appropriée est d'une grande importance dans les étapes suivantes. Il est nécessaire de choisir un espace ouvert pourla plantation. La préparation du sol doit commencer à l'automne et se poursuivre tout l'hiver, un épais pansement de fumier d'écurie à moitié pourri étant mis en premier lieu et creusé à deux pieds de profondeur. Au cours d'un mois, la pièce entière doit être tranchée. Si le travail est à l'ordre du jour, une troisième tranchée peut être effectuée avec avantage, et la surface peut être laissée striée jusqu'à ce qu'il soit temps de la niveler pour l'ensemencement. Il sera évident que cette routine est d'un caractère quelque peu coûteux, mais nous supposons que la plantation doit rester pendant de nombreuses années, ce qui donne un rendement abondant pour le premier investissement. Pourtant, nous sommes tenus de dire qu'un approvisionnement en capital pour une table modérée peut être obtenu en préparant un morceau de bonne terre dans une situation ouverte d'une manière tout à fait ordinaire avec un creusement profond en hiver, en ajoutant à l'époque environ six pouces de fumier gras stable, et en le laissant ainsi jusqu'à ce que le temps de semer la graine arrive. Ensuite, il sera bon de niveler et de pointer, à une demi-bêche de profondeur, une mince couche de fumier pourri pour faire un joli lit de semence.

Lorsque le sol connu pour être inadapté, comme une argile humide ou un terreau pâteux, doit être préparé pour les asperges, il sera trouvé une pratique économique pour enlever la broche supérieure, que nous supposerons être du gazon ou un vieux sol cultivé, et sur l'espace ainsi dégagé forme un lit des meilleurs matériaux possibles à la commande. Vers ce mélange, il y a la broche supérieure dont on vient de parler. Ajoutez tous les déchets de chaux disponibles provenant des bâtiments détruits, du sable, de la tourbe, de la moisissure des feuilles, de la terre de surface ratissée à l'arrière des arbustes, etc., et le résultat devrait être un bon compost obtenu à un coût presque nominal.

Taille du lit et semis.- A ce stade, plusieurs questions d'une importance considérable se posent. Et d'abord, si la récolte doit être cultivée sur le plat ou dans des lits surélevés. Là où le sol est suffisamment profond et le drainage parfait, le système plat répond bien. Les avantages des plates-bandes surélevées sont qu'elles approfondissent le sol, facilitent le drainage, favorisent la chaleur et facilitent ainsi la croissance d'une récolte précoce. En fait, les plates-bandes surélevées permettent de cultiver des asperges sur des sols à partir desquels ce légume ne pourrait autrement pas être obtenu. La préparation est la même dans les deux cas, et par conséquent nous ne ferons plus allusion aux plates-bandes, mais laissons ceux qui les adoptent qui trouvent leur sol et leurs exigences convenables. Vient maintenant la question de la distance, dont dépend la largeur des lits. Le premier point peut être réglé par la mesure de la plante, et le second par la mesure de l'homme. Les bâtons de monstre sont évalués à certaines tables, et nous y reviendrons plus tard, mais une récolte abondante d'asperges belles, mais pas anormales, répond aux exigences de la plupart des ménages. Après de nombreuses expériences, nous sommes arrivés à la conclusion que le meilleur moyen d'assurer un retour complet de très bons bâtons, avec le moins de travail, est de disposer le terrain en lits de trois pieds, avec des allées de deux pieds entre les deux. Dans certains cas, sans aucun doute, des lits de cinq pieds, contenant trois rangées de racines, une au milieu et une de chaque côté à une distance de dix-huit pouces, sont préférables. Pour la majorité des jardins, cependant, le lit de trois pieds est un avantage distinct, ne serait-ce que pour le fait que toute excuse pour mettre un pied sur le lit est évitée. Sur ce lit étroit, seules deux rangées de plantes seront nécessaires. Posez la ligne à neuf pouces du bord des deux côtés, et à des intervalles de quinze pouces dans les rangées, trempez des trous de deux pouces de profondeur, laissant tomber deux ou trois graines dans chacun. Cela donnera une distance entre les rangées de dix-huit pouces. Dans les terres très solides, fortement fumées, les trous peuvent être distants de dix-huit pouces au lieu de quinze. Avril est le bon mois pour semer.

Amincissement. - Lorsque «l'herbe» des graines a atteint une hauteur d'environ six pouces, seule la plante la plus forte doit être laissée à chaque station, et elles devraient finalement se tenir à une distance de quinze ou dix-huit pouces dans la rangée. Une grande partie des blessures signalées à la suite de plantations rapprochées a été le résultat de la négligence lors de l'éclaircie. La jeune plante est une chose si mince et si délicate que, pour l'opérateur irréfléchi, il semble insensé de se réduire à un seul. La conséquence est que deux ou trois, ou peut-être une demi-douzaine, des plantes sont laissées à chaque station pour `` combattre '', et celles-ci deviennent si mélangées qu'elles semblent être une, bien que vraiment nombreuses, et bien sûr, parmi elles, elles produisent plus de pousses que ne peut être nourri correctement par la portée limitée de leurs racines. L'amincissement sévère, ou peut-on dire mathématique, est une *condition sine quâ non*, et cela nécessite des yeux pointus et des doigts prudents; mais il faut le faire pour que les lits d'asperges deviennent, comme il se doit, la fierté du Potager.

Blanchir. —La grave question des asperges blanches *par rapport aux* asperges vertes que nous ne pouvons pas traiter, sauf en ce qui concerne le cultivateur uniquement. Sur le point du goût, donc, nous ne disons rien; et c'est une simple question de gestion si les bâtons sont blanchis jusqu'au bout, ou autorisés à devenir verts pendant quelques centimètres. Le blanchiment s'effectue de diverses manières. L'accumulation de terre molle, telle que la moisissure des feuilles, l'accomplira. Sur le continent, de nombreux artifices sont utilisés, comme le recouvrement des têtes avec des tuyaux en bois ou en terre. Dans quelques quartiers de France des bouteilles de champagne avec le fondcoupés sont employés. Mais une forte croissance étant assurée, le cultivateur trouvera facile de régler le degré de couleur en fonction des exigences de la table qu'il doit servir. En règle générale, une croissance moyennement robuste, avec une belle exposition de couleur pourpre, est partout appréciée, et est la plus facile à produire, car la plus naturelle.

Il y a cependant un point intéressant à propos de la production d'asperges vertes, et c'est que si le temps hivernal prévaut lorsque les têtes se lèvent (comme c'est malheureusement souvent le cas), les tiges vertes tendres peuvent être fondues par le gel et devenir sans valeur. , ou peut être rendu assez dur pour placer la qualité inférieure à celle des asperges blanchies; car le blanchiment est aussi un procédé protecteur, et l'asperge blanche à croissance rapide est souvent plus tendre et savoureuse que celle qui est verte, mais elle a poussé lentement. Au fur et à mesure que la saison avance et que les têtes montent rapidement, l'asperge verte acquiert sa saveur et sa tendreté appropriées, et donc des considérations pratiques devraient plus ou moins influencer les décisions finales en matière de goût. L'activité du cultivateur est de produire le type de croissance nécessaire, qu'elle soit blanche ou verte, ou d'une qualité intermédiaire entre les deux. Cela se fait facilement, en tenant compte des conditions. Lorsque l'asperge verte est la seule en demande, le cultivateur peut être conseillé d'avoir en préparation, comme les têtes font leur premier spectacle, un approvisionnement suffisant de certains matériaux de protection rugueux et bon marché, tels que l'herbe et les mauvaises herbes grossières, coupé avec une faucille de coins bizarres des arbustes et des prairies, ou du foin propre et de la paille parfaitement exempts de moisissure; mais pour des raisons évidentes, une litière stable ne doit pas être utilisée. Une très légère aspersion de matériau sur un lit d'asperges qui fait une première exposition de produits évitera les gelées matinales et compensera amplement le peu de difficulté à conserver de nombreux bâtonnets verts tendres que les gelées fondraient en gelée et rendraient sans valeur. Après la deuxième ou troisième semaine de mai, la litière peut être retirée si nécessaire;

Coupe. «Les asperges fournies par les producteurs du marché sont inutilement longues dans la tige. Les paquets ont un aspect imposant, sans doute, mais la longueur inutile n'ajoute rien au confort de ceux qui sont à table, et est une taxe inutile sur l'énergie de la plante. Pour la consommation domestique, il suffit généralement que la partie blanche mesure environ quatre pouces de long, ce qui détermine la profondeur à laquelle les bâtons doivent être coupés. Ici, il peut être utile de remarquer que les racines profondément enfouies ne se développent pas aussi bien que celles qui sont plus près de la surface, ni produire de telles récoltes précoces. Les bâtons sont généralement coupés en poussant vers le bas un couteau rigide à pointe étroite, ou une scie spécialement conçue, près de chaque pousse; et il faut le faire avec jugement, sinon les pousses adjacentes, qui ne sont pas suffisamment avancées pour révéler leur présence en soulevant le sol, peuvent être endommagées. Pour éviter ce risque de blessure par le couteau, il est possible à partir de certains lits d'obtenir les bâtons sans l'aide d'aucun outil par une torsion et une traction combinées, mais le processus nécessite une main adroite et est impraticable dans des sols tenaces. Les bâtons d'un bel échantillon seront blancs de quatre à cinq pouces de longueur; les sommets se ferment, dodus, d'une couleur vert violacé, et la couleur s'étendant à deux ou au plus trois pouces le long des tiges. La taille et le degré de coloration sont, cependant, si entièrement des questions de goût qu'aucune règle précise ne peut être énoncée. Il est plus juste de dire que, si elle est cultivée généreusement, la plante peut être coupée la troisième année; et cette coupe devrait cesser vers le milieu de juin, ou au début de juillet, selon le district. Pour le bien de la plante, plus tôt la coupe cesse, mieux c'est, car les bourgeons de l'année suivante doivent être formés dans les racines à l'aide de la croissance supérieure de la saison en cours.

Désherbage et piquetage.—Deux autres points relatifs à la direction générale méritent l'attention. Certaines cultures se portent assez bien lorsqu'elles sont négligées et remplies de mauvaises herbes. Ce n'est pas le cas avec les asperges. L'usine semble avoir été conçue pour profiter de la vie dans la solitude, étant impropre à la concurrence; et si les mauvaises herbes cèdent la place dans un lit d'asperges, le cultivateur paiera une lourde amende pour sa négligence dans son devoir. La limitation des lits à une largeur de trois pieds est donc importante, car elle facilite le désherbage sans mettre un pied dessus. L'autre point découle de la nécessité de soutenir la plante fragile dans des endroits où elle peut être exposée au vent. Lorsque les asperges en plein été sont brutalement secouées, les tiges se détachent à la base et les racines perdent le service de la croissance supérieure des bourgeons mûrs pour la saison suivante. Prévenir cette blessure est assez facile, mais les précautions doivent être prises en temps utile. Une utilisation gratuite de piquets légers et plumeux, tels que ceux utilisés pour le support des pois, enfoncés fermement sur tout le lit, assurera tout le soutien nécessaire lorsque les coups de vent soufflent. En l'absence de bâtonnets de pois, des piquets robustes, placés à des distances appropriées et reliés par des longueurs de ficelle épaisse goudronnée, répondront également bien. Dans les jardins abrités, il n'est pas nécessaire de recourir à la protection des jeunes pousses avec de la litière et des pousses matures avec des piquets, mais dans les situations exposées, ces précautions ne doivent pas être négligées. En l'absence de bâtonnets de pois, des piquets robustes, placés à des distances appropriées et reliés par des longueurs de ficelle épaisse goudronnée, répondront également bien. Dans les jardins abrités, il n'est pas nécessaire de recourir à la protection des jeunes pousses avec de la litière et des pousses matures avec des piquets, mais dans les situations exposées, ces précautions ne doivent pas être négligées. En l'absence de bâtonnets de pois, des piquets robustes, placés à des distances appropriées et reliés par des longueurs de ficelle épaisse goudronnée, répondront également bien. Dans les jardins abrités, il n'est pas nécessaire de recourir à la protection des jeunes pousses avec de la litière et des pousses matures avec des piquets, mais dans les situations exposées, ces précautions ne doivent pas être négligées.

Fumier des lits permanents. —La gestion des asperges comprend un nettoyage soigneux des planches en automne. Les plantes ne doivent pas être coupée tant qu'elles ne changent pas de couleur; alors toute la croissance supérieure peut être éliminée et la surface nettoyée. Donnez aux lits une vinaigrette généreuse de fumier à moitié pourri et retouchez soigneusement les côtés pour les rendre propres et bien rangés. Il est habituel en même temps de creuser et de fumier les allées, mais cette pratique nous nous opposons *in toto*, parce qu'il tend directement à la production de bâtonnets maigres là où les gras sont possibles; car les racines coulent librement dans les allées, et creuser, c'est les détruire. Au printemps, nettoyez les lits de la vinaigrette d'automne en ratissant tout reste de fumier dans les allées, et les lits et les allées doivent ensuite être soigneusement piqués avec une fourchette de deux ou trois pouces de profondeur seulement, et avec grand soin de ne pas blesser tout racines.

L'application du sel nécessite du jugement. Pendant un certain temps, il rend le lit froid, et lorsqu'il est suivi de neige, les deux se combinent pour former un mélange glacial qui arrête la croissance des plantes établies. Sur un lit nouvellement fabriqué, le sel n'est pas nécessaire et peut s'avérer destructeur pour les racines. Le moment approprié pour appliquer le sel doit être déterminé par le district et le caractère de la saison; mais en aucun cas le minéral ne doit être utilisé jusqu'à ce que la croissance active ait commencé, bien qu'il ne soit pas nécessaire d'attendre que la croissance soit visible au-dessus de la surface. Dans les comtés du sud, une opportunité appropriée peut généralement être trouvée du début à la mi-avril. Les deuxième et troisième pansements peuvent suivre à des intervalles de trois semaines, ce qui non seulement stimule les racines mais empêche les mauvaises herbes.

Planter des racines. - Dans de nombreux jardins où il y a de la place pour deux ou trois lits seulement, il y aura le désir très naturel de sécuriser les asperges dans un temps plus court que ce qui est possible à partir de graines, et nous procédons donc à indiquer la meilleure méthode de plantation des racines. Les racines d'asperges ne sont pas faciles à enlever, en particulier les plantes anciennes et établies. Le simple séchage des racines par exposition à l'atmosphère leur est nettement préjudiciable. Ils voyageront en toute sécurité sur une longue distance lorsqu'ils seront bien emballés, mais le temps critique se situe entre le déballage et leur acheminement en toute sécurité vers leur domicile final. Tout doit être préparé pour le transfert avant l'ouverture de l'emballage et la tâche proprement dite de plantation doit être accomplie dans les plus brefs délais.

Un lit de trois pieds doit être préparé en retirant le sol de manière à laisser deux crêtes pour les racines. L'espace entre les crêtes doit être de dix-huit pouces, et les sommets des crêtes d'être tellement en dessous du niveau du lit que lorsque le sol est retourné,et le lit fait à son niveau normal, les couronnes seront à environ cinq pouces sous la surface. Ceci peut être compris à partir de l'illustration suivante d'une section coupée à travers le lit.

A, A représentent les allées entre les lits et B le dessus d'un lit. Les lignes pointillées montrent les crêtes sur lesquelles les racines doivent reposer à C, C.Lorsque le lit est prêt, ouvrez l'emballage et placez les asperges sur les crêtes à quinze ou dix-huit pouces de distance, permettant à environ la moitié des racines de chaque plante de tomber de chaque côté de la crête. En règle générale, il sera sage d'avoir deux paires de mains engagées dans la tâche. Le sol doit être rempli rapidement et une touche finale doit être apportée au lit. Il sera très rarement sûr de transplanter des asperges jusqu'à la fin mars ou au début avril, car bien que les racines établies passeront indemnes pendant un hiver très rigoureux, celles qui ont été récemment enlevées sont souvent carrément tuées par une période prolongée de temps froid et humide. , et surtout par la neige dégelée suivie du gel.

Asperges géantes.- Certains des juges les plus critiques de l'asperge dans le pays sont extrêmement friands des bâtons géants. Leur préférence n'est pas basée sur une simple supériorité en taille, mais sur la saveur particulière qui est le mérite particulier de ces asperges extra-larges lorsqu'elles sont correctement cultivées. Bien qu'il n'y ait aucune difficulté à les produire, il faut admettre que pour assurer des spécimens pesant près ou tout à fait une demi-livre, il faut prévoir beaucoup d'espace pour le développement complet de chaque plante et une utilisation prodigue de fumier est impérative. Lorsque le drainage est efficace, le sol de tout jardin bien labouré peut être adapté. Les racines peuvent être cultivées en touffes ou en rangées. Les touffes sont plantées en forme triangulaire, deux pieds étant autorisés entre les trois plantes de chaque groupe, avec une distance de cinq pieds entre les groupes. La méthode la plus courante, cependant, consiste à planter en rangées. Dans les deux cas, les détails culturels sont presque identiques, et pour obtenir les meilleurs résultats, il est sage de faire le travail préparatoire à des moments opportuns avant la saison des semis. En supposant que les rangées sont décidées, commencez les opérations en creusant une large tranchée profonde, jetant le sol à droite et à gauche pour former des côtés en pente jusqu'à ce qu'il y ait une profondeur perpendiculaire de vingt-sept pouces du haut de la crête. Environ un pied de sol préparé doit être placé au fond de la tranchée. Cela peut être composé de matériaux tels que les parures de haies, les balayures d'arbustes, les brindilles d'un tas de fagot, les cendres de bois et la moisissure des feuilles. Les constituants doivent dans une certaine mesure dépendre des matériaux commandés. Ce qu'il faut, c'est un compost léger, constitué presque entièrement de matière végétale dans un état de décomposition plus ou moins avancé. Ajoutez trois ou quatre pouces de terreau riche et, au début du mois d'avril, plantez de solides racines d'un an d'une variété à croissance robuste. Entre les plantes, il est habituel de laisser un espace d'au moins deux pieds, et certains cultivateurs les séparent d'un mètre. Couvrir les couronnes avec trois pouces de sol riche, préalablement mélangé avec du fumier et mis en place à cet effet. La deuxième rangée et les suivantes doivent être traitées de la même manière et le travail doit être géré de manière à laisser une distance égale de quatre pieds et demi ou cinq pieds entre les rangées. Lorsque le feuillage meurt à l'automne, une couche de terreau fertile mélangée à du fumier pourri doit être étalée sur la surface. Au printemps suivant, enlevez juste la croûte supérieure du sol et donnez une épaisse couche de fumier décomposé seul, sur lequel le sol peut être restauré. À l'automne de la deuxième année, le sillon doit être rempli de fumier de cheval pour l'hiver. Retirez ce fumier en mars et remplacez-le par un bon terreau contenant un mélange généreux de fumier décomposé préalablement incorporé au sol. Les légères arêtes qui restent peuvent ensuite être nivelées. Par ce traitement, de gros bâtonnets d'asperges peuvent être coupés la troisième année. Pour maintenir les plantes dans un état d'efficacité élevé, il faut bien comprendre que le forçage avec du fumier de cheval sera nécessaire chaque année suivante. Le blanchiment peut être effectué par l'une des méthodes habituelles, et les pots Sea Kale sont à la fois pratiques et efficaces. Aucune mauvaise herbe ne doit être visible sur les lits à tout moment.

Le forçage est pratiqué de diverses manières, et le meilleur système possible, sans doute, est de forcer dans les plates-bandes, et ainsi entraîner les plantes à leur travail pour qu'elles s'y habituent. Les producteurs qui approvisionnent Paris en asperges forcées produisent l'échantillon blanc dans les plates-bandes, et le vert en enlevant les racines aux cadres. Le forçage dans les lits peut être réalisé au moyen de tranchées remplies de matière en fermentation ou de conduites d'eau chaude, les lits étant dans les deux cas recouverts de cadres. Là où la demande d'asperges forcées est constante, il ne fait aucun doute que le système d'eau chaude est le moins cher ainsi que le plus propre et le plus fiable; pour un ravitaillement occasionnel dans les cadres répond très bien, mais cela présente l'inconvénient que lorsque la récolte est sécurisée, les racines sont sans valeur. On peut dire que la pratique du forçage commence avec la formation du lit de semence, car si elle doit être effectuée d'une manière systématique et rentable, chaque détail doit être prévu dans les arrangements originaux. La largeur des lits et des allées, et la disposition des plantes, devront être soigneusement examinées, afin d'assurer les meilleurs résultats d'une procédure coûteuse, et ce sera une perte de temps pour commencer à forcer jusqu'à ce que les plantes aient atteint leur quatrième année. La méthode approximative des maraîchers consiste à utiliser du fumier chaud dans les tranchées, ainsi que sur les plates-bandes, après la mise en place des cadres. Les lits mesurent généralement quatre pieds de large, les allées de deux pieds de large et vingt pouces de profondeur, et les plantes pas plus de neuf pouces de distance dans la rangée, il y a trois ou quatre rangées de plantes dans le lit. Les cadres sont mis en marche lorsque le forçage commence, mais les lumières sont retenues jusqu'à ce que les pousses commencent à apparaître. Ensuite, le matériau de fermentation est retiré des lits, les lumières sont allumées et aucun air n'est fourni, des nattes étant ajoutées par temps froid, à la fois pour conserver la chaleur et favoriser le blanchiment. Cette méthode produit un échantillon de marché équitable, mais une bien meilleure croissance peut être obtenue par un bon système d'eau chaude, comme on le comprendra à partir d'un examen momentané des détails. Par l'utilisation de matériel de fermentation, la température monte rapidement, parfois de manière extravagante, de sorte qu'il n'est pas rare que la croissance commence à 70 ° à 80 ° Fahr., Ce qui peut produire un bel échantillon, mais il sera sans saveur. Le système d'eau chaude permet un contrôle parfait, et le cultivateur avisé commencera à 50 °, montera lentement à 60 °, et veillera à ne pas dépasser 65 °; le résultat sera un échantillon plein de saveur, avec un aspect plus fin que le meilleur pouvant être obtenu par la méthode plus grossière.

Le forçage dans les cadres est systématiquement pratiqué dans de nombreux jardins, et comme il épuise les racines, il doit y avoir une production correspondante de racines à cet effet. La première condition requise est un bon foyer durable, recouvert d'environ quatre pouces de terre légère de toute nature, mais de préférence de la moisissure des feuilles. Les racines sont soigneusement soulevées et plantées aussi près que possible sur ce lit, et recouvertes d'un sol fin jusqu'à une profondeur de six pouces. Les ceintures sont ensuite mises et maintenues fermées; mais un peu d'air peut être donné lorsque les têtes se lèvent, pour favoriser la couleur et la saveur. La chaleur tournera généralement à 70 °, et ce chiffre devrait être le maximum autorisé. Les cultivateurs expérimentés préfèrent forcer à 60 ° ou 65 °, et prendre un peu plus de temps pour bénéficier d'un échantillon plus fin.

FÈVE

Faba vulgaris

Le Broad Bean est une plante économe, aussi rustique que n'importe quelle plante du jardin, et très accommodante quant au sol. Il est tout à fait à l'aise sur les terres lourdes, mais comme presque tous les autres légumes, il se développe sur un limon sableux profond. Compte tenu de la nature productive de la plante et de son occupation relativement brève du sol, le haricot commun doit être considéré comme l'une de nos cultures maraîchères les plus rentables. Les classes Longpod et Windsor devraient être cultivées. Pour le travail général, les Longpods sont inestimables; ils sont précoces, tout à fait rustiques, produisent de lourdes récoltes et, en apparence et en saveur, satisfont le monde entier, comme on peut le prouver en faisant appel aux marchés. Les haricots Windsor sont particulièrement appréciés pour leur qualité supérieure, étant tendres, pleins de saveur et, s'ils sont bien gérés, de couleur plus tentante lorsqu'ils sont mis sur la table.

Pour les récoltes précocesl es Longpods réclament l'attention, et les semis peuvent être effectués vers la fin d'octobre ou au cours du mois de novembre sur un sol sec en situation chaude, à l'abri du nord. Choisissez une journée sèche pour l'opération. En aucun cas la tentative ne doit être faite alors que les conditions du sol sont défavorables, même si les semis sont de ce fait différés pendant un certain temps. La distance doit dépendre des sortes, mais deux pieds répondront généralement comme la distance entre les doubles rangées; les deux lignes formant les doubles rangées peuvent être espacées de neuf pouces et la graine de deux pouces de profondeur. Sur un sol solide, une distance de trois pieds peut être autorisée entre les doubles rangées, mais il n'est pas bon de donner trop d'espace, car les plantes se protègent quelque peu et la précocité de la production est la question du moment principal. Consolidez soigneusement le sol pour favoriser une croissance solide et dure qui résistera avec succès à l'humidité excessive et au froid de l'hiver. C'est une excellente pratique de préparer un morceau de bon terrain en pente vers le sud, et sur cela de faire une plantation en février de plantes soigneusement soulevées des rangées de graines, partout où elles peuvent être épargnées comme éclaircies appropriées. Ceux-ci doivent être disposés en doubles rangées, espacées de trois pieds. S'ils sont transplantés avec soin, ils ne recevront qu'un léger contrôle et donneront un approvisionnement successif.

Principales cultures. —Un autre semis peut être effectué vers la fin du mois de janvier, mais pour la récolte principale, attendre février ou mars. Pour les cultures de succession, les semis peuvent être effectués jusqu'à la mi-avril, après quoi il y a un risque d'échec, en particulier sur les sols chauds. Un sol solide est approprié, et d'une manière générale, une récolte abondante de haricots peut être prélevée sur une argile bien gérée. Mais tout sol profond et frais répondra, et là où il y a une demande régulière de haricots, le cultivateur peut être conseillé de cultiver à la fois des Longpods et des Windsors - le premier pour la précocité et le volume, le second pour la qualité. Les doubles rangées de haricots de la culture principale doivent être entièrement espacées de trois pieds et les plantes assez éloignées de neuf pouces dans les rangées. La préparation du lit de semence doit être de nature généreuse. Là où une terre herbeuse ou une terre de qualité douteuse est brisée et tranchée, il sera assez sûr de la cultiver avec des haricots comme premier départ; et pour le préparer pour la récolte, une bonne masse de fumier gras stable doit être déposée entre la première et la deuxième broche, car cela portera la récolte à travers,

Il n'y a pas grand-chose à dire sur la culture des haricots; le sol doit être maintenu propre, et la houe aura son travail ici comme ailleurs. Le pincement des sommets dès qu'il y a une belle exposition de fleurs est un bon plan, que la mouche soit visible ou non, et il est également conseillé de déraciner toutes les plantes aussi vite qu'elles terminent leur travail, car si elles sont laissées, elles jeter des ventouses et épuiser le sol. La récolte de la récolte est souvent si négligemment effectuée que l'approvisionnement est soudainement interrompu.

Semis sous verre. - En cas d'urgence, les haricots peuvent être démarrés dans des pots dans la serre, ou sur du gazon dans des cadres pour la plantation, exactement de la même manière que les pois pour les cultures précoces. Cette pratique est pratique dans les cas où un sol lourdement gorgé d'eau empêche le semis en extérieur en automne et au début du printemps. Dans tous ces cas, il faut veiller à ce que le forçage soit du caractère le plus modéré, sinon la récolte sera pauvre et tardive, au lieu d'être abondante et précoce. Lorsqu'il est poussé sous verre pour la plantation, le jeune stock doit avoir autant de lumière et d'air que possible, compatible avec la sécurité, et une croissance lente et saine répondra mieux à l'objectif qu'une croissance rapide produisant de longues jambes et des feuilles pâles, car le physique de la petite enfance détermine dans une large mesure celle de la maturité, non moins chez les plantes que chez les animaux.

HARICOT FRANÇAIS NAIN

Phaseolus vulgaris

Parmi les légumes d'été, les haricots nains sont à juste titre en grande faveur et sont partout semés au plus tôt. avec des attentes raisonnables quant à leur sécurité. Ce semis précoce est tout à fait louable, car bien qu'il entraîne parfois la perte d'une plantation, le résultat global est avantageux et une très petite protection suffit pour porter la plante hâtive à travers les gelées tardives du printemps. Mais ceux qui approvisionnent nos tables en gourmandises vertes ne reconnaissent pas tous l'importance des semis tardifs de haricots nains. Là encore, un risque doit être encouru, mais le coût est insignifiant, et lorsque l'été se prolonge jusqu'en octobre, les haricots semés tardivement sont très prisés. Même s'ils produisent abondamment jusqu'en septembre, il y a un grand point gagné, mais qui ne peut être assuré dès les premiers semis; c'est impossible. Après juillet, il est inutile de semer des Haricots, mais là où la demande est constante, deux ou trois semis peuvent être effectués ce mois-ci, en choisissant les recoins les plus protégés que l'on puisse trouver pour eux. Pour les semis tardifs, les espèces les plus précoces devraient avoir la préférence.

Les haricots nains pour les cultures principales nécessitent un sol bon mais un peu léger; mais tout terreau assez productif répondra au but, et la récolte rapportera un rendement suffisant pour un creusage et un habillage raisonnables comme un cultivateur prudent ne manquera pas de donner. Dans le même temps, c'est une question d'une certaine importance pratique que les terres les plus pauvres jamais mises en labour produiront, en une saison moyenne, des récoltes utilisables de ces légumineuses, et sur un sol riche d'une certaine profondeur, le haricot nain subira la sécheresse estivale mieux que toute autre culture du potager. La précocité de la production est de la plus haute importance jusqu'à un certain point; mais une récolte précoce étant prévue, l'abondance de la production réclame ensuite la considération, les porteurs les plus lourds étant bien entendu les mieux adaptés pour les semis de la culture principale. En ce qui concerne les semailles et la culture générale, il est trop souvent vrai que les haricots nains sont encombrés de manière préjudiciable, même dans les jardins généralement bien gérés. Rien n'est gagné par la surpopulation. Au contraire, la perte survient toujours lorsque la plante individuelle, par manque d'espace, est entravée dans son plein développement.

Pour les récoltes précoces qui doivent éventuellement arriver à maturité en pleine terre, les premiers semis peuvent être effectués au mois d'avril, soit en caisses sous une chaleur douce, soit mieux dans un cadre en bordure ensoleillée sans chaleur artificielle. Dans les districts où le gel prédomine fréquemment en mai, et sur les sols lourds où les semis précoces à l'extérieur sont impraticables par temps humide, l'expédition des plantes sous verre est très souhaitable, mais la date réelle des semis doit dépendre des conditions locales. La croissance tendre produite par un processus de forçage n'est pas bien adaptée pour la plantation en mai; mais une plante produite lentement, avec beaucoup de lumière et d'air, sera robuste et forte, et si elle est éteinte avec soin dès que le temps doux survient en mai, elle fera de bons progrès et donnera une récolte précoce. La graine à cet effet doit être semée dans un sol gazon plutôt léger, car les plantes peuvent ensuite être soulevées sans endommager leurs racines charnues. Un traitement soigneux sera souhaitable pendant un certain temps après leur plantation, comme une protection contre le soleil et le gel, et un arrosage, si nécessaire, bien que moins il y ait d'arrosage, mieux c'est, à condition que les plantes puissent tenir leur terrain. La parcelle sur laquelle ces semis précoces doivent être transplantés doit être légère et riche, et orientée vers le soleil; ouvrez les lignes avec la pelle ou la houe de préférence à l'aide du dibber, et aussi vite que les racines sont déposées à leur place avec leurs boules de terre intactes, restaurer soigneusement le sol fin de la surface. Une manipulation brutale nuira gravement au résultat final, mais des soins ordinaires assureront des rassemblements abondants de produits de première classe à un moment où il n'y en a que peu sur le marché. Sur les sols secs, un petit semis peut être effectué vers la deuxième semaine d'avril sur une frontière sud abritée. Semez en doubles rangées espacées de six pouces et laissez une distance de deux pieds entre les doubles rangées. Lorsque les semis apparaissent, donnez une protection si nécessaire et, en temps voulu, éclaircissez les plantes à six pouces de distance dans les rangées. Sur les sols secs, un petit semis peut être effectué vers la deuxième semaine d'avril sur une frontière sud abritée. Semez en doubles rangées espacées de six pouces et laissez une distance de deux pieds entre les doubles rangées. Lorsque les semis apparaissent, donnez une protection si nécessaire et, en temps voulu, éclaircissez les plantes à six pouces de distance dans les rangées. Sur les sols secs, un petit semis peut être effectué vers la deuxième semaine d'avril sur une frontière sud abritée. Semez en doubles rangées espacées de six pouces et laissez une distance de deux pieds entre les doubles rangées. Lorsque les semis apparaissent, donnez une protection si nécessaire et, en temps voulu, éclaircissez les plantes à six pouces de distance dans les rangées.

Principales cultures sont semées de la dernière semaine d'avril à la mi-juin. La distance entre les rangées peut être de un pied et demi à deux pieds, selon la vigueur de la variété, les cultivateurs les plus forts ayant besoin de deux pieds, et la distance entre les plantes peut être de huit à douze pouces; il est donc bon de semer la graine distante de deux à trois pouces et de l'éclaircir dès que les feuilles rugueuses apparaissent. Le sol étant en assez bon état, il ne sera nécessaire de couper que sur la surface, voire pas du tout grumeleux, et avec la houe, dessiner des forets d'environ deux pouces de profondeur, ce qui est bien meilleur que le dibbling, sauf sur un sol très léger, lors du dibbling environ trois pouces de profondeur est tout à fait permis. De manière générale, si la parcelle est maintenue propre, les haricots prendront soin d'eux-mêmes; mais par temps sec, un arrosage abondant de temps en temps sera visiblement bénéfique, car bien que la plante supporte bien la sécheresse, elle est comme d'autres bonnes choses en exigeant quelque chose pour vivre. Dans les situations exposées et où les tempêtes sont fréquentes, c'est une excellente pratique de soutenir les plantes avec des brindilles touffues.

Cultures tardives. —Pour prolonger l'approvisionnement en extérieur, les semis peuvent être effectués au début de juillet. Lorsque le sol est devenu sec et dur, il est conseillé de faire tremper la graine dans l'eau pendant cinq ou six heures; les exercices doit également être arrosé et, si possible, le sol doit être recouvert de fumier pourri, de houblon épuisé ou de tout autre paillis pour favoriser et maintenir la végétation.

Le ramassage de la récolte doit être une question de discipline. Là où cela est fait avec insouciance, il n'y en aura bientôt plus à cueillir, car le gonflement de quelques graines dans des gousses négligées fera cesser la production des plantes. Par conséquent, tous les haricots devraient être récoltés lorsqu'ils sont d'une taille appropriée, qu'ils soient voulus ou non; c'est le seul moyen d'assurer un approvisionnement durable de bonne qualité à la fois en ce qui concerne la couleur et la tendreté.

Fournitures d'automne, d'hiver et de printemps.—Par des semis successifs sous verre, un approvisionnement continu en haricots peut être obtenu pendant l'automne, l'hiver et le printemps. Les semis les plus précoces doivent être effectués tous les quinze jours, de la mi-juillet à la mi-septembre, dans des cadres froids remplis de sol bien fertilisé. Mettez les graines à deux pouces de profondeur et à six pouces de distance, en rangées espacées d'un pied. Arrosez abondamment pendant les mois chauds et donnez une protection lorsque les nuits deviennent froides. Après la mi-septembre, les cultures de variétés naines doivent être cultivées dans des fosses chauffées ou dans des pots placés à une température chaude. Dans les fosses, les lits doivent avoir un pied de profondeur, les semoirs à un pied les uns des autres et les plantes six pouces en deux dans les rangées. Lorsque des pots sont utilisés, la taille de dix pouces sera la plus pratique. Seules trois parties remplissent les pots d'un bon compost et assurent un drainage parfait. Placez huit ou neuf haricots à un pouce et demi de profondeur dans chaque pot, réduisant éventuellement le nombre de plantes à cinq. Au fur et à mesure que les plantes progressent, de la terre peut être ajoutée à moins d'un pouce et demi des jantes. L'air et l'arrosage devront être gérés avec soin, car la croissance la plus robuste possible est nécessaire, mais il ne doit pas y avoir de froid, et tout excès d'humidité ou de sécheresse sera immédiatement préjudiciable. Lorsque quelques gousses sont formées, nourrir les plantes avec des applications alternées d'eau de suie et de fumier liquide, en commençant par des doses très diluées. Seringuez soigneusement les plantes deux fois par jour pour lutter contre Red Spider. La nuit, une température de 55 ° à 60 ° doit être maintenue. À la mi-février, les semis peuvent être faits dans des cadres dans lesquels six pouces de sol fertile ont été placés sur une bonne couche de litière ou de feuilles.

Flageolets est le nom donné aux graines de certains types de haricots nains et grimpants lorsqu'ils sont utilisés dans un état intermédiaire entre les gousses vertes (*Haricots verts*) et les graines bien mûres(*Haricots secs*), et ils sont fortement recommandés à des fins culinaires. L'utilisation de graines de haricot comme *flageolets* , bien que si peu connue dans ce pays, est très largement pratiquée à l'étranger, et dans les marchés aux légumes de nombreuses villes françaises, le décorticage des haricots des gousses semi-mûres par les femmes, en préparation pour la cuisson en la manière des pois verts, est un spectacle très familier. Les graines de presque toutes les variétés peuvent être utilisées de cette manière, quelle que soit leur couleur, car celle-ci n'est pas développée comme ce serait le cas si les graines étaient assez mûres.

HARICOT FRANÇAIS ESCALADE

Le haricot français grimpant a tous les mérites du haricot français nain, et le port grimpant prolonge non seulement la période de portage, mais entraîne un rendement tel qu'il ne peut pas être obtenu à partir des souches les plus prolifiques de la section naine. Bien que le haricot grimpant moderne ait une croissance moins vigoureuse que le coureur ordinaire, le premier peut généralement être utilisé avant que la récolte la plus avancée de coureurs ne soit prête. Pour un approvisionnement précoce à l'extérieur, les semences doivent être semées sous verre en avril, de la manière conseillée pour les cultures précoces de la classe naine. Endurcissez progressivement les plantes et transférez-les dans des quartiers permanents à la première occasion favorable. En pleine terre, des semis successifs peuvent être faits de fin avril à juin. La culture en extérieur des haricots verts grimpants est pratiquement la même que pour les variétés naines, sauf que les premiers sont généralement cultivés en doubles rangées espacées d'environ quatre à cinq pieds. Laisser les plantes se tenir enfin à neuf à douze pouces dans chaque sens, et les soutenir avec des bâtons touffus tels que ceux utilisés pour les pois, car les haricots grimpants fonctionneront beaucoup plus facilement sur ces derniers que sur des bâtons simples.

Le haricot grimpant est particulièrement utile pour produire des cultures sous verre au printemps et en automne, et les plantes se portent bien lorsqu'elles sont cultivées dans des bordures étroites avec les vignes dressées près du toit-verre au moyen de fil ou de ficelle auquel la croissance s'accroche facilement. Le traitement général peut être sensiblement le même que celui recommandé pour les variétés naines, un soin particulier étant apporté à l'arrosage et à l'aération. Pendant les mois d'automne, l'humidité atmosphérique doit être régulée avec prudence ou une grande partie du feuillage se dissipera, tandis qu'au printemps une atmosphère humide doit être maintenue et un arrosage systématique pratiqué. Les lits de concombre, de melon et de tomate à partir desquels les cultures ont été souvent utilisés à bon escient pour élever une culture de haricots grimpants, et généralement ces plates-bandes sont en excellent état pour les plantes sans ajout de fumier.

HARICOT

Bien qu'en France le terme *Haricot* soit donné à tous les types de Haricots, à l'exception de ceux de l'Anglais Broad Bean, dans ce pays le mot *Haricot* n'est généralement appliqué qu'aux graines séchées de certains Haricots Nains et Grimpants, notamment ceux qui sont blancs. Cependant, presque toutes les variétés peuvent être utilisées comme *Haricots* , mais les plus populaires sont celles qui produisent des graines de couleur unie, telles que le blanc, le vert et les différentes nuances de brun. Les graines doivent être semées au début de mai et les plantes traitées comme conseillé pour les haricots verts. Les gousses ne doivent pas être retirées des plantes tant que les graines ne sont pas complètement mûres. Si la maturation ne peut pas être terminée à l'air libre, arrachez les plantes et suspendez-les dans un hangar jusqu'à ce que les graines soient bien sèches.

HARICOT À RAMES

Phaseolus multiflorus

Les haricots d'Espagne ont besoin d'une culture généreuse et seront largement récompensés pour le traitement le plus libéral. Le point principal à garder à l'esprit est que la plante possède le système racinaire le plus étendu de tous les légumes de jardin. Des fouilles profondes et une fumure libérale sont donc essentielles là où la production des meilleures récoltes est visée. Si possible, l'ensemble du terrain à attribuer aux coureurs doit être profondément labouré et bien fertilisé en automne ou en hiver. Mais là où cela n'est pas pratique, le creusement de tranchées doit être réalisé en mars ou début avril. Enlevez le sol à une profondeur de deux pieds, et la tranchée peut être de deux pieds de large pour une double rangée de haricots. Briser complètement le sous-sol, remplir à moitié la tranchée avec du fumier bien décomposé et restaurer le sol de surface à quelques centimètres du niveau.

Moment du semis. - Il est rarement conseillé de semer les coureurs en plein air avant que le mois de mai ne soit assez avancé, car ils sont moins rustiques que les haricots nains, mais comme les approvisionnements tardifs sont partout valorisés, il est important de semer à nouveau en juin. Bien entendu, ces récoltes tardives sont sujettes aux caprices du temps automnal, bien qu'elles continuent souvent à porter jusque assez tard dans la saison. Dans les districts où les gelées printanières sont destructrices, et sur des sols froids ou dans des situations très exposées, les plantes peuvent être élevées dans des caisses pour être transférées à l'air libre. moulu, comme conseillé pour les haricots nains, mais dans le cas des coureurs, laissez un espace de trois pouces entre les graines.

Distances pour les rangées, etc. - Fréquemment, les rangées de haricots communs sont très proches et la récolte totale s'en trouve diminuée. Sur des sols profonds et bien préparés, les rangées simples s'avèrent généralement les plus productives et elles ne devraient pas être espacées d'au moins cinq pieds. Mais là où le sol est peu profond et généreux, une préparation n'est pas possible, et dans des positions balayées par le vent, des rangées doubles, espacées de neuf pouces, sont plus satisfaisantes. Entre les doubles rangées, laissez un espace de six à huit pieds, sur lequel le chou-fleur, la laitue ou d'autres sujets à petite croissance peuvent être plantés. Deux pouces est la profondeur appropriée pour mettre la graine, et c'est une politique sage de semer généreusement et éventuellement d'éclaircir les plantes à une distance de neuf à douze pouces dans les rangées.

Jalonnement. —Il sera toujours payant de fournir un soutien par des piquets, mais là où ceux-ci ne sont pas disponibles, des filets métalliques ou des brins de ficelle solide constituent des substituts efficaces. Immédiatement, les plantes mesurent quelques centimètres de haut, insérez les bâtons de chaque côté des rangées et attachez-les fermement aux piquets horizontaux placés dans la fourche près du sommet. Les moyens de support doivent être décidés et érigés avant la plantation des coureurs qui ont été élevés dans des caisses, évitant ainsi tout risque de blessure aux racines.

Mais les Runners font un bon retour lorsqu'ils sont maintenus bas par un étêtage, et sans aucun support, un système adopté par de nombreux maraîchers. Pour cette méthode de culture, les plantes espacées d'un pied en rangées simples sont espacées de trois pieds. Pincez les pointes lorsque les plantes ont dix-huit pouces de haut et répétez l'opération quand dix-huit pouces supplémentaires de croissance se sont formés.

Culture générale. - Comme les limaces et les escargots sont particulièrement friands des jeunes plantes, un saupoudrage occasionnel de vieille suie, de chaux éteinte ou de toute substance granuleuse doit être administré pour rendre les feuilles désagréables à ces ravageurs. Pendant la sécheresse, un arrosage abondant des rangs est essentiel, surtout sur les sols peu profonds; arroser les plantes le soir avec de l'eau douce est également pratiqué librement et cela facilite la mise en fleurs par temps sec. Un paillis de fumier pourri s'avérera très bénéfique pour les plantes et prolongera la période de production.

Dans certains jardins, les coureurs sont cultivés en groupes sur des tiges attachées ensemble au sommet, et lorsque ces groupes sont disposés à intervalles

44

réguliers de chaque côté d'un chemin, le résultat est extrêmement agréable. Ce mode de culture interfère très peu avec d'autres cultures, et l'effet ornemental peut être renforcé par la culture de variétés à fleurs blanches, rouges et bicolores.

Préserver les racines des coureurs est parfois recommandé. Nous pouvons seulement dire que c'est une procédure ridicule. Le plus grand soin est nécessaire pour garder les racines pendant l'hiver, et elles sont comparativement sans valeur à la fin. Une pinte de graines donnera une meilleure récolte qu'un certain nombre de racines qui ont coûté beaucoup de peine pour leur conservation.

Haricots communs pour l'exposition . - Bien que de beaux spécimens propres à l'exposition puissent souvent être récoltés à partir de la culture générale du jardin, une petite attention supplémentaire à la culture des haricots verts pour le travail d'exposition sera bien récompensée. Lorsqu'elles sont mises en scène, les gousses doivent non seulement posséder le mérite de la simple taille, mais elles doivent être de forme parfaite et assez jeunes. Une croissance rapide et robuste est donc essentielle à la réussite. Sélectionnez les plantes à la croissance la plus forte dans les rangées, et pendant quelques semaines avant que les cosses ne soient voulues, donnez des applications alternées de fumier liquide et d'eau claire. Pincez toutes les excroissances latérales et limitez le nombre de gousses à deux dans chaque cluster.

WAXPOD HARICOT

De nombreux visiteurs du continent ont appris à apprécier les belles qualités des haricots Waxpod, parfois appelés haricots beurre, dont les gousses sont généralement cuites entières. Il existe deux types, le nain et le coureur, pour lesquels respectivement la culture habituelle des haricots nains et des haricots verts conviendra tout à fait.

BETTERAVE DU JARDIN

Beta vulgaris

En tant que plante alimentaire, la betterave obtient à peine l'attention qu'elle mérite. Il ne manque pas d'appréciation de sa beauté à des fins de garniture ou de sa saveur en tant que composant d'une salade; mais d'autres utilisations auxquelles il se prête pour le confort et la subsistance de l'homme sont parfois négligées. En tant que plat simple pour accompagner la charcuterie, la betterave est la plus acceptable. Habillé de vinaigre et de poivre blanc, il est à la fois appétissant, nutritif et digestible. Servi en beignets, il est préféré par certaines personnes aux champignons, car il leur ressemble alors en saveur et se digère plus facilement. Il fait un cornichon de première qualité, et en tant qu'agent de coloration, il a une valeur, en raison de la salubrité parfaite de la riche teinte cramoisie qu'il confère à tout article alimentaire qui en a besoin.

Culture sur cadre . - Là où la demande de betteraves existe toute l'année, des semis précoces en chaleur sont indispensables. Pour cette méthode de culture, la variété Globe devrait être employée, et deux semis, le premier en février et un autre en mars, fourniront généralement un bon approvisionnement en racines avant les cultures en extérieur. Semez dans des semoirs sur un lit chaud doux et éclaircissez les plantes de six à neuf pouces de distance dans les rangées. Dès que les plantes sont suffisamment grandes, donnez de l'air à chaque occasion appropriée. Les jeunes betteraves fraîches ainsi cultivées trouvent beaucoup plus de faveur à table que celles qui ont été stockées pendant plusieurs mois. Ils sont également d'un grand service pour l'exposition, en particulier dans les collections de légumes primeurs.

Préparation du sol La culture de la betterave est de la nature la plus simple, mais un certain soin est nécessaire pour produire une récolte belle et rentable. La betterave fera un juste retour sur tout sol qui est correctement préparé pour elle; mais pour faire pousser cette racine à la perfection, il faut un terreau riche et léger, exempt de toute trace de fumier récent ou fort. Un sol de rang, ou un sol auquel du fumier a été ajouté peu de temps avant de semer la graine, produira des racines laides, certaines grossières avec une prolifération excessive, d'autres fourchues et donc de peu de valeur, et d'autres, peut-être, chanceuses et sans valeur. Le sol doit être bien préparé en creusant profondément quelque temps avant de constituer le lit de semence, et il est judicieux de cultiver de la betterave sur des parcelles qui ont été fortement fumées l'année précédente pour le chou-fleur, le céleri ou toute autre culture nécessitant une bonne culture. . Si le sol d'un ancien lit de melon ou de concombre peut être épargné, il peut être répandu sur la terre et creusé, et le morceau doit être brisé à temps pour devenir moelleux avant que la graine ne soit semée. Les algues sont un fumier capital pour la betterave, surtout si elles sont déposées au fond de la tranchée lors de la préparation du sol. Une vinaigrette modérée de sel peut être ajoutée avec avantage, car la betterave est une plante balnéaire.

Cultures précoces . - Là où les cadres ne sont pas disponibles pour fournir des approvisionnements précoces de betteraves, les cultures avancées peuvent souvent être obtenues en pleine terre en semant la variété Globe de la fin mars à la mi-avril, dans un endroit abrité. Bien sûr, plus le semis est précoce, plus le risque de destruction par le gel est grand, et les oiseaux peuvent prendre les semis. Une double épaisseur de filet à poisson, cependant, étirée sur des piquets à environ un pied au-dessus du sol, offrira une protection contre le premier et évitera les dé-prédations du second. Réglez les semoirs à environ douze pouces l'un de l'autre et semez la graine un pouce et demi à deux pouces de profondeur. Éclaircissez les plantes tôt et laissez-les reposer finalement à neuf pouces dans les rangées.

Culture principale.- La culture la plus importante est celle requise pour la salade, pour laquelle une betterave de couleur foncée et de saveur riche doit être préférée, et le but du cultivateur doit être d'obtenir des racines de taille moyenne, de forme et de finition parfaites. Le sol ayant été creusé à deux pelles au début de l'année, peut être transformé en lits de quatre pieds et demi au cours du mois de mars, préparatoire au semis. Le semis principal ne doit jamais être fait avant tout à fait fin avril ou début mai. Pour une récolte soignée, semez dans des semoirs de un pouce et demi à deux pouces de profondeur et espacés de douze à quinze pouces. Lorsqu'elles sont finalement éclaircies, les plantes doivent être espacées d'environ neuf pouces dans les rangées. Le désherbage manuel devra suivre peu de temps après le semis, et peut-être que la houe sera peut-être nécessaire pour compléter la main. L'éclaircie doit être commencée le plus tôt possible, mais c'est une perte de temps de planter les éclaircies, et c'est également une perte de temps d'arroser la récolte. En effet, si le sol est bien préparé, le désherbage et l'éclaircissage constituent tout le reste de la culture.

Certaines des betteraves plus petites et plus délicates, d'une couleur très foncée, peuvent être semées dans des forets à un pied ou quinze pouces de distance et éclaircies à six pouces de distance dans les forêts. Nous avons, en effet, soulevé de jolies récoltes de betteraves plus petites à quatre pouces, mais il n'est pas prudent d'entasser les plantes, car le résultat sera de fines racines avec de longs cous.

Sur des sols cailouteux peu profonds, où il est difficile de cultiver de belles betteraves longues, les variétés Globe et Intermédiaire peuvent être essayées avec la perspective d'un résultat satisfaisant. Pendant les saisons chaudes, nous les avons trouvés les plus utiles sur une argile humide où de fins spécimens de betteraves longues étaient rarement disponibles. À partir de cette même argile désagréable, il est possible d'obtenir de bonnes récoltes de longues betteraves, en faisant des trous profonds avec un dibber à un pied de distance et en les remplissant de substance sableuse de la cour de compost et en semant les graines dessus. C'est un processus fastidieux, mais il profite à la terre pour la prochaine récolte, et les betteraves le paient dans un premier temps.

Cultures tardives. —En semant les variétés Globe ou Navet en juillet, des racines utiles peuvent être obtenues en automne et en hiver. Espacer les semoirs comme indiqué pour les premières cultures. Les graines peuvent également être avantageusement semées à la volée; les jeunes plants se protégeront ainsi les uns les autres et les racines pourront être arrachées à mesure qu'elles mûrissent.

Levage et stockage. —Une récolte de betteraves peut être laissée dans le sol pendant l'hiver si elle est aidée par une couverture de litière pendant les gels. Mais il est plus sûr hors du sol que dedans, et le moment approprié pour le soulever est quand une touche de gel d'automne a été ressentie. De la terre sèche ou du sable, en quantité suffisante, doit être prêt pour le stockage, et une pince dans un coin abrité répondra si la pièce de remise est rare. Dans tous les cas, un endroit sec et frais est nécessaire, car l'humidité engendrera la moisissure et la chaleur provoquera la croissance. En coupant le dessus avant de le ranger, veillez à ne pas couper trop près de la couronne, sinon des saignements préjudiciables suivront. D'autre part, les longues racines en forme de crocs peuvent être raccourcies sans dommage, car le léger saignement qui se produira à cette extrémité n'affectera pas plus d'un demi-pouce environ à côté de la partie coupée. Un peu d'expérience apprendra à quiconque que les betteraves doivent être manipulées avec soin, sinon la bonté en manquera. Beaucoup de cuisiniers font cuire les betteraves parce que l'ébullition les gâte si souvent; mais s'ils ne sont nullement coupés ou meurtris, et sont plongés dans l'eau bouillante et maintenus à ébullition pendant une durée suffisante - une demi-heure à deux heures, selon la taille - il n'y aura qu'une petite différence entre l'ébullition et la cuisson.

La betterave argentée, ou chou de mer, est cultivée principalement pour la tige et la nervure médiane de la feuille, considérée par certains comme égale à l'asperge. Dans un sol de rang, avec beaucoup de fumier liquide, la croissance est rapide, robuste et la plante de bonne qualité, sans nécessité de mise à la terre. Semez en avril et mai, finement dans des semoirs, et permettez aux plantes de se tenir à environ quinze pouces l'une de l'autre. Les feuilles doivent être tirées et non coupées. Comme les tiges deviennent souvent noires lors de la cuisson, il est conseillé d'ajouter quelques gouttes de jus de citron à l'eau dans laquelle elles sont bouillies et, bien sûr, ne jamais utiliser de soda. Ils doivent être servis de la même manière que les asperges. Le reste de la feuille est habillé en épinards.

BORECOLE, ou KALE

Brassica oleracea acephala

Les Borécoles ou Kales sont indispensables pour l'approvisionnement en légumes d'hiver, et leur importance devient particulièrement manifeste lorsque de fortes gelées ont fait des ravages dans le Potager. On voit alors que les Borécoles les plus résistantes sont à l'épreuve de la température la plus basse de ces îles; et, tandis que le gel laisse les plantes indemnes, il améliore les sommets et les pousses latérales qui sont nécessaires à des fins de table.

En ce qui concerne le sol, les Borécoles sont les moins particulières de l'ensemble race de Brassicas. Ils semblent capables de fournir à la table des légumes verts d'hiver même lorsqu'ils sont cultivés sur un sol rocheux dur, mais un bon terreau leur convient admirablement, et une argile solide, bien labourée, produira un grand échantillon. En admettant donc qu'un bon sol vaut mieux qu'un mauvais, nous recommandons de semer les graines le plus tôt possible pour assurer à la plante une longue saison de croissance. Mais un semis précoce doit être suivi d'un semis précoce, car il est de mauvaise pratique de laisser les plantes entassées dans le lit de semence jusqu'à ce que l'été soit bien avancé. Ceci, cependant, est souvent inévitable, et il est bon de considérer à temps où les plantes doivent aller, et quand, d'après les moyennes, le terrain sera vacant pour les recevoir. Le premier semis peut être effectué au début du mois de mars et un autre à la mi-avril. Ces deux semis suffiront à presque toutes les fins imaginables. Un bon lit de semence dans un endroit ouvert est absolument nécessaire. Il est habituel de puiser directement dans le lit de semence pour la plantation au fur et à mesure que les opportunités se présentent, et cette méthode répond assez bien. Mais lorsqu'il est assez grand, il est préférable de piquer comme préparation pour la plantation finale, car une plante plus robuste et plus belle est ainsi sécurisée. S'il est prévu de suivre le plan approximatif et prêt, les semoirs doivent être espacés de neuf pouces; mais pour piquer six pouces répondra, et donc un très petit lit fournira beaucoup de plantes. Lorsqu'elles sont piquées, les plantes doivent être espacées de six pouces dans chaque sens, et elles doivent aller dans les derniers quartiers dès que les feuilles se touchent. Sur le plat, une bonne distance entre Borécoles est de deux pieds l'un de l'autre, mais certaines espèces vigoureuses en bonne terre paieront un autre pied d'espace et donneront d'énormes récoltes quand leur heure viendra. Le repiquage se fait généralement en juin et juillet, et dans de nombreux jardins, les choux frisés sont plantés entre les rangées de pommes de terre de deuxième récolte ou de culture principale. Le travail doit être effectué par temps pluvieux si possible, mais ces Brassicas ont un degré de vitalité étonnant. S'ils sont éteints pendant la sécheresse, très peu d'eau est nécessaire pour les démarrer, et à mesure que le temps frais revient, ils pousseront avec vigueur. Mais une bonne culture sauve une plante des conditions extrêmes; et c'est une excellente pratique de creuser de l'engrais vert lors de la préparation du terrain pour le chou frisé, car une croissance estivale libre est nécessaire à la formation d'une plante productive robuste. et produira d'énormes récoltes le moment venu. Le repiquage se fait généralement en juin et juillet, et dans de nombreux jardins, les choux frisés sont plantés entre les rangées de pommes de terre de deuxième récolte ou de culture principale. Le travail doit être effectué par temps pluvieux si possible, mais ces Brassicas ont un degré de vitalité étonnant. S'ils sont éteints pendant la sécheresse, très peu d'eau est nécessaire pour les démarrer, et à mesure que le temps frais revient, ils pousseront avec vigueur. Mais une bonne culture sauve une plante des conditions extrêmes; et c'est une excellente pratique de creuser de l'engrais vert lors de la préparation du terrain pour le chou frisé, car une croissance estivale libre est nécessaire à la formation d'une plante productive robuste. et produira d'énormes récoltes le moment venu. Le repiquage se fait généralement en juin et juillet, et dans de nombreux jardins, les choux frisés sont plantés entre les rangées de pommes de terre de deuxième récolte ou de culture principale. Le travail doit être effectué par temps pluvieux si possible, mais ces Brassicas ont un degré de vitalité étonnant. S'ils sont éteints pendant la sécheresse, très peu d'eau est nécessaire pour les démarrer, et à mesure que le temps frais revient, ils pousseront avec vigueur. Mais une bonne culture sauve une plante des conditions extrêmes; et c'est une excellente pratique de creuser de l'engrais vert lors de la préparation du terrain pour le chou frisé, car une croissance estivale libre est nécessaire à la formation d'une plante productive robuste. Le travail doit être effectué par temps pluvieux si possible, mais ces Brassicas ont un degré de vitalité étonnant. S'ils sont éteints pendant la sécheresse, très peu d'eau est nécessaire pour les démarrer, et à mesure que le temps frais revient, ils pousseront avec vigueur. Mais une bonne culture sauve une plante des conditions extrêmes; et c'est une excellente pratique de creuser de l'engrais vert lors de la préparation du terrain pour le chou frisé, car une croissance estivale libre est nécessaire à la formation d'une plante productive robuste. Le travail doit être effectué par temps pluvieux si possible, mais ces Brassicas ont un degré de vitalité étonnant. S'ils sont éteints pendant la sécheresse, très peu d'eau est nécessaire pour les démarrer, et à mesure que le temps frais revient, ils pousseront avec vigueur. Mais une bonne culture sauve une plante des conditions extrêmes; et c'est une excellente pratique de creuser de l'engrais vert lors de la préparation du terrain pour le chou frisé, car une croissance estivale libre est nécessaire à la formation d'une plante productive robuste.

Nous avons suggéré que deux semis peuvent être considérés comme généralement suffisants, mais nous devons prendre note du fait que les approvisionnements tardifs de ces légumes sont parfois décevants. Dans un hiver doux, les choux frisés réservés au printemps pousseront probablement lorsqu'ils devraient rester immobiles, et à la première pause d'agréables temps printaniers, ils s'envoleront, au grand désarroi de ceux qui attendaient d'eux beaucoup de corbeilles de pousses. Un semis de mai planté dans un endroit froid peut se tenir sans boulonnage jusqu'à ce que le printemps soit quelque peu avancé. Le chou frisé du type «Asparagus», tel que Sutton's Favorite, réussira souvent lorsqu'il sera semé jusqu'en juillet.

En ce qui concerne les variétés, ils sont à peu près d'accord dans la constitution, bien qu'ils diffèrent beaucoup en apparence et dans le pouvoir de résister à l'excitation du temps printanier. Mais dans cette section des légumes, il y a quelques sujets très intéressants. Les choux panachés et à crête sont extrêmement ornementaux et éminemment utiles dans les grands endroits à des fins décoratives. Ceux-ci ne nécessitent pas un sol aussi riche que Sutton's A1 ou Curled Scotch, et ils doivent avoir une exposition maximale pour faire ressortir leurs particularités. On constate que dans les sols calcaires un peu secs, ces plantes acquièrent leur couleur la plus élevée et les proportions les plus élégantes. Lorsqu'ils sont plantés sur les côtés des chariots et à d'autres endroits où leurs couleurs peuvent être correctement affichées, il est bon de couper les têtes peu après la fin de l'année, car cela favorise la production de pousses latérales des plus belles couleurs fraîches. Une récolte de chou frisé peut être avantageusement suivie de céleri.

BROCOLI

Brassica oleracea botrytis asparagoides

La grande importance de cette culture est indiquée par la longue liste de variétés et la liste encore plus longue de synonymes. En tant que légume, il n'a pas besoin d'éloges, et notre seule affaire sera de traiter la culture.

Par nécessité, nous commençons par des généralités. Tout bon sol fera pousser du brocoli, mais c'est une plante de terre forte, et une argile bien travaillée devrait donner des récoltes de première classe. Mais il y a tellement de types qui entrent en service à différentes saisons, que la culture peut être considérée comme un sujet quelque peu complexe. Nous partirons donc du principe que le meilleur doit être fait du sol aux commandes, quel qu'il soit. Les cultivateurs de Cornouailles doivent leur succès en grande partie à leur climat, qui porte leurs récoltes pendant l'hiver indemnes; mais ils ne cultivent le brocoli que sur un sol riche, et le gardent en bon cœur au moyen d'algues et d'autres engrais. Tous les détails de la culture du brocoli nécessitent un esprit libéral et une attention particulière, et la valeur d'une culture bien cultivée justifie un traitement de première classe. D'un autre côté, un légume mal cultivé ne paiera pas de loyer pour l'espace qu'elle couvre, sans parler du travail qui lui a été consacré.

Le lit de semences. - Les brocolis doivent toujours être semés sur de bons lits de semence et plantés; les lits de semence doivent être étroits, disons trois ou trois pieds et demi de large, et la semence doit être semée dans des semoirs d'un demipouce de profondeur au plus - moins si possible; et là où les moineaux hantent le jardin, il sera bon de couvrir les lits avec un filet, ou de protéger les rangées avec des gardes de pois en fil. Un moyen rapide de protéger toutes les graines rondes contre les petits oiseaux est de mettre un peu de plomb rouge dans une soucoupe, puis de saupoudrer légèrement la graine d'eau et de la secouer dans la mine rouge. Aucun oiseau ou souris ne touchera la graine ainsi traitée.

Les lits de semence doivent être entretenus avec un soin scrupuleux pour éliminer les mauvaises herbes et éviter d'autres dangers. Il est très important d'obtenir une plante robuste, courte, pleine de couleur et exempte de massue à la racine. Désormais, la propreté est en soi une garantie. Il favorise une croissance courte et robuste, car là où il n'y a pas de mauvaises herbes ou d'autres déchets, la jeune plante a beaucoup de lumière et d'air. L'éclaircie et la plantation précoces sont une autre question importante. Si la terre n'est pas prête pour la plantation, éclaircissez le lit de semence et piquez les plants. Une bonne récolte de brocoli vaut n'importe quelle quantité d'ennuis, bien que l'ennui doive être un mot inconnu dans le dictionnaire d'un jardinier.

Terrain de fumier. - En règle générale, le brocoli doit être planté dans un sol frais et, dans les régions douces, si le sol est à un certain degré avec de l'engrais vert, la récolte n'en sera pas pire. Mais le fumier de rang n'est pas nécessaire; un terreau doux profond et bien creusé produira une croissance saine et de belles têtes nettes. Cependant, il convient de noter que si un fumier de rang est sur le chemin, ou si le sol est pauvre et le veut, le brocoli le prendra gentiment, et tout le rang aura disparu bien avant qu'ils ne produisent leurs têtes crémeuses. . Néanmoins, il faut bien comprendre que plus le traitement est généreux, plus la croissance sera succulente, et dans les climats froids, une condition succulente peut mettre en danger la récolte lorsque le temps est dur.

Méthode de plantation. - Le brocoli suit bien les pois, les pommes de terre primeurs, les haricots verts primeurs et les fraises qui sont récoltés lors de la dernière récolte. Mais il ne suit pas bien le chou, le navet ou le chou-fleur; si le brocoli doit suivre l'un de ceux-ci, creusez profondément, fumez abondamment et, lors de la plantation, saupoudrez un peu de chaux fraîchement éteinte dans les trous. Les périodes de plantation dépendront de l'état des plantes et de la saison appropriée de leur mise en terre. Mais partout et toujours, les plantes doivent être sorties du lit de semence dans leurs quartiers permanents le plus tôt possible, car plus elles restent longtemps dans le lit de semence, plus elles risquent d'être attirées au-dessus et matraquées en dessous. En ce qui concerne les distances également, il faut tenir compte du sol, de la variété et de la saison. Pour toutes sortes, les distances vont de deux à deux pieds et demi; et pour la plupart des espèces de taille moyenne qui doivent se démarquer pendant l'hiver pour être utilisées au printemps, une distance de dix-huit à vingt-quatre pouces est généralement suffisante, car si elles sont assez proches, elles se protègent les unes les autres. Mais avec des espèces fortes dans des sols forts et des climats doux, deux pieds et demi dans tous les sens n'est pas de trop, même pour un hivernage en toute sécurité. Plantez fermement, arrosez si nécessaire et ne le laissez pas; mais, si possible, plantez par temps pluvieux et ne donnez pas d'eau du tout.

Brocoli d'automne.—Pour cultiver le brocoli d'automne de manière rentable, semez en février, mars et avril, les premiers semis dans un cadre pour assurer une croissance vigoureuse et les semis ultérieurs en pleine terre. Plantez dès que possible dans une terre fraîche qui a été profondément labourée. Si le sol est pauvre, faites des semoirs profonds, remplissez-les de fumier gras et plantez-les à la main, en prenant soin de presser les miettes de racines sur le sol de surface. Cela leur donnera un bon départ et ils prendront soin d'eux-mêmes par la suite. Quand ils montrent des signes de se diriger, exécutez des exercices peu profonds d'épinards épineux entre eux, et au fur et à mesure que cela se présente, le brocoli sera tiré, laissant aux épinards une bonne chance de faire une bonne récolte volée, ne nécessitant aucune préparation spéciale. Un autre semis de brocoli peut être effectué en mai, mais les semis précoces, s'ils sont un peu nourris en premier lieu, rapporteront mieux,

Le brocoli d'hiver ne doit pas être semé avant la fin du mois de mars et de là jusqu'à la fin du mois d'avril. En règle générale, les semis d'avril feront la meilleure récolte, bien que cela dépende beaucoup de la saison, du sol et du climat. Commencez à planter tôt et continuez à planter jusqu'à ce qu'une largeur de sol suffisante soit couverte. Dans des limites raisonnables, on constatera que le moment de la plantation n'affecte pas beaucoup la date à laquelle les têtes se retournent et n'influe que dans une mesure modérée sur leur taille.

Les brocolis de printemps sont capricieux, quoi qu'en dise le monde. Il arrive parfois que les espèces plantées pour la coupe tard au printemps se retournent plus tôt qu'elles ne le souhaitent, et le soleil plutôt que le semencier doit être blâmé pour leur précocité. Dans les saisons moyennes, les espèces tardives tournent tardivement; mais le brocoli est une plante sensible, et une chaleur non saisonnière entraîne un développement prématuré. Semez le brocoli de printemps en avril et mai, le semis d'avril étant le plus important. Il ne sera pas, cependant, de suivre une règle stricte sauf à cet effet, que les semis précoces et tardifs sont les moins susceptibles de réussir, tandis que les semis de mi-saison - disons de la mi-avril à la mi-mai - seront, comme une règle, faites les meilleures récoltes. Là où il y a une demande constante de brocoli dans les premiers mois de l'année, deux ou trois petits semis seront meilleurs qu'un gros semis.

Brocoli d'été sont utiles lorsque les pois sont en retard, et ils sont toujours terminés à temps pour faire place à la surabondance de la récolte de pois. Late Queen peut, pendant les saisons moyennes, être coupée à la fin de mai et parfois en juin, si elle est semée vers la mi-mai de l'année précédente, et soigneusement gérée. Cette excellente variété peut, en règle générale, être invoquée, à la fois pour résister à un hiver rigoureux dans une situation exposée et pour maintenir l'approvisionnement en légumes de première classe jusqu'à ce que la première récolte de chou-fleur soit prête et que les pois arrivent librement. D'une manière générale, les petites têtes, de forme nette et de couleur pure, sont préférées. Ce sont les cultures les plus rentables et les plus acceptables pour la table. Un endroit ouvert et aéré doit être choisi pour une plantation de brocoli tardif, la terre bien drainée et il n'est pas nécessaire de la rendre particulièrement riche en fumier. Mais il faut une bonne terre,

Protection en hiver. — Divers plans sont adoptés pour la protection du brocoli en hiver. Il y a beaucoup à dire pour les laisser au péril de tous les événements, car il est certain que l'on obtient des têtes plus fines à partir de plantes non perturbées que par toute interférence avec elles, à condition qu'elles échappent aux assauts des gelées hivernales. Mais dans une telle affaire, il est sage de se laisser guider par la lumière de l'expérience. Dans les districts froids, et sur les sols humides où le brocoli ne hiverne pas bien, le talonnage peut être adopté. Il existe plusieurs manières d'accomplir la tâche, la méthode la plus réussie étant ainsi gérée. Ouvrez une tranchée à l'extrémité nord et poussez doucement sur chaque plante de la première rangée pour que les têtes s'inclinent vers le nord. Mettez un peu de moisissure sur chaque tige pour la tasser, mais ne la mettez pas à la terre plus qu'il n'est nécessaire pour la sécuriser. Poussez sur la rangée suivante, et la suivante, plus profondément dans la terre qu'ils ne l'étaient en premier lieu. Cela devrait être fait par beau temps en novembre, et si les plantes fanent un peu, elles devraient avoir un bon arrosage aux racines. Au cours d'une dizaine de jours, il sera à peine perceptible qu'ils aient été opérés. Ils peuvent être soulevés et replantés avec la tête vers le nord, mais cela risque de trop les contrôler. Pendant les saisons exceptionnellement froides, couvrir la parcelle de paille ou de fougère, mais cela doit être enlevé par temps pluvieux. Quand on voit que les têtes se forment et que le mauvais temps est appréhendé, certains cultivateurs les prennent avec de bonnes boules de terre et les plantent dans un cadre, voire les emballent proprement dans une cave, et les têtes finissent assez bien, mais pas ainsi que des plantes intactes. Il est impossible, cependant, pour couper de bonnes têtes dans un hiver très rigoureux sans certaines de ces mesures de protection. Dans de nombreux jardins, le verre est utilisé pour protéger le brocoli d'hiver, auquel cas les plantations ont une forme telle que les cadres leur seront facilement adaptés sans aucune perturbation des plantes. Il faut laisser un bon espace entre les plates-bandes à couvrir, et les plantes doivent être espacées de quinze à dix-huit pouces, dans le but de protéger le plus grand nombre au moyen d'un stock donné de cadres.

Le brocoli à germer , à la fois blanc et violet, est inestimable pour fournir une grande partie d'un légume le plus acceptable en hiver et au début du printemps. Semez en avril et les plantes peuvent être traitées de la même manière que les autres verts d'hiver résistants. Ils doivent avoir la culture la plus libérale possible, pour laquelle ils ne manqueront pas de faire un large retour. Le brocoli à germination pourpre est un légume préféré en cuisine, en raison de son absence des attaques de toutes sortes de vermine.

CHOUX DE BRUXELLES

Brassica oleracea bullata gemmifera

Les choux de Bruxelles sont partout considérés comme le meilleur légume d'automne de la classe strictement verte. Cependant, ils sont souvent très mal cultivés, car le premier principe du succès - une longue saison de croissance - n'est pas reconnu. Il est au pouvoir du cultivateur de garantir cela en semant des graines à la fin de février, ou au début de mars, sur un lit de sol riche en lumière fait dans un cadre, et à partir du cadre, les plantes doivent être piquées dans un espace ouvert. lit de sol frais léger similaire dès qu'ils ont fait un demi-douzaine de feuilles. De ce lit, ils devraient être transférés dans leurs quartiers permanents avant de se serrer les uns les autres, le but étant à chaque étape d'obtenir une croissance libre avec une habitude robuste, car la simple longueur de la tige n'est pas un avantage; c'est un inconvénient lorsque la plante manque de substance correspondante. Le sol doit être rendu assez ferme, afin d'encourager une croissance robuste qui à son tour produira des boutons solides et galbés. Cette culture est souvent cultivée sur des terres de pommes de terre, les plantes étant placées entre les rangs au cours de l'été. Il est préférable, cependant, de planter des choux ou du brocoli dans la terre de pommes de terre, en raison de la lenteur relative de leur croissance, et de mettre les pousses sur une parcelle ouverte librement habillée avec du fumier un peu frais. Si une variété de première classe, telle que Sutton's Exhibition, est cultivée, il paiera non seulement pour ce petit soin supplémentaire, mais aussi pour beaucoup d'espace, disons deux pieds et demi de distance dans tous les sens au moins; et un lot, composé des plantes les plus fortes tirées séparément, peut être en rangées espacées de trois pieds, et les plantes de deux pieds et demi de distance. Pour les variétés à croissance compacte, deux pieds de distance dans chaque sens suffiront généralement. Maintenez une bonne tilth par l'utilisation fréquente de la houe pendant l'été, et à l'approche de l'automne, retirez régulièrement toutes les feuilles en décomposition. Ceux qui ont été habitués à traiter les germes et les choux frisés sur un plan uniforme seront surpris du résultat de la routine que nous recommandons maintenant. Les plantes se boutonneront de la ligne du sol vers le haut, et les boutons seront si près que, une fois enlevés, il sera impossible de les remplacer. De taille moyenne, sphérique, étroite,

Les cultures traitées comme conseillé fourniront rapidement les meilleurs germes. Pour les cultures successives, il suffira de semer en pleine terre à la fin de mars ou au début d'avril, et de planter de la manière habituelle; en d'autres termes, à traiter à la manière ordinaire de la course ordinaire de Borécoles. Avec une bonne saison et dans un sol convenable, il y aura une récolte moyenne, qui résistera probablement longtemps en hiver. Il est important de récolter systématiquement la récolte. Les Sprouts sont parfaits lorsqu'ils sont ronds et fermés, sans feuille dépliée. Ils peuvent être cassés rapidement, et lorsque la quantité est considérable, ils doivent être triés par tailles. La saison d'utilisation sera considérablement prolongée, et la tendance des pousses à éclater sera diminuée, si la tête est coupée en dernier.

CHOUX

Brassica oleracea capitata

Le chou est un grand sujet et rivalise avec la pomme de terre pour la prééminence dans le jardin des chalets, dans le jardin maraîcher et à la ferme, parfois avec un tel succès qu'il prouve la meilleure récolte des deux. On peut dire d'une manière générale qu'un chou peut être cultivé presque n'importe où et de toute façon; qu'il prospérera sur n'importe quel sol, et que la graine puisse être semée n'importe quel jour de l'année. Tout cela est presque possible et prouve que nous avons une plante merveilleuse à traiter; mais c'est un trop bon ami de l'homme pour être traité, même dans un livre, d'une manière désinvolte. Le chou peut être appelé une plante de chaux et une plante d'argile; mais, comme presque toutes les autres plantes qui valent la peine d'être cultivées, un terreau profond et bien labouré lui conviendra mieux que tout autre sol sous le soleil. Il n'a qu'un seul fléau persistant. Pas le papillon du chou; car bien que ce soit parfois un fléau gênant, il n'est pas persistant et peut être presque invisible pendant des années ensemble. Ce n'est pas non plus le puceron, bien que pendant une saison chaude et sèche, ce ravageur soit un destructeur de la récolte. Le grand fléau est le club ou anbury, pour lequel il n'y a pas de remède direct ou préventif connu. Mais indirectement, l'ennemi peut être combattu avec succès. La récolte doit être déplacée, et partout où le chou a été cultivé, que ce soit dans un simple lit de semence ou planté, il ne doit plus être cultivé jusqu'à ce que le sol ait été bien labouré et mis à d'autres usages pendant au moins un an, et mieux si pendant deux ou trois ans. Il y a des terres heureuses sur lesquelles le club n'a jamais été vu, et la façon de les garder à l'écart du ravageur est de pratiquer le creusement en profondeur, le fumage libéral et de changer les cultures autant que possible. Une légère poussée de club peut généralement être rencontrée en enlevant d'abord les verrues des jeunes plantes, puis en les plongeant dans une flaque d'eau faite de suie, de chaux et d'argile. Mais quand il apparaît mal parmi les plantes avancées, leur croissance est arrêtée, la parcelle devient offensive, et la seule solution qui reste est de dessiner les mauvaises plantes, de les brûler et d'abandonner le chou poussant sur ces quartiers pendant plusieurs années. La question de savoir pourquoi les racines des plantes brassicacées sont sujettes à ce fléau sur certains sols, alors que les plantes du même lit de semence restent saines lorsqu'elles sont transférées vers des terres différentes, est profondément intéressante, et le sujet est discuté plus loin dans le chapitre sur `` Les champignons nuisibles de certaines plantes de jardin. '' Ici, il suffit de dire que la présence de la maladie est généralement une indication que le sol est déficient en chaux. UNE puis les plonger dans une flaque d'eau de suie, de chaux et d'argile. Mais quand il apparaît mal parmi les plantes avancées, leur croissance est arrêtée, la parcelle devient offensive, et la seule voie qui reste est de dessiner les mauvaises plantes, de les brûler et d'abandonner le chou qui pousse sur ces quartiers pendant plusieurs années. La question de savoir pourquoi les racines des plantes brassicacées sont sujettes à ce fléau sur certains sols, alors que les plantes du même lit de semence restent saines lorsqu'elles sont transférées vers des terres différentes, est profondément intéressante, et le sujet est discuté plus loin dans le chapitre sur `` Les champignons nuisibles de certaines plantes de jardin. '' Ici, il suffit de dire que la présence de la maladie est généralement une indication que le sol est déficient en chaux. les plonger dans une flaque d'eau de suie, de chaux et d'argile. Mais quand il apparaît mal parmi les plantes avancées, leur croissance est arrêtée, la parcelle devient offensive, et la seule voie qui reste est de dessiner les mauvaises plantes, de les brûler et d'abandonner le chou qui pousse sur ces quartiers pendant plusieurs années. La question de savoir pourquoi les racines des plantes brassicacées sont sujettes à ce fléau sur certains sols, alors que les plantes du même lit de semence restent saines lorsqu'elles sont transférées vers des terres différentes, est profondément intéressante, et le sujet est discuté plus loin dans le chapitre sur `` Les champignons nuisibles de certaines plantes de jardin. '' Ici, il suffit de dire que la présence de la maladie est généralement une indication que le sol est déficient en chaux. UNE leur croissance est arrêtée, la parcelle devient offensive, et il ne reste plus qu'à dessiner les mauvaises plantes, à les brûler et à abandonner la culture du chou dans ces quartiers pendant plusieurs années. La question de savoir pourquoi les racines des plantes brassicacées sont sujettes à ce fléau sur certains sols, alors que les plantes du même lit de semence restent saines lorsqu'elles sont transférées vers des terres différentes, est profondément intéressante, et le sujet est discuté plus loin dans le chapitre sur `` Les champignons nuisibles de certaines plantes de jardin. '' Ici, il suffit de dire que la présence de la maladie est généralement une indication que le sol est déficient en chaux. UNE leur croissance est arrêtée, la parcelle devient offensive, et il ne reste plus qu'à dessiner les mauvaises plantes, à les brûler et à abandonner la culture du chou dans ces quartiers pendant plusieurs années. La question de savoir pourquoi les racines des plantes brassicacées sont sujettes à ce fléau sur certains sols, alors que les plantes du même lit de semence restent saines lorsqu'elles sont transférées vers des terres différentes, est profondément intéressante, et le sujet est discuté plus loin dans le chapitre sur `` Les champignons nuisibles de certaines plantes de jardin. '' Ici, il suffit de dire que la présence de la maladie est généralement une indication que le sol est déficient en chaux. UNE La question de savoir pourquoi les racines des plantes brassicacées sont sujettes à ce fléau sur certains sols, alors que les plantes du même lit de semence restent saines lorsqu'elles sont transférées vers des terres différentes, est profondément intéressante, et le sujet est discuté plus loin dans le chapitre sur `` Les champignons nuisibles de certaines plantes de jardin. " Ici, il suffit de dire que la présence de la maladie est généralement une indication que le sol est déficient en chaux. La question de savoir pourquoi les racines des plantes brassicacées sont sujettes à ce fléau sur certains sols, alors que les plantes du même lit de semence restent saines lorsqu'elles sont transférées vers des terres différentes, est profondément intéressante, et le sujet est discuté plus loin dans le chapitre sur `` Les champignons nuisibles de certaines plantes de jardin. " Ici, il suffit de dire que la présence de la maladie est généralement une indication que le sol est déficient en chaux. UNEs'habiller à raison de 14 à 28 ou même 56 livres par poteau carré peut être nécessaire pour rétablir des conditions saines. La dépense ne sera pas gaspillée, car la chaux n'est pas seulement un moyen préventif, elle a souvent une influence presque magique sur la fertilité des terres.

À des fins générales, les choux peuvent être classés comme précoces et tardifs. Les espèces précoces sont extrêmement précieuses pour leur précocité, mais seule une quantité suffisante doit être cultivée, car, par rapport aux espèces de mi-saison et tardives, elles sont moins rentables. Dans le plan de la culture, on peut estimer qu'une récolte payante de chou occupera le sol pendant une année entière; car bien que ce ne soit peut-être pas une affirmation exacte, le temps de croissance sera assez bien passé avant que le terrain ne soit dégagé. Après le chou, aucun membre de la tribu Brassica ne devrait être mis sur la terre, et, si possible, la récolte à suivre devrait être celle nécessitant moins de soufre et d'alcalis, car de ceux-ci le chou est un grand consommateur, d'où la nécessité d'un fumage abondant. en préparation.

Chou semé au printemps pour l'été et l'automne Pour assurer la meilleure succession de choux, il sera nécessaire de reconnaître quatre semis distincts, dont l'un quelconque, sauf le semis d'automne, peut être omis. Commencez par un semis des espèces les plus précoces au mois de février. Pour cela, des casseroles ou des boîtes doivent être utilisées et la semence doit être démarrée dans une fosse ou un cadre, ou dans une serre fraîche. Lorsqu'il est assez avancé, piquez dans un lit de terre riche en lumière dans un cadre froid et donnez beaucoup d'air. Avant que les semis ne deviennent encombrés, durcissez-les et plantez-les, en prenant soin de les soulever tendrement avec de la terre attachée à leurs racines pour minimiser le contrôle. Ceux-ci vont cœur rapidement et seront appréciés comme des choux d'été. Le deuxième semis doit être effectué la dernière semaine de mars et doit être composé de variétés précoces, y compris quelques-unes des meilleures variétés de Coleworts. Au fur et à mesure que ceux-ci atteignent une taille de plantation, ils peuvent être mis en place quelques-uns à la fois au fur et à mesure que les parcelles deviennent vacantes, et ils seront utiles de diverses manières de juillet à novembre ou plus tard. Un troisième semis peut être effectué la première ou la deuxième semaine de mai pour les petites espèces et les coleworts; et ceux-ci peuvent à nouveau être plantés au fur et à mesure que des opportunités se présentent, à la fois dans des parcelles vacantes pour le cœur à la fin de l'année, et comme des récoltes volées dans des endroits étranges pour tirer pendant leur jeunesse. Les deuxième et troisième semis n'ont pas besoin d'être arrachés du lit de semence, mais peuvent être emmenés directement à partir de celui-ci vers les endroits où ils doivent terminer leur cours. et comme récoltes volées dans des endroits étranges pour dessiner pendant que jeune. Les deuxième et troisième semis n'ont pas besoin d'être arrachés du lit de semence, mais peuvent être emmenés directement à partir de celui-ci vers les endroits où ils doivent terminer leur cours. et comme récoltes volées dans des endroits étranges pour dessiner pendant que jeune. Les deuxième et troisième semis n'ont pas besoin d'être arrachés du lit de semence, mais peuvent être emmenés directement à partir de celui-ci vers les endroits où ils doivent terminer leur cours.

Lors de la plantation, l'espacement doit être réglé en fonction de la taille de la variété cultivée. Si elles sont placées dans des lits, les plantes peuvent être placés à un à deux pieds l'un de l'autre, et les rangées à un et demi à deux pieds se séparent. Toute plantation doit être faite par temps pluvieux si possible, ou avec un baromètre descendant. Il n'est peut-être pas toujours pratique d'attendre la pluie, et heureusement, c'est une particularité des Brassicas, et du chou en particulier, que les plantes dureront, après enlèvement, la chaleur et la sécheresse pendant un certain temps avec mais peu de mal, et pousseront à nouveau librement. après que la pluie soit tombée. Mais une bonne culture a en vue la prévention d'un tel échec. Au mieux, c'est une grave perte de temps pendant la brève saison de croissance. Par conséquent, par temps de sécheresse, il sera conseillé de dessiner des sillons peu profonds et de les arroser un jour avant la plantation, et si du travail et des trucs peuvent être trouvés, il sera bon de poser dans les sillons une aspersion de fumier de paillis court à suivre instantanément. l'arrosage; puis plantez avec le dibber, et le travail est terminé. Si le paillis ne peut pas être fourni, il faut donner de l'eau, et arroser les sillons à l'avance est préférable à l'arrosage après la plantation, comme le prouveront effectivement quelques observations. Si la sécheresse persiste, de l'eau doit être donnée encore et encore. Le trouble doit être compté comme rien comparé à la perte de temps certaine pendant que la plante est immobile, pour devenir, peut-être, infestée de pucerons bleus et complètement ruinée. En fait, un peu d'eau peut être amené à faire un long chemin, et chaque goutte administrée judicieusement en remboursera largement le prix. L'utilisation de la houe aidera grandement la croissance, et un peu de terre peut être tirée vers les tiges, pas au point de `` mouler '', car cela est nuisible,

Chou semé en automne pour le printemps et l'été.- Le quatrième semis, ou en automne, est de loin le plus important de l'année, et le moment exact où les graines doivent être mises en place mérite un examen attentif. Une plante forte est recherchée avant l'hiver, mais la croissance ne doit pas être suffisamment avancée pour être menacée par des gelées sévères et prolongées. Il y a aussi le risque que des plantes trop en avant s'enflent à l'arrivée du printemps. Dans certains districts, il est de coutume de semer en juillet, et à ceux qui trouvent les résultats tout à fait satisfaisants, nous n'avons rien à dire. Nos propres expériences nous ont convaincus que, pour les comtés du sud, le mois d'août est préférable et qu'il est sage de faire deux semis ce mois-là, le premier assez tôt et le second environ une quinzaine de jours plus tard. Ici, il est nécessaire d'observer que la sélection des variétés appropriées a une importance encore plus grande que la date de semis. Relativement inutile une fois semé en août. Le succès dépend de la capacité de la plante à former un cœur lorsque l'hiver est passé au lieu de démarrer une tige de graine, ce qui réduit le choix à des limites très étroites. Parmi les quelques choux spécialement adaptés pour les semis d'août, Sutton's Harbinger, April, Flower of Spring, Favorite et Imperial peuvent être favorablement mentionnés, et même dans les petits jardins, au moins deux variétés doivent être semées. Là où les choux de printemps manifestent une tendance inhabituelle à s'enfler, un semis fin août, suivi d'une plantation tardive, s'avérera généralement un remède, en supposant toujours que des variétés appropriées ont été semées.

La plantation de choux semés en automne doit se faire sur un sol bien fait, après les pois, les haricots ou les pommes de terre, et autant de fumier doit être creusé que possible, car le chou prendra tout ce qu'il peut pour se nourrir. Si la récolte entière doit être laissée à cœur, un minimum de quinze pouces dans chaque sens sera une distance de sécurité pour les plus petites variétés. En supposant que chaque plante alternative doit être attirée jeune pour la consommation comme Colewort, un pied de distance suffira, mais dans ce cas, les plantes en surplus doivent être éliminées au moment où la croissance printanière commence. Cette procédure laissera une récolte pour cœur à deux pieds de distance, et lorsque les têtes sont coupées, les souches donneront une réserve de germes. Comme ces pousses apparaissent lorsque les légumes ne sont pas trop abondants, elles sont les bienvenues dans de nombreux ménages et constituent un plat de légumes verts vraiment délicat.

En semant des variétés de chou à croissance rapide dans des semoirs en juillet et en août, et en éclaircissant les plantes tôt, évitant ainsi le contrôle du repiquage, les épis peuvent souvent être coupés en octobre et novembre.

Le chou rouge est cultivé pour le marinage et aussi pour le ragoût, étant en demande à de nombreuses tables comme accompagnement de perdrix rôties. La plante a besoin du meilleur terrain qui puisse lui être fourni, avec une double fouille et beaucoup de fumier. Deux semis peuvent être effectués, le premier en avril pour un approvisionnement en automne pour la cuisine, et le second en août pour une récolte pour supporter l'hiver et pour fournir de grosses têtes pour le marinage.

CHOU DE SAVOIE

Brassica oleracea bullata

Le chou de Savoie est directement lié aux choux de Bruxelles, bien que d'apparence très différente. Il est d'une grande valeur pour le gros de la nourriture qu'il produit, ainsi que pour sa qualité en tant que table légume pendant l'automne et l'hiver. Dans tous les points essentiels, le Savoy peut être cultivé de la même manière que tout autre chou, mais il est de pratique générale de ne semer la graine qu'au printemps, le moment étant déterminé par les besoins. Pour un approvisionnement précoce, semez en février dans un cadre et dans un lit ouvert en mars, avril et mai pour la succession. Ce légume a besoin d'un sol riche et profond pour produire de fines têtes, mais il paiera mieux sur un sol pauvre que la plupart des autres types de chou, surtout si les espèces plus petites sont sélectionnées. Les Savoie ne sont pas rentables sous la forme de Collards; il est donc conseillé de planter en premier lieu aux distances appropriées, disons douze pouces pour les petites espèces, dix-huit pour celles de croissance moyenne, et vingt à vingt-quatre là où le sol est solide et de grandes têtes sont nécessaires.

CAPSICUM et CHILI

Capsicum annuum, C. baccatum

Les capsicums et les piments sont si intéressants et ornementaux qu'il est surprenant qu'ils soient cultivés dans relativement peu de jardins. Parfois, il y a lieu de déplorer que le poivre de Cayenne soit coloré avec des médicaments, mais le remède est à la portée de ceux qui trouvent la culture de Capsicums facile, et composer le poivre n'est pas une tâche difficile. Les variétés à gros fruits peuvent également être préparées de diverses manières pour la table, si elles sont cueillies assez jeunes et avant que les fruits ne changent de couleur.

La culture de Capsicums est une question assez simple. La meilleure marche à suivre est de semer finement les graines en février ou mars dans des pots ou des casseroles de sol fin placés sur un lit chaud doux ou dans une maison où la température est maintenue à environ 55 °. Mettez en pot les jeunes plantes au fur et à mesure qu'elles se développent et faites-les pousser sans contrôle. Pulvériser deux fois par jour, car les Capsicums nécessitent une humidité atmosphérique et le Red Spider est partial pour la plante. De beaux spécimens peuvent être cultivés dans des pots de cinq à huit pouces de diamètre, au-delà desquels il n'est pas souhaitable d'aller, et à mesure que l'été avance, ils peuvent être emmenés au conservatoire. Les plantes destinées à fructifier dans des positions chaudes à l'extérieur doivent être endurcies avant d'être transférées à la fin du mois de mai. Dans des jardins bien situés, comme beaucoup dans le sud de l'Angleterre, il suffit de semer une pincée de graine sur une bordure ouverte au milieu de mai et de mettre un verre à main sur la tache. Leles plantes de ce semis peuvent être transférées dans n'importe quelle position ensoleillée et donneront une récolte abondante de poivrons.

Le Bird Pepper ou Chili est cultivé exactement de la même manière que conseillé pour Capsicum.

Pour préparer les cosses pour le poivre, mettez le nombre requis dans un panier métallique et conservez-les dans un four doux pendant environ douze heures. Ils ne doivent pas être cuits, mais desséchés, et dans la plupart des cas, un four ordinaire, avec la porte maintenue ouverte pour éviter que la chaleur ne monte trop haut, répondra parfaitement. Étant ainsi préparés, la procédure suivante consiste à les piler dans un mortier avec un quart de leur poids de sel, qui doit également être séché au four et utilisé à chaud. Lorsqu'il est finement pilé, embouteillez en toute sécurité, et il y aura un échantillon parfait de piment de Cayenne sans aucun colorant toxique. Cent piments produiront environ deux onces de poivre, ce qui sera suffisant dans la plupart des maisons pour l'approvisionnement d'un an. Les grands Capsicums ornementaux peuvent être mis sur des ficelles et suspendus dans une réserve sèche, pour être utilisés selon les besoins, pour parfumer les soupes, faire du vinaigre de chili, Essence de Cayenne, etc. Le dernier condiment nommé est préparé en trempant des Capsicums dans de purs spiritueux de vin. Quelques gouttes de l'essence peuvent être utilisées dans n'importe quelle soupe, ou même partout où la saveur du poivre de Cayenne est requise.

CARTON

Cynara Cardunculus

Cette plante est presque apparentée au Globe Artichaut, et elle fait une apparence majestueuse lorsqu'elle est autorisée à fleurir. Bien que le cardon ne soit pas largement cultivé dans ce pays, il se trouve dans certains de nos meilleurs jardins, et est sans aucun doute un esculent sain à partir duquel un cuisinier habile présentera un excellent plat. Les tiges des feuilles intérieures sont cuites et sont également utilisées dans les soupes, ainsi que pour les salades, en automne et en hiver. Les fleurs, après avoir été séchées, possèdent la propriété de coaguler le lait, à cette fin elles sont utilisées en France.

Dans un sol rétentif, les cardons doivent être cultivés à plat, mais la plante est un sujet assez assoiffé et doit avoir suffisamment d'eau. Par conséquent, sur des sols très secs, il peut être nécessaire de le mettre dans des tranchées à la manière du céleri, et alors il obtiendra le plein bénéfice de toute l'eau qui peut être administrée. Dans tous les cas, le sol doit être riche et bien pulvérisé pour obtenir une croissance satisfaisante.

Vers la fin d'avril, les rangs sont séparés de trois ou quatre pieds et des groupes de graines sont semés à des intervalles de dix-huit pouces dans les rangées. Les plantes sont éclaircies à une à chaque station, et en temps voulu fixées à des piquets. La pleine croissance est atteinte en août, lorsque le blanchiment commence en rassemblant les feuilles ensemble, en les enveloppant avec des bandes de foin et en les rassemblant. Il faut de huit à dix semaines pour accomplir pleinement l'objet. La méthode française est plus rapide. Les graines sont semées dans des pots sous verre et en mai, les plantes sont écartées de trois pieds. Une fois arrivés à maturité, les cardons sont fermement fixés aux piquets par trois petites bandes de paille. Une couverture de paille de trois pouces d'épaisseur est recouverte de chaume autour de chaque plante de bas en haut, et chaque sommet est attaché et retourné comme un bonnet de nuit. Un peu de terre est alors attirée jusqu'au pied, mais la mise à la terre est inutile.

CAROTTE

Daucus Carota

La carotte est une racine quelque peu fastidieuse, car bien qu'elle soit cultivée dans tous les jardins, elle n'est pas produite partout dans le meilleur style possible. Les belles et longues racines que l'on voit sur les principaux marchés sont la croissance de sols sableux profonds bien labourés. Sur les terres grumeleuses et lourdes, de longues racines propres ne peuvent être assurées par aucun travail du sol. Mais pour ces sols inadaptés, il y a la gemme primitive de Sutton, la corne championne et intermédiaire, qui ne nécessitent pas une grande profondeur de terre; tandis que pour les limons profonds, le New Red Intermediate répond admirablement.

Forcer.- Les carottes sont forcées dans des cadres sur des lits chauds très doux. Ils ne peuvent pas être bien cultivés dans les maisons, et ils doivent être cultivés lentement pour être savoureux. Il est habituel de commencer en novembre et de semer un lit toutes les trois ou quatre semaines jusqu'en février. Un lit chaud durable est de première importance, et il est donc nécessaire de disposer d'un bon approvisionnement en fumier et en feuilles stables. Le matériau doit être soigneusement mélangé et laisser fermenter pendant quelques jours. Puis retournez le tas, et quelques jours plus tard, le lit peut être fait. Afin de conserver la chaleur, le matériau devra avoir une profondeur de trois à quatre pieds, et si un cadre de boîte est utilisé, le lit doit être au moins deux pieds plus large que le cadre. Construisez le matériau en couches uniformes et bien consolidées, pour éviter un enfoncement inégal et indu, et faites en sorte que les coins du lit soient parfaitement sains. Mettez sur le lit à environ un pied de profondeur de sol fin et riche; s'il y a une difficulté à ce sujet, huit pouces doivent suffire, mais douze doit être préféré. Comme la saisonil faudra moins de matériel de fermentation et un lit chaud simple mais efficace peut être fait en creusant un trou de la taille requise et en le remplissant de fumier. Ce dernier coulera en temps voulu, lorsque le sol pourra être ajouté et le cadre mis en place. Le lit doit toujours être près du verre, et un grand avantage est gagné si la récolte peut être transportée sans donner une seule fois de l'eau, car l'arrosage a tendance à endommager la forme des racines. Aucune graine ne doit être semée tant que la température n'est pas descendue à 80 °. Semez à la volée, couvrez avec des tamis juste assez profonds pour cacher la graine et fermez le cadre. Si après un certain temps la chaleur monte au-dessus de 70 °, donnez de l'air pour la maintenir à ce chiffre ou à 65 °. Il diminuera probablement à 60 ° au moment où la plante apparaîtra, mais si le lit est bon, il restera à ce chiffre assez longtemps pour faire la récolte. Éclaircissez entre deux ou trois pouces, donnez de l'air à chaque occasion, laissez la plante avoir toute la lumière possible et couvrez-vous lorsque le temps est dur. Si la chaleur baisse trop tôt, des doublures doivent être utilisées pour terminer la récolte. Les radis et autres petites choses peuvent être cultivés sur le même lit. Dans les cadres froids, les graines peuvent être semées en février.

Frontières chaudes. - En mars, les premiers semis sur les bordures chaudes du jardin ouvert peuvent être effectués. Ceux-ci peuvent avoir besoin de l'abri de nattes ou de vieilles lumières jusqu'à ce que la plante ait pris un bon départ, mais ce n'est pas souvent que la plante souffre sérieusement des gelées printanières, car la graine ne germera pas tant que le sol n'aura pas atteint une température sûre. Toutes les premières cultures de Carotte peuvent être cultivées sur un sol préparé, ou un limon sableux léger, exempt de fumier récent. Les forets peuvent être espacés de six à neuf pouces.

Pour les principales cultures il faut pratiquer le double creusement, et si l'agrafe est pauvre, un pansement de fumier à moitié pourri peut être mis avec la broche du bas. Mais il ne faut pas penser à un fumage général comme pour une culture à enracinement de surface, l'effet sûr étant de provoquer des fourchettes et des crocs des racines les plus nuisibles. Il est judicieux de sélectionner pour les carottes un sol profond qui a été fortement fertilisé l'année précédente, et de le préparer en double creusement sans fumier en automne ou en hiver, de manière à ce que le sol soit bien pulvérisé au moment où la graine est semée. Puis creusez-le sur une broche de profondeur, cassez les grumeaux et faites des lits de semences de quatre pieds de large. Semez en avril et au-delà en semoirs, en mélangeant la graine avec de la terre sèche, la distance entre les rangées étant de huit à douze pouces selon la sorte; couvrir la graine avec une pincée de terre fine et finir le lit proprement. Dès que possible, éclaircissez la récolte, mais pas sur toute la distance dans un premier temps. L'espacement final pour les cultures principales peut être de six à neuf pouces, déterminé parla variété. Avec un peu de gestion, il sera facile pendant les pluies de dessiner de jeunes carottes délicates pour l'éclaircissage final, et celles-ci réussiront admirablement les derniers semis en cadres et bordures chaudes.

Cultures tardives. - Les semis de variétés précoces réalisés en juillet donneront de délicates petites racines en automne et en hiver. Les rangées peuvent être espacées de neuf pouces, et il est essentiel d'éclaircir les plantes tôt à environ trois pouces de distance dans les rangées. En cas de temps très violent, protéger avec de la litière sèche. Pour fournir de jeunes carottes tout au long de l'hiver, c'est également un excellent plan de semer les graines en fine couche. Lorsqu'elles sont cultivées de cette manière, les plantes se protègent mutuellement et les racines peuvent être tirées immédiatement, elles sont suffisamment grandes.

En juillet, la culture des espèces plus petites peut également être entreprise dans des cadres, mais les lits chauds peuvent être supprimés, et les lumières ne seront pas nécessaires jusqu'à ce qu'il y ait une culture à protéger, lorsque les lumières peuvent être allumées, ou les cadres peuvent être recouvert de volets ou de nattes.

Stockage. —Avant les gelées d'automne survenues dans la culture principale, elles doivent être soulevées et stockées dans de la terre sèche ou du sable, les sommets étant enlevés et la terre effacée, mais sans aucune tentative de les nettoyer à fond jusqu'à ce qu'ils soient utilisés.

Carottes pour exposition. —Il vaudra la peine d'accorder un peu plus d'attention à la préparation du sol lors de la culture des carottes pour l'exposition. Comme dans le cas de la betterave et du panais, les trous doivent être percés à la profondeur requise et espacés d'environ un pied dans les rangées. Là où le sol est du tout défavorable à la croissance de racines symétriques propres, l'adoption de cette pratique sera essentielle au succès. Tout sol léger de bonne qualité conviendra pour combler les trous. Bien raffermir le matériau et semer environ une demi-douzaine de graines à une station, en finissant par éclaircir à une plante à chaque. La tendance des carottes à devenir vertes au sommet dans les derniers stades de croissance, les gâtant ainsi pour le travail de démonstration, peut être évitée en recouvrant légèrement la partie saillante de la racine avec de la terre fine tamisée.

Ennemis destructeurs. - La mouche de la carotte et le ver fil-de-fer sont des ennemis destructeurs de cette culture. Dans un chapitre ultérieur sur «Les ravageurs des plantes de jardin», ces deux ennemis sont mentionnés. Ici, il suffit de dire qu'un bon jugement quant au choix du sol, au creusement profond et à la préparation des plates-bandes en temps utile, sont les préventifs de ceux-ci comme de beaucoup d'autres fléaux de jardin. On observe souvent que les principales cultures semées début avril souffrent davantage que celles semées tardivement, et la leçon est claire. Il a également été remarqué que là où les récoltes ont le plus souffert, la terre a été préparée à la hâte, et les oiseaux sauvages n'ont pas eu le temps de la purger des insectes qu'ils recherchent quotidiennement pour se nourrir.

CHOUFLEUR

Brassica oleracea botrytis cauliflora

Ce légume fin est géré à peu près de la même manière que le brocoli, et il nécessite des conditions similaires. Mais il est moins rustique de constitution, plus élégant en apparence, plus délicat sur la table et nécessite plus de soin en culture pour assurer des résultats satisfaisants. En ce qui concerne le sol, le chou-fleur s'épanouit le mieux sur un sol très riche de texture moyenne. Il fera également bien sur les terres légères, s'il est fortement engrais, et une croissance rapide est favorisée par un arrosage abondant. En Hollande, les choux-fleurs sont cultivés dans le sable avec de l'eau à la profondeur d'un pied seulement sous la surface, et le sol est préparé par des pansements libéraux de fumier de vache, qui, avec l'humidité qui monte par le bas, favorise une croissance rapide et une amende qualité. Dans tous les cas, une bonne culture est nécessaire ou la récolte sera sans valeur; et quelle que soit la nature du sol,

Dans les jardins où le chou-fleur est très demandé, un approvisionnement ininterrompu de têtes de mai à novembre peut être obtenu en sélectionnant des variétés appropriées et en gérant soigneusement la culture. Mais en organisant une succession, il faut garder à l'esprit que certaines variétés sont spécialement adaptées pour produire des têtes au printemps et en été, tandis que d'autres ne conviennent qu'à la fin de l'été et à l'automne.

Pour une utilisation au printemps et au début de l'été. —Pour avoir un chou-fleur à la perfection au printemps et au début de l'été, les graines doivent être semées à l'automne. L'heure exacte est une question de climat. Dans les comtés du nord, la mi-août n'est pas trop tôt, mais pour le sud, les semences peuvent être introduites en août et en septembre, selon les conditions locales. Le cours le plus satisfaisant est de semer dans des caisses, placées dans une serre fraîche ou un châssis froid, ou même dans un endroit abrité à l'extérieur. Pour ces semis, il est souhaitable d'utiliser un sol pauvre de nature calcaire, car à cette période de l'année les semis sont susceptibles de fondre en terre riche. Dès le début, tous les efforts doivent être faits pour maintenir la croissance solide et éviter un contrôle de quelque nature que ce soit. Lorsque les plantes ont fait des progrès, piquez les séparées de trois pouces dans chaque sens dans des cadres pour l'hiver. Aucun appareil sophistiqué n'est nécessaire. Un cadre approprié peut être facilement construit en érigeant des côtés en bois autour d'un lit de terre préparé, sur lequel des lumières, des cadres de fenêtre ou même un revêtement en toile peuvent être placés. Les fosses en briques, ou les cadres faits avec des murs de gazon, répondront également bien. Le sol ne doit pas être riche, sinon une croissance charnue indésirable en résultera, surtout en hiver doux. Il est important de ventiler librement à tout moment, sauf par temps violent lorsque les structures doivent être protégées par des nattes ou de la paille et contre l'humidité excessive. Dès que les conditions sont favorables en février ou mars, transférez les plantes dans des quartiers ouverts sur le meilleur terrain dont vous disposez et donnez-leur tous les soins possibles. Pour ces variétés à maturation précoce, un espace de dix-huit pouces dans chaque sens suffit généralement. Avec un traitement libéral, une croissance vigoureuse et saine devrait être obtenue et des têtes de la meilleure qualité devraient être prêtes à table à partir de mai.

Comme nous l'avons déjà dit, les meilleurs résultats avec le chou-fleur précoce sont obtenus à partir d'un semis d'automne, mais de nombreux producteurs préfèrent semer en janvier ou en février. À cette saison, la graine doit être démarrée dans des casseroles ou des boîtes placées dans une maison juste suffisamment chauffée pour éviter le gel. Piquez les plantes tôt, dans un cadre ou sur une bordure protégée constituée d'un sol léger et riche, et quand il est assez fort, plantez-les sur un bon sol. Les semis de printemps sur des terres pauvres, ou en saison sèche, sont parfois décevants, car les épis sont trop petits pour plaire à la majorité des cultivateurs. Cependant, là où le sol est riche et le quartier approprié, il y a cet avantage dans la culture rapide, que si le temps est raccourci et que le souci de l'hivernage est évité, la culture est plus sûre contre le boutonnage et le boulonnage,

Dans un sol abrité bien préparé, les semences peuvent également être semées en mars et avril, à partir desquelles les plantes doivent être arrachées une fois avant d'être transférées à des postes permanents. Un binage occasionnel entre les plantes et un arrosage abondant par temps sec tendent matériellement à leur bien faire, le but étant de maintenir la croissance dès le début sans contrôle. Si les plantes se retournent par temps très chaud, cassez l'une des feuilles intérieures sans la casser et pliez-la pour protéger la tête.

À utiliser à la fin de l'été et à l'automne. —Les semences peuvent être semées en avril ou très tôt en mai, et lorsqu'un seul semis est effectué, la première semaine d'avril doit être sélectionnée. Un beau lit de semence dans unun endroit abrité est souhaitable, et dès que les semis sont assez grands, ils doivent être piqués, à environ trois pouces l'un de l'autre. Passez aux derniers quarts dans un petit état. Si les plantes sont autorisées à devenir un peu grandes dans le lit de semence, elles sont susceptibles de «boutonner», ce qui signifie que de petites têtes sans valeur seront produites à la suite d'un contrôle intempestif. Les distances entre les plantes peuvent varier de un pied et demi à deux pieds ou plus, et entre les rangées de deux à deux pieds et demi, selon la taille de la variété. Si elle est plantée sur un bon sol, la culture prendra presque soin d'elle-même, mais si les plantes ont besoin d'eau, elle doit être abondamment donnée.

Coupe et conservation.- La gestion de la culture a été traitée jusqu'à la croissance, mais il faut maintenant dire un mot de son appropriation. Les deux points à considérer dans la pratique sont: comment économiser une surabondance et comment éviter la destruction par le gel. Les choux-fleurs doivent être coupés à l'aube, ou aussitôt que possible, et retirés du sol avec la rosée sur eux. Si coupées après que la rosée s'est évaporée, les têtes seront inférieures de plusieurs degrés par rapport à celles coupées à l'aube du jour. Lorsque les têtes apparaissent à un rythme trop rapide pour une consommation immédiate, dessinez les plantes, permettant à la terre de rester attachée aux racines, et suspendez-les tête en bas dans un endroit frais, sombre et sec, et donnez-leur chaque soir une légère averse de l'eau d'une seringue. La détérioration sera insignifiante et le gain peut être considérable, mais si on les laisse se battre avec un soleil brûlant, les choux-fleurs en seront certainement les pires. Après avoir été conservés de cette manière pendant une semaine, ils seront toujours bons, même si, comme les autres légumes conservés, ils ne seront pas aussi bons que ceux fraîchement coupés et à leur apogée. Il arrive souvent que le gel survienne avant la fin de la récolte. Un plan similaire de préservation de ceux qui se retournent peut être adopté, mais il est préférable de les enterrer dans le sable dans un hangar ou sous un mur, et, s'ils sont gardés au sec, ils peuvent rester sains pendant un mois ou plus.

Chou-fleur pour exposition. - Sur la scène de l'exposition, peu de légumes suscitent une plus grande admiration que les têtes de chou-fleur bien cultivées. En effet, le chou-fleur et le brocoli, dans leurs saisons respectives, sont des éléments indispensables dans la composition de toute collection de premier ordre. En suivant de près les orientations culturelles contenues dans les pages précédentes, aucune difficulté ne devrait être rencontrée pour obtenir des têtes de la texture la plus fine et d'une pureté impeccable pendant de nombreux mois de l'année. Le degré de réussite atteint est généralement proportionnel à l'attention portée aux petits détails. Sélectionnez les plantes les plus robustes et traitez-les généreusement. Dès que les têtes sontformés, examinez-les fréquemment pour éviter la défiguration par la vermine. La meilleure période de la journée pour la coupe a déjà été discutée. Ne laissez pas les têtes reposer un jour de plus que nécessaire, et si vous ne le souhaitez pas immédiatement, les plantes doivent être soulevées et conservées de la manière décrite dans le paragraphe précédent.

CÉLERI

Apium graveolens

Le céleri est partout estimé, non seulement comme salade, mais comme légume sain et délicieux. La récolte nécessite le meilleur de la culture, et il faut prendre soin de ne pas pousser la croissance trop loin, car le gigantesque céleri parfois vu dans les expositions n'a, en général, que la qualité de la taille, étant dur et insipide. Néanmoins, les variétés qui sont très appréciées par les producteurs de céleri primé sont bonnes en elles-mêmes lorsqu'elles sont cultivées à une taille moyenne; c'est le système de forçage seul qui les prive de saveur. Encore une autre précaution peut être nécessaire pour éviter un accident. Lors d'un été chaud, le céleri va parfois `` s'envoler " ou courir jusqu'à fleurir, auquel cas il ne vaut rien. Cela peut être la faute du cultivateur plus que de la graine ou du temps, car un contrôle dans de nombreux cas accélère la floraison des plantes, et il n'est pas rare que Céleri reçoive un chèque par mauvaise gestion. S'il est semé trop tôt, il peut être impossible de planter lorsque la taille est appropriée, et l'arrêt de la croissance qui en résulte à un stade le plus important peut entraîner une disposition à fleurir la première année, au lieu d'attendre la seconde. Il faut donc comprendre que le semis précoce nécessite une plantation précoce, et le cultivateur doit voir clairement son chemin dès le début.

Semis et repiquage. - Le 1er mars est assez tôt pour un premier semis n'importe où d'une petite variété, et cela nécessitera un lit chaud doux, ou une place dans la maison de multiplication. Semez sur un sol riche et fin en caisses, couvrez légèrement et placez à une température de 60 °. Lorsqu'il est suffisamment avancé, piquez les plantes sur un lit riche près du verre, à une température de 60 ° à 65 °, gardez généreusement humide et donnez de l'air, d'abord avec beaucoup de prudence, mais en augmentant à mesure que la température naturelle augmente jusqu'à ce que les lumières peut être enlevé pendant la journée. La plante peut ainsi être durcie pour une première plantation sur une bordure chaude dans un lit composé de moitié de fumier chaud pourri et de moitié de terreau gazonné. Le lit n'a pas besoin d'être profond, mais il doit être constamment humide et de vieilles lumières doivent être à portée de main pour offrir un abrien cas de besoin. Si elle est bien cultivée dans des tranchées, cette première récolte sera d'excellente qualité et arrivera tôt.

Pour la culture générale, un deuxième semis peut être fait des meilleures variétés rouges et blanches, également sur un lit chaud doux, dans la deuxième semaine de mars, et avoir un traitement similaire à la première, mais une fois piquer dans le lit ouvert sera être suffisant, les plus grosses plantes étant mises en premier à six pouces, et avoir un abri si nécessaire; d'autres plantations de la même manière à suivre jusqu'à ce que le lit de semence soit dégagé. Par une bonne gestion, ce semis peut être fait pour servir l'objectif de trois semis, le point principal étant de piquer les plantes les plus en avant sur un autre lit doux dès qu'elles sont assez grandes pour être soulevées, et de faire une succession de la même lit de semence au fur et à mesure que les plantes atteignent une taille appropriée.

Le troisième et dernier semis peut être effectué dans la deuxième semaine d'avril, en bordure ouverte, sur un sol riche et léger, et doit avoir l'abri de nattes ou de vieilles lumières par temps froid. De cela, aussi, il devrait y avoir deux ou trois piquages, le premier à être transféré sur un peu de sol dur, recouvert d'environ trois pouces de riche étoffe de paillis, dans l'endroit le plus chaud que l'on puisse trouver, et le dernier à un lit similaire sur l'endroit le plus froid du jardin. Lors de la plantation finale, le même ordre doit être suivi. Le résultat sera un approvisionnement prolongé à partir d'un semis, et le premier lot arrivera tôt, bien que semé tardivement, si les plantes continuent à pousser sans contrôle et reçoivent une culture très généreuse.

La plantation est une question importante, et chaque lot nécessitera un traitement séparé, subordonné à un plan général et très simple. Le céleri doit avoir un sol riche, une humidité abondante et doit être blanchi pour le rendre apte à la table. Il existe différentes manières d'accomplir ces fins, bien qu'elles diffèrent légèrement, et le bon sens nous guidera en la matière. Pour les cultures les plus précoces, le sol doit être aménagé en tranchées, avec autant de fumier d'étable riche que possible. En faire trop à cet égard semble impossible, car le céleri, comme le chou-fleur, poussera librement dans du fumier pourri seul, sans aucun mélange de terreau. Les tranchées devraient avoir dix-huit pouces de large au fond, dix pouces de profondeur et quatre pieds de centre à centre, et devraient s'étendre au nord et au sud. Les plantes doivent être soigneusement soulevées avec une truelle, et placé de six à neuf pouces l'un de l'autre en rangées simples ou doubles, et devrait avoir de l'eau telle que plantée, afin qu'il n'y ait pas de contrôle. Dans un sol froid et une saison froide, les tranchées peuvent être moins profondes de deux ou trois pouces avec avantage. En cas de temps sec, l'eau doit être donnée à contrecœur, mais la mise à la terrene doit pas commencer tant que la plante n'a pas fait une croissance pleine et rentable, car la mise à la terre arrête assez bien la croissance et n'est qu'un processus de finition, nécessitant de cinq à sept semaines pour amener la récolte à la perfection. Le deuxième lot peut être distribué de la même manière, et d'autres plantations peuvent suivre à discrétion; mais à mesure que la saison avance, les tranchées doivent être moins profondes.

Mise à la terre est souvent réalisée de manière grossière, comme si la plante était en bois au lieu du tissu le plus délicat. La première mise à la terre doit être faite avec une fourchette à main, et assez lâchement, pour permettre au cœur de la salle des plantes de se dilater. Le résultat devrait être un petit anneau de terre légère pressant à peine les feuilles extérieures et laissant la plante entière aussi libre qu'elle l'était auparavant. Une quinzaine de jours plus tard, la mise à la terre doit être portée plus loin au moyen de la bêche. Hachez la terre et déposez-la en tas de chaque côté de la plante. Ensuite, rassemblez une plante avec les deux mains, libérez une main, et avec elle apportez la terre à la plante à moitié autour de la base, et, en changeant de main, emballez la terre de l'autre côté. Veillez à ne pas presser le sol très près; évitez également de mettre des miettes au cœur de la plante; et ne mettez pas de terre plus haut que la base des feuilles. Aussitôt que nécessaire, répétez ce processus, portant la terre un étage plus haut; et environ une semaine après cette fin l'opération.

Le sommet de la plante doit maintenant être fermé et la terre soigneusement tassée si haut que seuls les sommets des feuilles sont visibles. Terminez à une pente appropriée avec la bêche, mais n'appuyez pas indûment sur les plantes, le but étant simplement d'obtenir une croissance finale des feuilles les plus internes dans l'obscurité, mais autrement sans contrainte.

Le système de lit répond particulièrement bien pour produire une grande quantité de céleri avec le moins de travail. Cette méthode de culture est également particulièrement adaptée pour élever du céleri destiné à être servi bouilli, ou pour les soupes. Les lits de céleri sont faits de quatre pieds et demi de large et dix pouces de profondeur, le sol qui est retiré étant disposé dans une pente autour de l'extérieur du lit, et la banque ainsi formée peut être plantée avec n'importe quelle récolte rapide, comme Dwarf Haricots. Le sol devra être fortement engraisé de la même manière que pour le système de tranchées. Espacez les plantes de six pouces l'une de l'autre en lignes simples ou doubles, selon votre préférence, et laissez pas moins de douze pouces entre les rangées. De l'eau doit être donnée à chaque rangée telle que plantée; ensuite la surface à découper plusieurs fois avec la houe ou une petite fourchette, et arrosage répété jusqu'à ce que les plantes aient commencé. Un moyen simple de blanchir est l'utilisation de colliers rigides en papier comme décrit ci-dessous; une autre méthode simple consiste à placer des nattes sur le dessus des plantes lorsqu'elles sont presque complètement développées. Le système de lit est non seulement économique, mais pratique pour s'abriter en hiver, et devrait attirer l'attention des jardiniers qui devraient fournir une abondance de céleri tout au long de l'hiver et du printemps, car dans de tels cas, un grand échantillon n'est pas nécessaire, mais la qualité et la continuité est importante.

C'est un excellent point de garder le céleri indemne du gel loin en hiver, et l'avantage de cultiver les récoltes tardives sur un sol sec et léger, et sur le système de lit, se verra dans la facilité avec laquelle les plantes peuvent être conservées. Sur sol lourd, le céleri souffre bientôt du gel, mais pas si facilement sur un sol naturellement léger et sec. De plus, le système de lit permet de nombreuses méthodes de protection, quel que soit le matériau à disposition. Dans les sols lourds, de fines récoltes de céleri pour une utilisation en automne peuvent être cultivées, mais en raison de la responsabilité de la plante de souffrir de l'humidité hivernale, il est conseillé de planter des cultures tardives au niveau et de la terre à partir des parcelles adjacentes afin de garder les racines sèches en hiver. Une autre étape vers la sécurisation d'un approvisionnement tardif consiste à plier les sommets d'un côté lors de la mise à la terre définitive,

Céleri pour exposition.—Dès le paragraphe d'ouverture, il sera déduit que pour produire des spécimens extra-fins de céleri pour l'exposition, un traitement très généreux des plantes est nécessaire. Outre le choix des variétés - et seules les meilleures souches doivent être prises en considération - quatre points sont d'une importance particulière pour le cultivateur. Le terrain doit être généreusement enrichi; à aucun moment la plante ne doit recevoir un chèque ou souffrir du manque d'eau; il doit y avoir l'inspection la plus étroite à intervalles fréquents pour éviter la défiguration des tiges ou des feuilles par les limaces, les escargots ou la mouche du céleri; et enfin l'opération de blanchiment demandera beaucoup de soin et de discrétion. Ces points ont déjà été traités assez longuement. Mais sur la question du blanchiment, il peut être bon d'ajouter que pour assurer des spécimens parfaits, sans défaut, des moyens artificiels de quelque nature que ce soit doivent être adoptés à la place de la mise à la terre de la manière ordinaire. L'utilisation de bandes de papier brun de bonne qualité s'avérera à la fois simple et efficace. Ces bandes ne doivent pas dépasser une largeur de cinq ou six pouces, de nouvelles bandes étant ajoutées au fur et à mesure que la croissance se développe. Attachez-les solidement avec du raphia ou de la ficelle, en tenant dûment compte de l'expansion de la plante, et une fois en position, tirez soigneusement le sol vers la base.

Les nombreux ennemis du céleri, comme les limaces, les escargots, la courtilière et la mouche, n'interfèrent pas sérieusement avec la culture où la bonne culture prévaut, mais la mouche du céleri semble être indifférente à une bonne culture et doit donc être traitée directement. Le saupoudrage occasionnel des feuilles avec de la suie s'est avéré efficace. Cela devrait être fait au cours du mois de juin les matins des jours qui s'annoncent ensoleillés. Si la suie est appliquée négligemment, elle fera plus de mal que de bien; un saupoudrage très fin suffira pour rendre la plante désagréable à la mouche. Le seringage des feuilles avec de l'eau imprégnée de goudron a également sauvé les plantes des attaques. Là où les œufs sont déposés, les feuilles apparaîtront bientôt cloquées et la mouche à l'intérieur doit être écrasée en pinçant la cloque entre le pouce et l'index.

Céleri - rave ou **céleri enraciné de navet**, est très prisé sur le continent comme légume cuit et comme salade. Dans le céleri ordinaire, la tige ne forme qu'une simple base pour les feuilles, mais dans le céleri-rave, elle se transforme en un bouton pesant de un à cinq livres, et la racine se conserve plus facilement que le céleri. Lorsqu'il est cuit de la même manière que le chou de mer, le céleri est bien connu comme un mets délicat sur les tables anglaises, et le céleri-rave cuit a de l'importance avec lui, bien qu'il offre un plat tout à fait différent. La tige ou l'axe de la plante est utilisé, et non les tiges. Pour faire pousser du céleri-rave fin, une longue saison est nécessaire; il est donc conseillé de semer la graine dans une chaleur douce au début de mars, puis de la piquer et de la traiter comme du céleri; mais après la première étape, le traitement est tout à fait différent. Pour la plantation, il faut un sol léger et riche, et là où l'agrafe est lourde, un petit lit peut facilement être préparé en étendant six pouces de profondeur de tout sol sableux sur la surface. Les plantes doivent être placées à un pied et demi l'une de l'autre dans chaque sens et plantées aussi peu que possible. Avant la plantation, coupez soigneusement pour enlever les pousses latérales qui pourraient diviser les tiges, et après avoir planté, arrosez librement. La culture consistera à maintenir la culture propre et à éloigner fréquemment le sol des plantes, car plus elles se détachent du sol, mieux c'est, à condition qu'elles ne soient pas affligées. Ils ne doivent jamais rester immobiles faute d'eau, sinon les racines n'atteindront pas une taille appropriée. Les pousses latérales et les fibres doivent être enlevées pour garder les racines intactes, mais pas au point d'arrêter les progrès. Quand une bonne croissance a été faite et que la saison est en baisse, couvrez les bulbes ou les tiges Les plantes doivent être placées à un pied et demi l'une de l'autre dans chaque sens et plantées aussi peu que possible. Avant la plantation, coupez soigneusement pour enlever les pousses latérales qui pourraient diviser les tiges, et après avoir planté, arrosez librement. La culture consistera à maintenir la culture propre et à éloigner fréquemment le sol des plantes, car plus elles se détachent du sol, mieux c'est, à condition qu'elles ne soient pas affligées. Ils ne doivent jamais rester immobiles faute d'eau, sinon les racines n'atteindront pas une taille appropriée. Les pousses latérales et les fibres doivent être enlevées pour garder les racines intactes, mais pas au point d'arrêter les progrès. Quand une bonne croissance a été faite et que la saison est en baisse, couvrez les bulbes ou les tiges Les plantes doivent être placées à un pied et demi l'une de l'autre dans chaque sens et plantées aussi peu que possible. Avant la plantation, coupez soigneusement pour enlever les pousses latérales qui pourraient diviser les tiges, et après avoir planté, arrosez librement. La culture consistera à maintenir la culture propre et à éloigner fréquemment le sol des plantes, car plus elles se détachent du sol, mieux c'est, à condition qu'elles ne soient pas affligées. Ils ne doivent jamais rester immobiles faute d'eau, sinon les racines n'atteindront pas une taille appropriée. Les pousses latérales et les fibres doivent être enlevées pour garder les racines intactes, mais pas au point d'arrêter les progrès. Quand une bonne croissance a été faite et que la saison est en baisse, couvrez les bulbes ou les tiges taillez soigneusement pour enlever les pousses latérales qui pourraient diviser les tiges, et après avoir planté, arrosez librement. La culture consistera à maintenir la culture propre et à éloigner fréquemment le sol des plantes, car plus elles se détachent du sol, mieux c'est, à condition qu'elles ne soient pas affligées. Ils ne doivent jamais rester immobiles faute d'eau, sinon les racines n'atteindront pas une taille appropriée. Les pousses latérales et les fibres doivent être enlevées pour garder les racines intactes, mais pas au point d'arrêter les progrès. Quand une bonne croissance a été faite et que la saison est en baisse, couvrez les bulbes ou les tiges taillez soigneusement pour enlever les pousses latérales qui pourraient diviser les tiges, et après avoir planté, arrosez librement. La culture consistera à maintenir la culture propre et à éloigner fréquemment le sol des plantes, car plus elles se détachent du sol, mieux c'est, à condition qu'elles ne soient pas affligées. Ils ne doivent jamais rester immobiles faute d'eau, sinon les racines n'atteindront pas une taille appropriée. Les pousses latérales et les fibres doivent être enlevées pour garder les racines intactes, mais pas au point d'arrêter les progrès. Quand une bonne croissance a été faite et que la saison est en baisse, couvrez les bulbes ou les tiges car plus ils se détachent du sol, mieux c'est, à condition qu'ils ne soient pas affligés. Ils ne doivent jamais rester immobiles faute d'eau, sinon les racines n'atteindront pas une taille appropriée. Les pousses latérales et les fibres doivent être enlevées pour garder les racines intactes, mais pas au point d'arrêter les progrès. Quand une bonne croissance a été faite et que la saison est en baisse, couvrez les bulbes ou les tiges car plus ils se détachent du sol, mieux c'est, à condition qu'ils ne soient pas affligés. Ils ne doivent jamais rester immobiles faute d'eau, sinon les racines n'atteindront pas une taille appropriée. Les pousses latérales et les fibres doivent être enlevées pour garder les racines intactes, mais pas au point d'arrêter les progrès. Quand une bonne croissance a été faite et que la saison est en baisse, couvrez les bulbes ou les tiges avec une fine couche de sol fin, et dans la première semaine d'octobre, soulevez une partie de la récolte et stockez-la dans le sable, toutes les feuilles étant d'abord enlevées, sauf celles du centre, qui doivent rester, ou les racines peuvent perdre leur énergies pour produire un autre ensemble. La partie de la récolte laissée dans le sol aura besoin d'une protection contre le gel, ce qui peut être accompli en les mettant à la terre avec de la terre prélevée entre les rangées.

Le céleri-rave est cuit de la même manière que la betterave et nécessite à peu près le même temps. Les tiges, bulbes ou racines (car les boutons, qui sont de vraies tiges, sont connus sous divers noms) sont coupés, lavés et mis dans de l'eau bouillante sans sel ni arôme, et maintenus bouillants jusqu'à ce qu'ils soient assez tendres; ils peuvent ensuite être parés, tranchés et servis avec une sauce blanche, ou laissés non coupés pour être tranchés pour les salades quand ils sont froids.

CHICORÉE

Cichorium Intybus

Un ajout précieux à l'approvisionnement en racines d'hiver et de printemps. Lorsqu'elle est cuite et servie avec du beurre fondu, la chicorée ressemble légèrement à Sea Kale. Le plus souvent, cependant, il est mangé de la même manière que le céleri, avec du fromage, et il fait également une salade excellente et des plus saines. Toutes les variétés de jardin ont été obtenues à partir de la plante sauvage, et certains des stocks montrent une tendance marquée à revenir à l'état sauvage. Il est donc important de semer une souche soigneusement sélectionnée, sinon les racines peuvent être inutiles pour produire des têtes.

Les graines doivent être semées en mai ou juin, en rangées espacées d'un pied, et les plantes éclaircies à environ neuf pouces dans les rangées. Le sol doit être profond et riche, mais exempt de fumier récent, sauf à une profondeur de douze pouces, lorsque les racines atteindront la taille d'un bon panais.

En automne, les racines doivent être soulevées indemnes à l'aide d'une fourchette, et seulement quelques-unes à la fois, selon les besoins. Après avoir coupé les sommets juste au-dessus de la couronne, ils peuvent immédiatement commencer à pousser, et il est essentiel que cela se fasse dans l'obscurité absolue. Les producteurs français plantent dans un lit chaud de la température adaptée aux champignons, mais ce traitement ruine la saveur, et a pour effet de rendre la fibre des feuilles laineuse. Il est beaucoup plus simple et préférable de mettre les racines dans une cave ou un hangar dans lequel une température au-dessus du point de congélation peut être invoquée, et d'où tout rayon de lumière peut être exclu. Ils peuvent être étroitement emballés dans des boîtes profondes, avec un sol léger ou la moisissure des feuilles entre. Si le sol est assez humide, l'arrosage ne sera pas nécessaire pendant un mois et il vaut mieux ne pas y avoir recours tant que les plantes ne montrent pas de signes de fanage. Au lieu de boîtes, quelques planches longues et très larges, placées sur le bord et soutenues de l'extérieur, constituent une auge pratique et efficace. L'emballage des racines avec de la terre peut commencer à une extrémité, et être progressivement étendu sur toute la longueur, jusqu'à ce que la première partie utilisée soit prête pour un nouveau départ. Il vaut mieux casser les feuilles que les couper et la cueillette peut commencer environ trois semaines après le stockage des racines. À partir de spécimens bien cultivés, des têtes peuvent être obtenues égales à une laitue Cos compacte, et par un peu de gestion, il est facile de maintenir un approvisionnement d'octobre à fin mai. La quantité de salade à obtenir à partir de quelques racines est vraiment étonnante.

SALADE DE MAÏS

Valerianella olitoria

La salade de maïs, ou laitue d'agneau, si souvent vue sur les tables continentales, est relativement inconnue dans ce pays. La raison en est peut-être due au fait qu'en tant que légume cru, il n'est pas particulièrement savoureux, bien que lorsqu'il est assaisonné en salade avec de l'huile et les condiments habituels, il est tout à fait délicieux et forme un épisode des plus rafraîchissants. Dans la routine d'un bon dîner, la salade de maïs est une plante à croissance rapide, appréciée pour son apparition précoce au printemps, lorsque les salades élégantes sont très demandées. Il peut être mélangé avec d'autres légumes à cet effet, ou servi seul avec un peu de préparation adaptée.

Les semis les plus importants ont lieu en août et septembre. Les graines peuvent, cependant, être semées à tout moment de février à octobre, mais seuls ceux qui sont habitués à la plante devraient se soucier d'assurer les récoltes d'été; lorsque les laitues sont abondantes, la salade de maïs est rarement nécessaire. Tout bon sol le fera pousser, mais la situation doit être sèche et ouverte. Semez dans des forets espacés de six pouces et minces à six pouces dans les rangées. La récolte est prélevée de la même manière que les épinards, soit en enlevant les feuilles séparées, soit en coupant en touffes.

COUVE TRONCHUDA

Brassica oleracea costata

Couve Tronchuda, ou chou du Portugal, est un légume fin qui devrait être cultivé dans tous les jardins, y compris ceux dans lesquels les choux ne sont généralement pas considérés comme ayant beaucoup d'importance. La plante est de croissance noble, et dans un sol riche nécessite une place abondante pour la propagation de ses grandes feuilles, dont les nervures médianes sont épaisses, blanches, tendres et lorsqu'elles sont cuites de la même manière que le chou de mer, d'une qualité superbe. Quand une bonne récolte de ces nervures médianes a été prise, il reste le chou supérieur, qui est excellent.

Deux ou trois semis peuvent être effectués en février, mars et avril, et les premiers doivent être en chaleur. Transférer le plus tôt possible dans un sol riche, en donnant aux plantes amplement d'espace, de deux à trois pieds dans chaque sens, et aider avec des approvisionnements abondants en eau par temps sec.

CRESSON

Lepidium sativum

Le cresson est mieux cultivé en petits lots à partir de semis fréquents, et les espèces doivent être séparées et, si possible, sur la même frontière. Un sol fin et frais est nécessaire, et il n'y a pas lieu de fumier, en fait c'est inacceptable, mais un changement de sol doit être fait de temps en temps pour assurer une bonne croissance. La graine est généralement semée trop épaisse, mais un semis fin n'est pas recommandé. Il est important de couper le cresson quand il est juste prêt - tendre, vert, court et dodu. Ce ne sera jamais le cas s'il est semé trop épais ou si on le laisse tenir trop longtemps. Immédiatement, la plante pousse au-delà de la taille de la salade, elle devient sans valeur et doit être creusée. À partir de petits semis à intervalles fréquents sous verre, un approvisionnement constant de Cresson peut être maintenu pendant les mois froids de l'année, pour lequel des boîtes ou des casseroles peu profondes seront être trouvé le plus pratique.

Le *cresson d'* **Amérique** ou **Land Cress** (*Barbarea præcox*) est d'excellente qualité lorsqu'il est cultivé sur une bonne bordure, et deux ou trois semis doivent être effectués au printemps et à l'automne dans des endroits ombragés. Si le site n'est pas naturellement humide, de l'eau doit être abondamment donnée.

Le cresson d'eau (*Nasturtium officinale*) est si prisé que beaucoup de ceux qui sont hors de portée des sources d'approvisionnement ordinaires le cultiveraient volontiers s'il y avait une perspective raisonnable de succès. Des affirmations ont été faites qu'il peut être cultivé dans n'importe quel jardin sans eau, mais nous n'avons encore jamais vu un échantillon apte à manger qui a été cultivé sans l'aide du bidon d'eau. Un flux en cours d'exécution n'est pas nécessaire. Faites une tranchée dans un endroit ombragé, et enrichissez bien le sol au fond de celui-ci. Dans cette semence la graine en mars, et lorsque les plantes sont établies, gardez le sol bien humidifié. Plus cela est fait librement, meilleur sera le résultat. D'autres semis peuvent être effectués en avril, août et septembre. Nous avons vu Water Cress cultivé avec succès dans des casseroles et des casseroles immergées dans des soucoupes d'eau placées dans des positions ombragées.

CONCOMBRE

Cucumis sativus

Le concombre est apprécié partout. Son utilité excessive explique sa popularité et, heureusement, la plante est d'un caractère accommodant. Dans les grands établissements, les concombres sont cultivés à toutes les saisons de l'année; dans les jardins de taille moyenne, les concombres d'été sont généralement considérés comme suffisants, et il n'y a aucune difficulté à cultiver un approvisionnement abondant et continu de la meilleure qualité. La culture hivernale exige des appareils adaptés et une gestion habile; mais une très petite maison, avec un appareil de chauffage efficace, suffira à produire un approvisionnement important et constant, et par conséquent, les concombres d'hiver ne doivent pas être considérés comme au-delà de la portée de la pratique de tout jardin ordinaire bien entretenu.

Concombres de cadre sont les plus demandés et les plus faciles à cultiver. Le tout premier point pour le pratiquant est de déterminer quand commencer, car la règle est de commencer trop tôt et de perdre du temps et des opportunités en conséquence. Nous supposerons que les concombres doivent être cultivés dans un cadre à deux lumières, pour lequel il faudra quatre bonnes charrettes de fumier stable. Cela devrait être mis en tas trois semaines avant que le lit ne soit fait, et le lit devra durer jusqu'à ce que la saison soit suffisamment avancée pour supporter la chaleur sans autre fermentation. Compte tenu de ces points, on comprendra qu'il est beaucoup plus sûr de commencer la première semaine d'avril que la première semaine de mars, et à moins que le chemin ne soit clairement vu, la date ultérieure est certainement préférable, car elle se réduit au minimum. le conflit avec le temps en matière de chaleur de fond. Composez le tas; alors, début mars, retournez-le deux fois, et à la fin du mois préparez le lit en raffermissant l'étoffe avec une fourchette au fur et à mesure que le travail avance, mais en prenant soin de ne pas marcher sur le lit. Allumez les lumières et laissez l'affaire pendant cinq ou six jours; puis étendez un lit de sol limoneux riche d'une texture un peu légère et gazon, d'environ neuf pouces de profondeur. Il est maintenant facultatif de semer ou de planter comme cela peut être le plus pratique. Les plantes fortes en pots, éteints immédiatement, fructifieront plus tôt que les plantes à partir de graines semées sur le lit. Mais semer sur le lit est une bonne pratique pour tout cela, et si ce plan est adopté, il faut semer quelques graines de plus que le nombre de plantes requis, pour donner une marge aux ennemis; tout surplus de plantes s'avérera généralement utile, car les plants de concombre vont rarement mendier. S'il est préférable de commencer par les plantes, la question de leur mise à disposition doit être envisagée en temps utile. La graine doit être semée au moins un mois à l'avance et doit être avancée sur un lit chaud ou dans une partie fraîche d'un poêle. Beaucoup de cultivateurs de concombres prospères n'ont pas de meilleur moyen de faire pousser des plantes que de semer les graines dans une boîte ou une casserole de terre riche en lumière, conservée dans un coin ensoleillé d'une serre commune, avec une ardoise ou une tuile posée jusqu'à ce que les graines commencent, et par une gestion un peu prudente, de belles plantes économes sont sécurisées en l'espace d'environ quatre semaines. Dans certains livres sur l'horticulture, on parle beaucoup du sol dans lequel les graines de concombre doivent être semées. Nous conseillons au lecteur de ne pas trop insister sur cette question. N'importe quel terreau gazonné, ou même tourbe, répondra; mais un sol de rang est certainement inapte. Le but devrait être d'obtenir des plantes courtes et robustes d'une couleur verte saine; pas les choses pâles et de longue date que l'on voit souvent à la vente et qui, par leur évidente faiblesse, semblent destinées à illustrer les problèmes de la maladie du concombre. Mais un sol de rang est certainement inapte. Le but devrait être d'obtenir des plantes courtes et robustes d'une couleur verte saine; pas les choses pâles et de longue date que l'on voit souvent à la vente et qui, par leur évidente faiblesse, semblent destinées à illustrer les problèmes de la maladie du concombre. Ayant fait un début avec des plantes fortes sur un bon lit, les deux points importants sont de réguler la température et l'arrosage. Dans un premier temps, il sera nécessaire d'ombrer un peu les plantes, mais au fur et à mesure qu'elles acquièrent de la force, elles devraient avoir plus de lumière et plus d'air que ce qui est habituellement autorisé aux concombres. Une température moyenne de 60 ° la nuit et de 80 ° le jour sera jugée sûre et rentable, car elle favorise une croissance saine et une fécondité durable. Mais la règle doit être élastique. Vous pouvez vous taire à 90 ° sans dommage, et au soleil, le verre peut monter à 95 ° sans blessure, à condition que les plantes aient de l'air et ne soient pas sèches aux racines. Mais c'est un grand moment que la température nocturne soit maintenue près de 60 ° et ne descende pas en dessous. Si le thermomètre montre que la température nocturne a été au-dessus du point approprié en raison de la chaleur du lit, calez les lumières d'environ un demi-pouce le soir, et à mesure que la saison avance, augmentez cet apport d'air nocturne, car il maintient le plantes en bonne santé, à condition qu'il n'y ait pas de froid qui l'accompagne. En ce qui concerne l'arrosage, le point important est d'utiliser de l'eau douce à la même température que le cadre, et donc un bidon de rechange, rempli d'eau, doit toujours être conservé dans le cadre prêt à l'emploi, et une fois vidé, il doit être rempli à nouveau et laissé pour le prochain arrosage. Au moins deux fois par jour, les plantes et les côtés du cadre doivent recevoir une douche de la seringue. Il est préférable de seringuer trois fois que deux fois, mais cela doit être dans une certaine mesure déterminé par la température. Plus la chaleur est élevée, plus l'air et l'eau doivent être fournis librement; par contre, si la chaleur diminue, donnez de l'eau avec précaution, sinon un désastre peut survenir. En cas d'urgence, les plantes passeront par une mauvaise période sans dommage grave si elles sont conservées presque au sec, et il sera alors prudent de ne donner que peu d'air. Parfois, la chaleur du lit s'épuise avant qu'il n'y ait suffisamment de chaleur solaire pour maintenir les plantes en croissance, mais si elles peuvent être maintenues en bonne santé pendant une semaine environ, le temps chaud peut s'installer et tout ira bien.

Pour ce qui est de l'arrêt et de l'entraînement, autant dire tout de suite que le moins des deux est le mieux. Une croissance naturelle saine et gratuite se traduira par une production abondante de fruits, et l'arrêt et l'entraînement ne feront pas grand-chose pour promouvoir la fin en vue. Mais il y a quelque chose à faire pour assurer une croissance uniforme et l'exposition de chaque feuille à la lumière. Lorsque la jeune plante a fait trois feuilles rugueuses, pincez la pointe pour encourager la production de pousses à partir de la base. Lorsque les pousses ont fait quatre feuilles, pincez les points pour favoriser une nouvelle croissance des pousses latérales, et après cela, il ne doit plus y avoir d'arrêt jusqu'à ce qu'il y ait une exposition de fruits. La croissance doit être chevillée pour couvrir le lit de la manière la plus régulière possible, et partout où des pousses superflues apparaissent, elles doivent être enlevées. Tout encombrement devra être payé, parce que les pousses encombrées ne sont pas fructueuses. Si un grand spectacle de fruits apparaît soudainement, enlevez-en une grande partie, car la surexploitation crée une surabondance gênante pendant une courte période, et puis il y a une fin de l'affaire; mais en gardant la récolte à une limite raisonnable, les plantes porteront librement jusqu'à la fin de la saison. Chaque pousse fructifère doit être arrêtée à deux feuilles au-delà du fruit, et à mesure que la récolte progresse, il doit y avoir une taille occasionnelle des vieilles pousses pour faire de la place aux jeunes. Une erreur de gestion susceptible de se produire avec un débutant est de laisser sécher le lit en dessous alors qu'il est maintenu assez humide dessus au moyen de la seringue. De nombreux cultivateurs enfoncent des bâtons dans le lit ici et là, et de temps en temps, ils les extraient et jugent par leur apparence si le lit a besoin d'un arrosage abondant ou non. Être sec à la racine est mortel pour la plante de concombre, et être dans un marais n'en est pas moins mortel. Il doit avoir de l'abondance d'humidité au-dessus et au-dessous, mais la stagnation de l'air ou de l'eau entraînera la maladie, se terminant par un gaspillage de travail.

La culture en serre du concombre pour une récolte d'été seulement est la plus rentable et la plus simple ainsi que la plus intéressante de toutes les méthodes pratiquées. Dans de nombreux jardins, les maisons qui ont été remplies pendant l'hiver avec des géraniums et d'autres plantes sont très mal meublées pendant l'été et présentent une apparence des plus disgracieuses. Maintenant, il est très facile de les rendre à la fois rentables et belles, car lorsqu'elles sont habillées de vignes vertes portant de beaux concombres, ces maisons sont attrayantes et paient étonnamment bien. Pour mener à bien la routine, la maison doit être défrichée à la fin du mois d'avril, les plantes étant transportées dans des fosses et des charpentes. Si possible, préparez les lits sur des ardoises posées à proximité des conduites d'eau chaude et utilisez un boisseau ou plus de terre sous chaque lumière pour commencer. Déposez d'abord sur l'ardoise un grand bac à graines, du bas vers le haut, et là-dessus quelques tuiles plates, puis entassent un cône peu profond de beau terreau léger et gazon. Allumez le feu et éteignez-vous, et augmentez la chaleur de la maison vide à 80 ° ou 90 ° pendant une journée entière. Le lendemain, plantez sur chaque butte une petite plante de concombre robuste ou semez trois graines. Procéder comme conseillé pour la culture en cadre, en gardant une température de 60 ° la nuit et 80 ° le jour, avec une élévation de 5 ° à 10 ° au soleil. Pliez la seringue librement, donnez de l'air avec précaution et utilisez le moins d'ombrage possible. On constatera très bientôt que par une gestion judicieuse de la fermeture et de la mise en air, le tir peut être supprimé, et il ne reste alors plus qu'à seringuer librement et à s'entraîner avec soin. Les plantes ne doivent pas être arrêtées du tout, mais être prises directement sur le toit et être entraînées sur quelques fils ou ficelles goudronnées, en premier lieu à droite et à gauche, et ensuite le long des chevrons pour se rencontrer à la crête et former une riche arcade feuillue. Les fruits apparaîtront en quantité et doivent être éclaircis pour éviter une sur-culture. Au fur et à mesure que les plantes poussent, il faut ajouter de la terre aux buttes jusqu'à ce qu'il y ait un lit continu, sur lequel un certain nombre de pousses peuvent être formées là où il y a suffisamment de lumière pour elles. Il est préférable de commencer comme indiqué ci-dessus, à l'aide de la chaleur du feu pour démarrer la récolte pour gagner du temps; mais si cela ne convient pas, commencez sans chaleur de feu dans la dernière semaine de mai, et les plantes produiront des fruits jusqu'à ce que le froid de l'automne les termine, et la maison est de nouveau nécessaire pour les plantes de serre. il faut ajouter de la terre aux buttes jusqu'à ce qu'il y ait un lit continu, sur lequel un certain nombre de pousses peuvent être entraînées là où il y a suffisamment de lumière pour elles. Il est préférable de commencer comme indiqué ci-dessus, à l'aide de la chaleur du feu pour démarrer la récolte pour gagner du temps; mais si cela ne convient pas, commencez sans chaleur de feu dans la dernière semaine de mai, et les plantes produiront des fruits jusqu'à ce que le froid de l'automne les termine, et la maison est de nouveau nécessaire pour les plantes de serre. il faut ajouter de la terre aux buttes jusqu'à ce qu'il y ait un lit continu, sur lequel un certain nombre de pousses peuvent être entraînées là où il y a suffisamment de lumière pour elles. Il est préférable de commencer comme indiqué ci-dessus, à l'aide de la chaleur du feu pour démarrer la récolte pour gagner du temps; mais si cela ne convient pas, commencez sans chaleur de feu dans la dernière semaine de mai, et les plantes produiront des fruits jusqu'à ce que le froid de l'automne les termine, et la maison est de nouveau nécessaire pour les plantes de serre.

Les concombres d'hiver se développent mieux dans les maisons en appentis avec des toits un peu raides, car ces maisons sont moins susceptibles de se refroidir par temps froid et venteux et attrapent un maximum de soleil en hiver. Dans un hiver doux, les concombres peuvent être cultivés dans n'importe quel type de maison qui peut être maintenue à une température appropriée, et les marchés sont approvisionnés à partir de constructions rugueuses qui fonctionnent à de nombreuses fins. Mais par mauvais temps, l'appentis raide, avec lit le long de l'avant et réservoir pour donner une chaleur de fond égale, s'avérera le plus utile, car il ne permettra pas à la neige de se loger sur le verre, ni de subir une baisse sérieuse de la température. Pendant la prévalence du gel violent et des vents violents. Pour l'approvisionnement de la fin de l'automne, tout type de maison suffira, mais mieux encore, une travée aérée. Une fosse en briques répondra à tous les besoins d'octobre à mars avec une bonne gestion, et les matériaux de fermentation fourniront la chaleur nécessaire. Dans de tels cas, des tranchées devraient être prévues pour le renouvellement occasionnel de la chaleur de fond.

Pour la culture hivernale, les plantes sont cultivées à partir de graines et de boutures. Les plants de semis sont les plus vigoureux, mais ils nécessitent un peu plus de temps que les boutures pour arriver à un état de fructification. Pour la culture en pot, les boutures sont préférables, car seule une récolte modérée est attendue et la rapidité de la production est d'une grande importance. Il est habituel de semer le premier lot de graines le 1er septembre et de semer à nouveau le 1er octobre et le 1er novembre; après quoi il n'est pas conseillé de semer à nouveau avant le 1er février pour la récolte de printemps. Si la gestion est bonne, le premier semis se fera en fruits au moment où le troisième lot de graines sera semé, par exemple la première semaine de novembre, et à partir de là, tout au long de l'hiver, il ne devrait pas y avoir de rupture d'approvisionnement.

La gestion des concombres d'hiver repose principalement sur les détails, et finira par dépendre plutôt des soins que de l'habileté. Les principes généraux sont les mêmes que pour la culture des concombres dans des cadres, la tâche du cultivateur étant de les réaliser avec succès. Commencez par semer la graine une à une dans de petits pots dans du limon léger ou de la tourbe avec laquelle une bonne proportion de sable tranchant a été mélangée. Ces pots doivent être placés dans une chaleur de 70 ° à 75 °, et pour que les plantes durent longtemps, la température plus basse est préférable. En ce qui concerne l'étape suivante, les plantes peuvent être dressées sur des chevrons, ou étalées sur des plates-bandes, la première étant toujours le meilleur plan là où cela se trouve être pratique. Mais le pratiquant prudent ne sera pas lié aux règles; il coupera son manteau selon son étoffe, et tant qu'il aura une maison de concombres dressés sur le toit, il le fera peut-être, ont également une fosse remplie de plantes sur les plates-bandes. S'arrêter sévèrement est une mauvaise pratique, pour la croissance est souhaitée; mais un certain nombre d'arrêts doit être fait pour favoriser une croissance régulière et pour répartir équitablement le fruit à la fois dans l'espace et dans le temps. Nous avons déjà admis que dans certains livres sur le jardinage, on a trop parlé du sol. Dans de nombreux endroits, un terreau gazonné approprié, ou une bonne tourbe fibreuse, peut être obtenu, et les accidents survenus aux concombres ont généralement été le résultat d'une mauvaise gestion de la chaleur, de l'eau et de l'air, plutôt que de l'utilisation d'un sol inapproprié. . Mais il ne faut pas supposer que nous sommes négligents à ce sujet. Ni une argile pâteuse, ni un limon aigre-collant, ni un sol pauvre sableux ou calcaire ne produiront de beaux concombres. D'un autre côté, le fumier de qualité et une mauvaise moisissure des feuilles sont tous deux des matériaux défavorables. Il n'y a rien de tel qu'un terreau moelleux, qui peut être enrichi et modifié à sa discrétion, sans aller aux extrêmes.

Concombres de crête sont cultivés à peu près de la même manière que celle recommandée pour les courges à courge. Ils peuvent être placés sur des buttes ou des lits, et dans les deux cas, une fondation de matériel de fermentation est nécessaire pour assurer une récolte au début de l'été. Pour une récolte tardive, la chaleur naturelle du sol sera suffisante si l'été se révèle bien, mais en saison froide, les concombres de crête sont décevants. Parmi les nombreuses méthodes de culture, l'une des meilleures est de disposer le sol en lits de quatre pieds en prenant le sol à une profondeur de quinze pouces, et en étalant sur cette profondeur ou plus de fumier à moitié pourri, à laquelle peut être ajouté toutes les feuilles et autres déchets qui peuvent être utiles. Couvrir d'une profondeur de pied de bon terreau. Vers la mi-avril, semez les graines dans des pots de trois pouces ou dans des boîtes et placez-les dans une serre fraîche. Après un durcissement soigneux, plantez vers la troisième semaine de mai. Si vous préférez, les graines peuvent être semées sur le lit au début de mai. Donnez aux plantes la protection d'une lampe à main si le temps s'avère défavorable, et il faudra prendre soin de les maintenir en mouvement jusqu'à ce que la saison soit suffisamment avancée pour permettre la suppression des lumières. Mettez les plantes à trente pouces l'une de l'autre au milieu du lit et, lorsqu'elles poussent librement, pincez les pointes *une seule fois* . Une récolte de laitue peut être prélevée sur les plates-bandes pendant que les plantes avancent.

PISSENLIT

Taraxacum officinale

En tant que salade, le pissenlit a gagné l'estime générale pour ses qualités médicinales saines. La nature enseigne la façon de cultiver cette plante, car elle sème la graine au début de l'été, et nous trouvons les meilleures plantes sur un sol sec, alors qu'il n'y en a pas dans les tourbières et les marécages. Tout sol graveleux ou crayeux fera pousser du bon pissenlit, un simple creusage sans fumier étant une préparation suffisante pour cela. Semez en mai ou juin, et éclaircissez à un pied de distance dans tous les sens, en gardant la récolte scrupuleusement propre par binage à plat. À tout moment de l'hiver, les racines peuvent être soulevées et forcées de la même manière que Sea Kale, ou elles peuvent être couvertes de pots au printemps pour blanchir là où elles sont cultivées. Dans tous les cas, la croissance printanière doit se faire dans l'obscurité, car lorsqu'elle est verte, la saveur est amère. Les invalides qui ont besoin de cette salade salutaire peuvent se ravitailler tôt en plantant les racines dans des boîtes dans une cave et en les recouvrant de boîtes vides. Seulement autant d'eau devrait être donné que cela gardera les racines raisonnablement humides.

OEUF (AUBERGINE)

Solatium Melongena, S. esculentum

Dans ce pays, l'œuf est généralement cultivé simplement comme ornement, mais c'est un légume délicieux lorsqu'il est tranché et frit dans l'huile, les types à fruits violets et noirs étant particulièrement utiles pour la table. Le blanc commun, qui est le plus connu, est assez bon lorsqu'il est cuit jeune, bien que moins riche en saveur que le violet. La culture recommandée pour Capsicum conviendra à l'œuf, mais peu d'humidité atmosphérique est nécessaire ou les semis peuvent se dissiper. Ils ne sont pas bien adaptés à la plantation, bien que pendant la saison chaude, ils fructifieront librement sous un mur ensoleillé et pousseront dans une promenade de gravier si on les aide au début avec un peu de bonne terre autour des racines. Si nécessaire en quantité pour la table, la variété violette peut être cultivée dans un cadre à partir de plantes élevées sur un lit chaud. En général,

ENDIVE

Cichorium Endivia

En raison du goût croissant pour les salades saines, l'endive a considérablement progressé dans l'estime du public. La saveur de l'endive bien blanchie convient à la plupart des palais qui ont eu l'expérience des salades, et des propriétés salutaires de la plante nous avons un indice dans sa relation étroite avec la chicorée.

La sélection des sortes est une question d'importance, car les belles variétés frisées qui font la meilleure apparence sur le table, et pourraient être considérés comme des ornements s'ils n'étaient pas comestibles, sont les plus fins pour les salades, étant tendres, avec une saveur de noisette fraîche. Les espèces feuillues ne sont pas aussi bien adaptées pour les salades que pour les ragoûts, et elles remplacent les laitues lorsque celles-ci ne sont pas disponibles pour les soupes et les ragoûts. Cependant, en cas d'urgence, les variétés frisées se révèlent adaptées à la cuisson et les feuillus à la salade, et il n'y a donc pas besoin de déchets là où un type prédomine.

Sol Une difficulté commune à la culture des endives peut être surmontée de la manière conseillée pour le céleri-rave. La plante a besoin d'un sol léger, sec et sableux; et une partie, au moins, de la récolte devrait durer tout l'hiver. Ainsi, sur un sol lourd, il y a une perspective d'échec en ce qui concerne la récolte tardive, mais cela est évité en adoptant un lit fait - une de petites dimensions étant suffisante pour accueillir un grand stock de plantes. Choisissez un endroit ouvert, faites une fondation de tous les déchets durs à portée de main et posez un à deux pieds de sol sablonneux. Cela formera un lit surélevé d'un type exactement adapté à la plante, et ne coûtera que peu de chose par rapport à sa valeur ultime. S'il est régulièrement habillé avec du fumier, et par ailleurs bien géré, le lit fournira des endives en hiver et d'autres salades en été, ou il peut être cultivé avec des haricots nains, qui peut être enlevé en août pour faire place à la plantation habituelle d'Endive. Là où le sol est naturellement léger et sec, aucune préparation de ce type n'est nécessaire, mais Endive ne parvient pas à la perfection sans nourriture, et par conséquent, le sol doit être riche et profondément creusé.

Semis et repiquage. — La graine peut être semée dès mars, sous une chaleur modérée, mais la dernière partie d'avril est assez tôt pour la plupart des usages, et les principaux semis se font en juin. Des semis ultérieurs peuvent suivre en juillet et août. Mais le semis de juin est le plus important, car par une gestion un peu prudente, il fournira quelques têtes précoces et de nombreuses têtes tardives. Semez dans des semoirs peu profonds espacés de six pouces, et lorsque les plantes sont d'un pouce de haut, tirez le plus vers l'avant et piquez-les sur un lit de sol riche et léger de la même manière que le céleri, et avec un peu de soins infirmiers, cela fera une première plantation. . Les plantes dans le lit de semence doivent être éclaircies à trois pouces et doivent avoir de l'eau par temps sec. Toutes les éclaircies doivent être piquées en premier lieu pour les rendre solides pour la plantation, mais le dernier lot peut aller directement aux plates-bandes pour finir.

La plantation finale doit se faire sur un sol riche, léger et sec, et de l'eau doit être donnée pour favoriser la croissance. La distance pour les variétés recourbées est d'un pied dans chaque sens, et pour les feuillus de quinze pouces. En prenant le dernier lot du lit de semence, une culture doit être laissée intacte pour mûrir à douze à quinze pouces de distance. Ces plantes donneront un premier et très excellent approvisionnement si elles sont soigneusement blanchies.

Si cela est plus pratique, les graines peuvent être semées là où la culture est censée se tenir, les plantes étant éclaircies aux distances déjà indiquées.

Le blanchiment est une entreprise importante et est exécutée de différentes manières. Le mode habituel est d'attacher les feuilles ensemble de la manière habituelle avec de la laitue et de les mouler. Cette méthode répond parfaitement, sauf en saison humide, lorsque, si les plantes restent un certain temps, les feuilles extérieures commencent à pourrir, et la décomposition se poursuit vers l'intérieur,

94

à la détérioration ou à la destruction de la plante. Un processus propre et efficace consiste à recouvrir le cœur de la plante d'un pot de fleur. Le trou est assombri avec une partie d'une tuile ou d'une ardoise, sur laquelle doit être posé un morceau de gazon ou une poignée de moisissure. Une assiette ou une tuile propre placée au centre de la plante blanchira également les endives de manière satisfaisante en automne. Pour les fournitures d'hiver, les plantes peuvent être soulevées à volonté et placées dans des boîtes ou des pots de terre, ceux-ci étant recouverts d'autres boîtes ou pots pour exclure la lumière. Une maison aux champignons, une cave, ou sous un étage de serre, servira à stocker les plantes soulevées. Le blanchiment doit être effectué de manière à assurer une succession sans surabondance à tout moment, car lorsque suffisamment blanchi Endive doit être utilisé, ou la pourriture va bientôt s'installer.

AIL

Allium sativura

Le mode de culture conseillé pour les échalotes conviendra également à l'ail, sauf que ce dernier doit être planté en février à environ deux pouces sous la surface du sol, et les bulbes peuvent être cultivés plus près les uns des autres, à environ huit ou neuf pouces de distance dans chaque sens.

Lorsque de gros bulbes sont nécessaires pour l'exposition ou à d'autres fins, les clous de girofle - comme on appelle les divisions de chaque racine - doivent être plantés séparément; mais pour un usage général, des bulbes de taille moyenne, plantés entiers, produiront une récolte plus lourde.

GOURD et PUMPKIN

(Cucurbita)

Les courges et les citrouilles peuvent être cultivées à la perfection par la même méthode que celle recommandée pour les concombres Ridge; mais comme les plantes occupent plus d'espace, il faut leur laisser de la place pour s'étendre vers le sud au-delà des limites de la crête. Il est bon de sortir des plantes fortes à partir de graines semées en pot en avril ou mai et de les protéger jusqu'à leur établissement. Si ceux-ci ne sont pas disponibles, la graine peut être semée là où les plantes sont destinées à se tenir, et il y aura avec le temps beaucoup de produits, mais bien sûr un peu plus tard dans la saison que si des plantes fortes avaient été plantées en premier lieu. Surveillez attentivement les limaces, qui afflueront de tous côtés pour se régaler d'elles, mais ne les toucheront à peine qu'après avoir été plantées une semaine ou deux. Tout matériau de fermentation rugueux, tel que la tonte de l'herbe, peut être utilisé pour faire les collines, pour leur donner l'aide d'un lit chaud pendant un bref laps de temps, et c'est un grand gain si elles poussent librement dès le début.

Les courges comestibles sont utiles dans tous leurs stades et âges; et si le cultivateur a envie de faire pousser de gros et beaux fruits, il peut faire la réponse commerciale en les suspendant pour une utilisation en hiver, quand ils peuvent être employés dans des soupes à la place des carottes, ou en plus des légumes habituels, et peut en effet être cuit d'une demi-douzaine de façons différentes. Il reste encore un but de plus auquel les plantes peuvent être appliquées: en supposant que vous ayez une grande plantation de courges et de courges comestibles, et que vous aimeriez un plat particulièrement élégant et délicieux d'épinards, pincez une suffisance des sommets des pousses qui avancent, et faites-les cuire à la manière des épinards. S'il est bien fait, c'est l'un des meilleurs légumes jamais consommés. Comme le fait de pincer les sommets tendres des pousses diminue la fécondité des vignes,

Les gourdes peuvent être dressées pour les treillis, les clôtures et les murs. Dans tous ces cas, un bon lit doit être préparé à partir de n'importe quel terreau léger et riche, et il n'en sera pas moins efficace s'il est fait sur un monticule de matière en fermentation.

HERBES

À quelques exceptions près, la culture d'herbes douces à partir de graines est tout à fait avantageuse. Les plantes se réalisent parfaitement et sont si vigoureuses qu'il est plus facile de les élever à partir de graines que d'assurer une succession de boutures ou de boutures. Pour répondre à une demande importante et continue dans la cuisine, il doit y avoir une plantation proportionnée à la frontière; mais dans les jardins de taille moyenne, nous ne préconisons pas la culture des herbes à grande échelle, sauf s'il y a un objet en vue. Un nombre modéré d'herbes répondra aux besoins de la plupart des familles. Pourtant, il est un fait que la tendance est toujours à une plus grande variété, et les jardiniers sont appelés à fournir des changements fréquents d'herbes aromatisantes, dont certaines sont tout aussi appréciées dans les salades qu'à des fins culinaires.

Dans les plus petits jardins, la menthe, le persil, la sauge et le thym commun et citronné doivent trouver une place. Dans les jardins qui ont la moindre prétention de subvenir aux besoins d'une table luxueuse, il faut ajouter le basilic, la ciboulette, la marjolaine et la marjolaine douce, la sarriette d'été et d'hiver, l'oseille, l'estragon et d'autres qui peuvent être particulièrement favorables. Les grands jardins contiennent généralement une parcelle, proportionnée aux demandes, de toutes les variétés qui suivent.

Plusieurs des herbes les plus populaires, telles que la ciboulette, la menthe, l'estragon et le thym citron, ne sont pas cultivées à partir de graines - en tout cas, ceux qui s'aventurent dans le passe-temps pourraient utiliser leur travail à un plus grand avantage. Mais d'autres, comme le basilic, la bourrache, le cerfeuil, le fenouil, la marjolaine, le souci, le persil, la sarriette, etc., sont cultivés à partir de graines, dans certains cas par nécessité, et dans d'autres parce que c'est le moyen le plus rapide et le plus facile d'obtenir une récolte.

L'angélique et la menthe s'épanouissent dans un sol humide, mais la majorité des herbes aromatiques réussissent sur des terres sèches, pauvres et un peu sablonneuses, plutôt que dans les riches bordures qui prévalent habituellement dans le potager. Heureusement ils ne sont pas très particuliers, mais ils doivent avoir du soleil pour la sécrétion de leurs essences parfumées. Une frontière étroite délimitée par des exercices, et, si possible, en pente vers le sud, répondra admirablement. Éclaircissez les plantes à temps, et les éclaircies de celles voulues en quantité peuvent, si nécessaire, être transplantées. Le sol doit être exempt de mauvaises herbes et chaque variété doit disposer d'un espace suffisant pour un développement complet.

Angelica (*A. Archangelica*). - Biennale indigène qui n'est pas facilement élevée à partir de graines traitées de la manière ordinaire. La germination est toujours capricieuse, lente et irrégulière. Cela peut prendre plusieurs mois avant que les plantes commencent à apparaître. Les meilleurs résultats sont obtenus en plaçant la graine dans du sable, maintenue humide pendant plusieurs semaines avant le semis. Les feuilles et les tiges sont parfois blanchies et consommées comme du céleri, et sont également bouillies avec de la viande et du poisson. Parfois, les tiges tendres et les nervures médianes sont enrobées de sucre confit en guise de confiserie. L'angélique était autrefois censée posséder de grandes vertus médicinales, mais sa réputation de remède contre le poison et de prévention des maladies infectieuses n'est pas soutenue par les disciples de la chimie moderne. Les graines sont encore utilisées pour aromatiser les liqueurs.

Baume (*Melissa officinalis*). - Une plante herbacée vivace, qui peut être multipliée par boutures ou cultivée comme annuelle à partir de graines. Une huile essentielle est distillée à partir des feuilles, mais elles sont principalement utilisées, une fois séchées, pour faire du thé pour les invalides, en particulier ceux qui souffrent de fièvre. La plante a également été utilisée pour faire du vin de baume. Semez en mai.

Basil, Bush (*Ocymum minimum*). - Variété naine, utilisée aux mêmes fins que le Sweet Basil. Semez en avril.

Basilic doux (*Ocymum Basilicum*). - Une tendre annuelle, originaire d'Inde, et l'une des herbes aromatisantes les plus populaires. Les graines doivent être semées en février ou mars sous une chaleur douce. Lorsqu'elles sont suffisamment grosses, les plants doivent être piqués dans des boîtes jusqu'à ce qu'ils soient prêts à être transférés vers une bordure riche en juin, ou les graines peuvent être semées en pleine terre en avril et mai. Un espace de huit pouces entre les plantes dans les rangées suffira, mais les rangées doivent être distantes d'au moins un pied. Les tiges des fleurs doivent être coupées au fur et à mesure qu'elles se lèvent et être liées en bottes pour une utilisation hivernale. Cette pratique prolongera la vie de la plante jusqu'à la fin de la saison. De nombreux jardiniers lèvent les plantes en septembre, les mettent en pot et maintiennent ainsi un approvisionnement en feuilles vertes fraîches jusqu'à ce que l'hiver soit bien avancé.

Bourrache (*Borago officinalis*). - Une plante indigène rustique qui pousse dans un sol pauvre et caillouteux. Les fleurs sont utilisées à des fins aromatisantes, en particulier pour le bordeaux. La bourrache est également un grand favori des maîtres-abeilles. Semez en avril ou mai dans un bon terreau, et mince à quinze ou dix-huit pouces d'intervalle. Les rangées doivent être séparées de dix-huit à vingt-quatre pouces, car la plante est haute et forte en croissance.

Cerfeuil *enroulé* (*Anthriscus Cerefolium*). - Utilisé pour les salades, la garniture et les fins culinaires. Pour assurer un approvisionnement régulier en feuilles, de petits semis successifs sont nécessaires du printemps à l'automne, et des arrosages fréquents par temps sec éviteront que les plantes ne soient gâtées en rejetant des tiges de graines. Pour une utilisation hivernale, semez dans des caisses maintenues à température chaude.

Ciboulette (*Allium Schœnoprasum*). - Un substitut doux à l'oignon dans les salades et les soupes. La plante est originaire de Grande-Bretagne et poussera librement dans n'importe quel sol de jardin ordinaire. La multiplication se fait par division des racines au printemps ou en automne. Les touffes doivent être coupées régulièrement les unes après les autres, que vous le vouliez ou non, dans le but de maintenir une croissance continue de jeunes pousses tendres. À des intervalles de quatre ans, il sera nécessaire de soulever, diviser et replanter les racines sur un sol frais.

Fenouil (*Fœniculum officinale*). - Une plante vivace rustique qui a été naturalisée dans certaines parties de ce pays. Il est cultivé dans les jardins pour fournir un approvisionnement de son feuillage plumeux élégant pour la garniture et pour une utilisation dans les sauces de poisson. Parfois, les tiges sont blanchies et consommées de la même manière que le céleri, et à l'état naturel, elles sont bouillies comme légume. Les graines sont également utilisées pour l'aromatisation. Semez dans des semoirs en avril et mai, et éclaircissez les plantes à quinze pouces l'une de l'autre.

Finocchio, ou Florence Fennel (*Fœniculum dulce* , DC). - Une herbe au goût sucré, très largement cultivée dans le sud de l'Italie, où elle est consommée à la fois à l'état naturel et bouillie. Semez en pleine terre au printemps ou au début de l'été, en rangées espacées d'environ dix-huit pouces, et mince ou transplantez à six ou neuf pouces. Lorsque la base commence à gonfler, mettez les plantes en terre de la même manière que le céleri. En cas de transplantation, pincez le bout des racines.

Marrube (*Marrubium vulgare*). - Une plante médicinale bien connue, à partir de laquelle on obtient un extrait pour atténuer les toux irritantes. Semez en avril ou mai et éclaircissez les plantes jusqu'à ce qu'elles se tiennent à quinze pouces l'une de l'autre.

Hysope (*Hyssopus officinalis*). - Les feuilles et les jeunes pousses sont utilisées comme herbe de pot, et les sommités feuillues et les fleurs, une fois séchées, sont employées à des fins médicinales. L'hysope est également parfois utilisée comme plante de bordure. Un sol sec et une situation chaude lui conviennent. Semez en avril et éclaircissez les plantes à un pied de distance dans les rangées.

Lavande (*Lavandula*). - Universellement connue et appréciée pour son parfum. Bien que la plante soit généralement multipliée à partir de boutures, elle peut facilement être cultivée à partir de graines semées en avril ou en mai. Les plantes atteignent une hauteur d'un ou deux pieds et les tiges ne doivent pas être coupées tant que les fleurs ne sont pas développées.

Souci, en pot (*Calendula officinalis*). - Utilisé à la fois dans les jardins de fleurs et potagers: dans le premier comme plante annuelle, et dans le second, les fleurs peuvent être séchées et stockées pour colorer et aromatiser les soupes; également pour distiller. En avril ou mai, semez la graine dans des semoirs espacés d'un pied et éclaircissez les plantes à la même distance dans les rangées.

Marjolaine, pot (*Origanum Onites*). - L'une des herbes les plus connues des jardins britanniques. Les feuilles aromatiques sont utilisées à la fois vertes et séchées pour aromatiser. Strictement, la plante est une plante vivace, mais elle est facilement cultivée comme annuelle. Semez en février ou mars sous une chaleur douce, et en pleine terre un mois plus tard. Les plantes devraient avoir un espace souvent pouces ou un pied dans chaque sens.

Marjolaine, douce nouée (*Origanum majorana*). - Cette plante est utilisée à des fins culinaires de la même manière que le pot Marjolaine, et il est également considéré comme un tonique et un estomacique. Le mode de culture le plus satisfaisant est celui d'une plante annuelle semi-rustique. Semez en mars ou avril et laissez à chaque plante un pied carré de terrain.

Menthe (*Mentha viridis*) .— Connue aussi sous le nom de menthe verte. Il doit être issu de divisions. Entre la délicatesse des jeunes feuilles vertes fraîches et celles qui ont été séchées avec le plus grand soin, il y a une si grande différence que la pratique du forçage de novembre à mai est pleinement justifiée. Ceci est facilement accompli en emballant les racines dans une boîte et en les maintenant humides à une température de 60 °. Lorsque cela est impossible, les tiges doivent être coupées, groupées et suspendues dans un magasin frais pour une utilisation en hiver et au printemps. La menthe pousse vigoureusement dans un sol humide, et le lit doit faire l'objet d'une attention occasionnelle, pour empêcher les plantes de s'étendre au-delà de leur limite appropriée. Pour assurer une croissance jeune et luxuriante, une plantation fraîche doit être faite chaque année en février ou mars. Si on leur permet d'occuper la même parcelle de terre année après année, les feuilles deviennent petites et les tiges raides.

Persil (*Carum Petroselinum*) enseignera à ceux qui ont des yeux exactement comment il doit être cultivé. Il apparaîtra ici et là dans un jardin des plantes de persil errantes ou voyous. Quelle que soit la régularité du binage et du désherbage, une plante de persil égarée apparaîtra parfois seule, peut-être au milieu de laitues, de choux-fleurs ou d'oignons. Quand ces coquins échappent à la destruction, ils deviennent de superbes plantes, et le jardinier les laisse parfois jouir des conditions qu'ils ont choisies et dans lesquelles ils prospèrent évidemment. La leçon pour le cultivateur est que le persil devrait avoir beaucoup de place dès le début; et cette leçon, nous nous sentons obligés de dire, ne peut pas être trop souvent appliquée aux jeunes jardiniers, car ils sont susceptibles de semer du persil beaucoup plus épais que ce qui est sage, et d'être inutilement lent et timide à éclaircir la récolte lorsque les plantes en remplissent un. un autre.

Le persil, comme beaucoup d'autres bonnes choses, poussera presque n'importe où et de toute façon, mais pour faire une belle récolte, un sol profond, riche et humide est nécessaire. Il atteint une qualité fine sur une argile bien travaillée, mais le terreau bienveillant qui convient à presque tous les légumes est adapté pour produire un persil parfait, et tout bon jardin doit montrer un bel échantillon, car la beauté est la première qualification requise. Pour garder la maison assez bien approvisionnée, les semis doivent être faits en février, mai et juillet. Le premier d'entre eux sera en chaleur douce. Lorsqu'elles sont assez grandes, piquez les plantes dans des boîtes, ou sur un lit chaud doux, et transférez-les en pleine terre à la fin du mois d'avril, en laissant à chaque plante un espace d'un pied dans chaque sens. En plein air, il vaut mieux semer lignes à un pied de distance, et s'amincissent d'abord à trois pouces, et enfin à six pouces, le plus fort des semis étant mis à un pied l'un de l'autre. En suivant ce plan, des approvisionnements suffisants pour un petit ménage peuvent être obtenus à partir d'un semis annuel effectué en avril. Il ne faut pas oublier que le persil est indispensable aux exposants de légumes, en particulier comme base de collecte, et il faut tenir compte de ces appels pour fixer le nombre et l'étendue des semis. Lorsque la plante pousse pour la semence, elle devient inutile et il vaut mieux s'en débarrasser; mais en plantant à divers moments dans des endroits différents, on peut s'attendre à ce qu'une suffisance passe par une deuxième saison sans boulonnage, après quoi il sera nécessaire de les déraciner et de les mettre à la poubelle. Le persil est souvent cultivé comme bordure, mais ce n'est que dans les grands jardins que cela peut être fait avantageusement, et alors une très belle bordure est assurée. Dans les petits jardins, il est préférable de semer sur un lit en lignes espacées d'un pied, et d'éclaircir d'abord à trois pouces, et enfin à six pouces, la plus forte des éclaircies étant plantée à un pied de distance, pour durer comme proposé ci-dessus. Quand le persil est resté quelque temps, il devient grossier, mais la jeune pousse peut être renouvelée en coupant; cette opération étant également utile pour différer la floraison, qui est sûrement accélérée en laissant les plantes seules. Pour l'approvisionnement d'hiver, une plantation tardive faite dans un endroit abrité suffit généralement, car la plante est très rustique; mais il peut être opportun parfois de mettre de vieux cadres sur une pièce qui vaut la peine d'être gardée, ou de protéger par temps dur avec de la litière sèche. Quelques plantes soulevées dans des pots de cinq pouces et placées dans une maison fraîche passeront souvent par une période difficile. Lors de la cueillette, il faut prendre soin de cueillir séparément les jeunes feuilles presque complètement développées et de n'en prélever qu'une ou deux de chaque plante. Il ne coûte pas plus de temps de remplir un panier en prenant une ou deux feuilles ici et là sur une rangée entière que de dépouiller deux ou trois plantes, et la différence à la fin sera considérable en ce qui concerne le produit total et la qualité de la récolte.

Pennyroyal (*Mentha Pulegium*) est une plante vivace indigène qui doit être multipliée par divisions, et cela peut être fait au printemps ou en automne. Les rangées peuvent être espacées de douze ou quinze pouces, mais dans les rangées, les plantes font bien à une distance de huit pouces. Le goût du Pennyroyal n'est en aucun cas universel, mais certaines personnes apprécient les tendres sommités des préparations culinaires. La croyance en ses prétendues vertus médicinales meurt lentement.

Pourpier (*Portulaca oleracea*) .— Cette plante annuelle se développe mieux dans une position ensoleillée. Les graines doivent être semées à partir de la mi-avril pour assurer une succession de jeunes feuilles et pousses qui peuvent être cuites comme légume ou consommées crues en salade. Espacez les rangées de neuf pouces et éclaircissez les plantes à une distance de six pouces.

Rampion (*Campanula Rapunculus*) .— Les feuilles et les racines sont utilisées dans les salades d'hiver; les racines sont également bouillies. Si la graine est semée avant la fin du mois de mai, les plantes risquent de se boulonner. Choisissez une situation ombragée où le sol est riche et léger, et ne perdez pas d'eau. Les rangées ne doivent pas dépasser six pouces d'intervalle, et quatre pouces dans les rangées constitueront un espace suffisant entre les plantes.

Romarin (*Rosmarinus officinalis*). - Un arbuste à feuilles persistantes robuste, facile à cultiver à partir de graines, dont les feuilles sont utilisées pour faire du thé au romarin pour soulager les maux de tête. Une huile essentielle est également obtenue par distillation. Une bordure sèche, chaude et ensoleillée convient à la plante. Semez en avril et mai.

Rue (*Ruta graveolens*). - Un arbuste à feuilles persistantes robuste, principalement cultivé pour ses qualités médicinales. Les feuilles sont âcres et dégagent une odeur piquante lorsqu'elles sont manipulées. La plante est arbustive et, lorsqu'elle atteint une hauteur de deux ou trois pieds, elle occupe un espace considérable. Semez en avril.

Sauge (*Salvia officinalis*). - Bien que la sauge puisse être élevée à partir de graines avec un minimum de problèmes, c'est pourtant l'un des rares cas où il est avantageux de propager des plantes à partir d'un bon stock. La différence sera évidente pour tout jardinier qui fera pousser des semis à côté de plantes propagées. Pourtant, les semis sont souvent élevés et, en tant qu'annuelles, les plantes sont tout à fait satisfaisantes. Semez sous verre en février et mars, et en pleine terre en avril et mai. Piquez les plants dans un lit de pépinière avant de les transférer dans des positions finales, dans lesquelles chaque plante devrait avoir un espace de quinze pouces.

Sarriette, été (*Satureia hortensis*). - Une herbe aromatique d'assaisonnement et d'arôme, qui doit être cultivée chaque année à partir de graines. Semez au début d'avril dans des semoirs distants d'un pied et éclaircissez les plants à six ou huit pouces dans les rangées. Coupez les tiges en pleine floraison et attachez-les en grappes pour l'hiver.

Sarriette d'hiver (*Satureia montana*) .— Une plante à feuilles persistantes nain rustique qui peut être multipliée par boutures; mais elle est plus économiquement cultivée à partir de graines semées en même temps et traitées de la même manière que la sarriette d'été.

Oseille (*Rumex scutalus*). - L'oseille française à grandes feuilles n'est pas seulement servie comme plat séparé, mais elle est mêlée aux épinards et est également utilisée comme ingrédient dans les soupes, les sauces et les salades. Feuilles de la meilleure qualité peuvent être obtenus à partir de plantes d'un an, et lorsque la récolte a été récoltée, le sol peut être utilisé avec avantage à d'autres fins. Un sol léger au cœur assez bon convient à la plante. La graine doit être semée en mars ou début avril, dans des semoirs peu profonds espacés de six ou huit pouces, et les semis doivent être éclaircis tôt, en laissant trois ou quatre pouces entre eux dans les rangées. Garder le lit exempt de mauvaises herbes est la seule attention nécessaire, à moins qu'un arrosage occasionnel ne devienne impératif. En septembre, la récolte entière peut être transférée au sol frais, laissant dix-huit pouces entre les plantes, ou une partie peut être tirée et le reste laissé à cette distance. Au printemps suivant, les tiges des fleurs commenceront à pousser, et si elles se développent, elles réduisent la taille des feuilles et altèrent gravement leur qualité;

Estragon (*Artemisia Dracunculus*). - Cette herbe aromatique est utilisée à diverses fins, mais elle est le plus couramment employée pour donner sa puissante saveur au vinaigre. La plante est une plante vivace, et doit être multipliée par divisions en mars ou avril, ou par boutures placées en chaleur douce au printemps. Plus tard dans l'année, ils réussiront sous un verre à main en plein air. Les feuilles vertes sont préférables à celles qui ont été séchées, et par un peu de gestion une succession de plantes est facilement arrangée. Pour une utilisation hivernale, les racines peuvent être soulevées à l'automne et mises en chaleur. Ceux qui ne disposent pas d'installations pour maintenir un approvisionnement en feuilles vertes dépendent du feuillage coupé en automne et séché.

Thym, commun (*Thymus vulgaris*). - Une herbe aromatique, bien connue dans tous les jardins, et en demande constante pour la maison. Les semis sont facilement élevés à partir d'un semis en avril, ou la plante peut être cultivée à partir de la division des racines au printemps. Le thym constitue une bordure très efficace et est fréquemment utilisé à cette fin sur des bordures sèches et bien entretenues.

Thym, citron (*Thymus Serpyllum vulgaris*). - Cette plante ne peut pas être cultivée à partir de graines; seulement par division des racines en mars ou avril. C'est une herbe aromatique, généralement considérée comme indispensable dans un jardin bien ordonné.

Absinthe (*Artemisia Absinthium*). - Une herbe intensément amère, utilisée à des fins médicinales. La plante est une plante vivace rustique et se propage généralement au printemps en prélevant des boutures ou en divisant les racines.

RAIFORT

Cochlearia Armoracia

Ce légume est très prisé comme condiment pour le rosbif, mais en règle générale, il est mal cultivé. La pratique courante est de le confier dans un coin négligé du jardin, où il lutte pour l'existence, et produit des bâtons qui ne valent presque rien pour la table. Dans le même espace, une quantité abondante de gros bâtons peut être cultivée avec aussi peu de problèmes que les carottes ou les panais. Choisissez pour la récolte un morceau de bonne terre dégagée et, pour la préparer, placez une épaisse couche de fumier pourri au fond de chaque tranchée. Au début de l'année, sélectionnez de jeunes racines droites de huit à douze pouces de long, chacune ayant une seule couronne, et plantez-les à un pied de distance dans chaque sens. À l'automne suivant, ceux-ci deviendront de gros bâtons succulents, ce qui fera honte aux vilains striplings cultivés dans des conditions de famine. Les racines peuvent être creusées au besoin; mais nous ne préconisons pas cette méthode. Il est préférable de nettoyer tout le lit en une seule fois et de stocker les produits dans du sable pour une utilisation lorsque vous en avez besoin. Ce plan devrait être répété chaque année, et une nouvelle parcelle de terre devrait toujours être trouvée pour la récolte.

KALE - *voir* **BORECOLE** ,

KOHL RABI (KNOL KOHL)

Brassica oleracea Caulo-rapa

Kohl Rabi, ou Knol Kohl, est relativement peu cultivé dans ce pays, car nous pouvons presque toujours commander des navets tendres et savoureux. Sur le continent, il en est autrement. Là, Kohl Rabi peut être vu dans tous les marchés, et sur de nombreuses bonnes tables, où il s'avère un légume le plus acceptable. Pour tous les usages ordinaires, la variété verte est meilleure que la violette. Une petite récolte de cette racine devrait être cultivée chaque année dans chaque jardin. En cas d'échec avec les navets, Kohl Rabi prendra sa place pour faire face à une urgence. Lorsque servi, il a la saveur d'un navet avec une tendance quelque peu noisette, et peut être préparé pour la table de la même manière.

Kohl Rabi est cultivé de la même manière que les navets. Les graines peuvent être semées à tout moment de mars à août en rangées espacées d'un mètre et demi à deux pieds. Dès que possible, éclaircissez les plants à trois pouces de distance dans les rangées et, à mesure que les feuilles se développent, à six pouces de distance. En tirant toutes les autres plantes, de petites racines peuvent être obtenues tôt, et le reste sera laissé mûrir à douze pouces dans les rangées. Les plants peuvent être transplantés, si on le souhaite. Gardez le sol propre et la surface ouverte, mais veillez à ne pas endommager les feuilles ou, dans une moindre mesure, à mettre les racines à la terre. Tout animal qui peut manger un navet préférera un Kohl Rabi, et lorsqu'il est remplacé par le navet dans l'alimentation des vaches, cela n'affecte pas la saveur du lait. La plante est rustique, et en règle générale, peut être tirée à volonté, jusqu'à ce que la source soit bien avancée, lorsque le reste doit être nettoyé au profit des animaux de la ferme familiale, ou être creusé comme fumier.

POIREAU

Allium Porrum

Le poireau n'est pas aussi pleinement apprécié dans le sud de l'Angleterre que dans le nord, en Ecosse et au Pays de Galles. C'est un légume fin où il est bien compris, et lorsqu'il est cuit en sauce, rien de sa catégorie ne peut le surpasser en saveur et en salubrité. Une des raisons de sa renommée en Ecosse et dans les régions les plus froides du Pays de Galles est son extrême rusticité. Les hivers les plus rigoureux ne nuisent pas à la plante, et elle peut rester en pleine terre jusqu'à ce qu'elle soit désirée, n'occasionnant aucun problème de stockage.

Temps de semis.- Pour obtenir de beaux spécimens de la meilleure qualité, il faut commencer en janvier ou début février, et ce semis précoce est impératif pour la production de poireaux destinés à l'exposition, car les racines doivent avoir une saison de croissance plus longue que ce qui est généralement autorisé pour les cultures ordinaires. Il est habituel de semer dans des casseroles ou des caisses de terre humide, placées à une température d'environ 55 °. Les graines n'ont besoin que d'une très légère couche de terre fine. Lorsque les plants sont d'environ deux pouces de haut, transférer dans des boîtes peu profondes de sol riche, en les espaçant de trois pouces dans chaque sens, ou les plus fins peuvent être placés dans des pots de la taille 32, en prenant soin de ne pas casser la racine mince sur laquelle le dépend à ce stade. Cultivez à la même température jusqu'à la mi-mars,

Il peut y avoir trois semis de poireaux en pleine terre en février, mars et avril, pour assurer une succession, et aussi pour réparer les échecs. Mais pour la plupart des jardins, un semis vers la mi-mars sera suffisant. A partir de ce semis, il sera facile de garantir un approvisionnement précoce, une récolte principale et une récolte tardive, car ils peuvent être repiqués du lit de semence à un stade très précoce, et des éclaircies successives feront plusieurs plantations; et enfin, autant de plants peuvent être laissés dans le lit de semence pour mûrir que cela formera une plantation appropriée.

Culture générale. — Le poireau poussera dans n'importe quel sol, et quand il n'est pas plus épais que le doigt; en effet, dans de nombreux endroits où le sol est pauvre et le climat froid, il grossit rarement, mais il est néanmoins très apprécié. Un sol riche et sec convient bien à la plante, et lorsqu'elle est cultivée généreusement, elle atteint une grande taille et est très attrayante, avec sa racine argentée et son sommet vert brillant. Le mode de gestion économique consiste à éclaircir et à planter au fur et à mesure que les opportunités se présentent, en commençant dès que les plantes atteignent six pouces de hauteur, et en les plaçant dans un sol bien préparé, qui doit être bien arrosé au préalable, à moins que la pluie ne soit déjà ramollie. La distance de plantation doit dépendre de la nature du sol et des exigences du cultivateur. Pour une récolte moyenne, dix-huit pouces entre les rangées et six à neuf pouces entre les plantes sont suffisants; mais pour faire pousser de gros poireaux, il faut leur laisser un espace de douze à dix-huit pouces dans les rangées. Lors de la plantation, raccourcissez d'abord un peu (et très peu) les feuilles, puis enfoncez le dibber, placez la plante aussi profondément que la base des feuilles et refermez-la soigneusement sans pression. Arrosez généreusement, remuez occasionnellement le sol entre les plantes et coupez à nouveau le dessus des feuilles, lorsque les racines atteindront une grande taille. Si le sol est dangereusement humide ou pâteux, faites un lit pour la culture avec un sol léger et riche, plantez au niveau et moisissez au fur et à mesure que la croissance avance. Sur terre légère, cependant, il est conseillé de les cultiver dans des tranchées, préparées comme pour le céleri. Les plus grands et les plus blancs ne doivent pas être livrés aux tempêtes, mais ceux qui restent dans le lit de semence ne subiront aucun dommage du temps hivernal et seront utiles lorsque les grands seront mangés. Les racines les plus fines qui restent lorsque l'hiver s'installe peuvent être reprises à temps et stockées dans du sable sec, et se conserveront au moins un mois. Tout ce qui reste au printemps peut facilement être mis à profit. Au fur et à mesure que les tiges des fleurs s'élèvent, pincez-les; il ne faut pas en laisser un. Le résultat de cette pratique sera la formation sur les racines de petits bulbes blancs arrondis, qui font un excellent plat lorsqu'ils sont cuits en sauce, et peuvent être utilisés à toutes fins dans la cuisine pour laquelle les oignons ou les échalotes sont employées. Ils sont appelés «bulbes de poireaux» et ne sont disponibles qu'au début de l'été.

Blanchiment . - La partie comestible de la racine doit être blanchie, ce qui peut être effectué de diverses manières. Les tuyaux de drainage d'au moins deux pouces et demi de diamètre et de douze à quinze pouces de longueur répondent bien aux grosses tiges. Les tubes de papier brun rigide sont également très utiles. Tirer la terre jusqu'à la tige au fur et à mesure que la croissance se développe est une méthode simple de blanchiment, et la partie comestible peut facilement être augmentée en fonction de la quantité de mise à la terre donnée. Un blanchiment parfait est de première importance lorsque des spécimens sont recherchés pour la table d'exposition, et un commencement doit être fait dès que l'on peut dire que les plantes se sont complètement rétablies des effets de la transplantation.

SALADE

Lactuca sativa

La laitue est le roi des salades, et comme légume cuit, elle a sa valeur; mais comme il n'entre pas en compétition avec le pois, l'asperge ou le chou-fleur, nous n'avons pas besoin de faire des comparaisons, mais pouvons procéder à l'examen de ses utilisations à l'état cru. Les conseillers scientifiques en matière d'alimentation et de santé apprécient grandement la laitue pour ses propriétés anti-scorbutiques, et surtout pour sa salubrité en tant que correctif. Il fournit au sang les jus de légumes nécessaires pour accompagner les aliments à base de chair lorsque les légumes cuits sont inaccessibles. Nos étés sont généralement trop brefs et trop frais pour nous permettre d'acquérir une connaissance de la valeur réelle de la laitue, mais dans le sud de l'Europe et dans de nombreuses régions de l'Est, cela devient une nécessité de la vie,

Les nombreuses variétés peuvent, pour des raisons pratiques, être regroupées en deux classes: le chou et la laitue cos. Ils varient beaucoup dans les habitudes et sont adaptés à des fins différentes, le premier groupe étant inestimable pour les salades composées à toutes les saisons, mais plus particulièrement en hiver et au début du printemps; le deuxième groupe est le plus utile pendant la saison estivale et est adapté pour une sorte de salade simple, les feuilles étant plus croquantes et juteuses. Un certain nombre des deux classes devraient être cultivées dans chaque jardin, à la fois pour leur grande valeur pour l'appétit et la santé, et pour leur élégance sur la table, simple ou habillée. Lors de la sélection des sortes, les types principaux doivent être gardés en vue. Certaines des variétés qui ont été introduites n'ont aucune prétention à une place dans une bonne liste, en raison de leur grossièreté. Bien qu'ils fournissent une grande quantité de matériel blanchi, il est trop souvent dépourvu d'arôme ou tout à fait inacceptable. Les meilleurs types sont tendres et délicatement aromatisés, représentant des siècles de culture, et les sous-variétés de ces types devraient conserver leurs principales caractéristiques, bien qu'elles soient peut-être plus rustiques et tiennent plus longtemps, et sont donc beaucoup à désirer.

Préparation du sol. — La laitue nécessite un sol léger et riche, mais presque tous les types de sol peuvent être préparés de manière à assurer un approvisionnement équitable, et dans les endroits où les fines salades Cos ne sont pas facilement obtenus, il peut être possible de cultiver d'excellentes variétés de chou dans lieu d'eux. Une terre de jardin assez bonne répondra aux deux catégories, et le fumier gras stable devrait être utilisé généreusement. La meilleure façon de préparer le terrain pour la récolte d'été est de sélectionner un morceau qui a été tranchée et de le repasser, en le déposant dans un bon corps d'engrais vert rugueux, d'une profondeur d'une bêche, de sorte que la plante soit placée sur un sol non traité. , mais atteindra le fumier à la période même où il est nécessaire, auquel temps le contact avec la terre l'aura rendu doux et moelleux. Par ce mode de procédure, la plus belle croissance est assurée, et les plantes se tiennent bien sans boulonnage, car elles sont sauvées de la détresse consécutive à un temps sec continu. En ce qui concerne la sécheresse, il faut dire que les espèces à feuilles rouges se tiennent remarquablement bien dans un été chaud, et bien qu'elles ne soient pas classées comme laitues de table dans ce pays, si nous devions connaître une succession d'étés de torréfaction, elles augmenteraient en réputation et être très demandé. Les laitues de chou supportent assez bien la sécheresse, plus particulièrement la petite section; mais là où il y a de l'eau, les laitues ont aussi bien droit à une part de celle-ci pendant une saison sèche et chaude que n'importe quelle culture du jardin. si nous vivions une succession d'étés torréfiés, ils gagneraient en réputation et seraient très demandés. Les laitues de chou supportent assez bien la sécheresse, plus particulièrement la petite section; mais là où il y a de l'eau, les laitues ont aussi bien droit à une part de celle-ci pendant une saison sèche et chaude que n'importe quelle culture du jardin. si nous vivions une succession d'étés torréfiés, ils gagneraient en réputation et seraient très demandés. Les laitues de chou supportent assez bien la sécheresse, plus particulièrement la petite section; mais là où il y a de l'eau, les laitues ont aussi bien droit à une part de celle-ci pendant une saison sèche et chaude que n'importe quelle culture du jardin.

Blanchiment . - Une souche de première classe de laitue blanche Cos produira des cœurs blancs tendres sans être liés, et, en règle générale, par conséquent, le travail de nouage peut être sauvé. On peut dire que la section dont le Superb White Cos de Sutton est le type produit de meilleurs échantillons sans lier qu'avec cette aide imaginaire au blanchiment. Le producteur du marché est encore habitué à nouer les laitues car elles sont plus faciles à emballer et voyagent mieux lorsqu'elles sont liées, mais lorsque le nouage est pratiqué, il n'est pas nécessaire de le faire jusqu'à un ou deux jours avant que les laitues soient coupées. Les types de marché plus grossiers sont certainement améliorés par la liaison, et dans ce cas, l'opération doit être effectuée lorsque les plantes sont assez sèches, et pas plus de dix jours avant le jour où il est prévu de les arracher. Le Bath Cos doit toujours être noué, et lorsqu'il est bien géré, le cœur est blanc, avec une jolie touche de rose au centre.

Laitues semées au printemps peuvent être expédiés sous verre de janvier à mars, date à partir de laquelle les semis peuvent être effectués successivement en pleine terre. Dans tous les cas, les meilleures laitues sont obtenues en semant en pleine terre et en laissant les plantes finir dans le lit de semence sans être repiquées. Il arrivera bien entendu au cultivateur pratique que les deux systèmes peuvent être combinés, de manière à faire varier le temps de retournement, et donc à partir d'un seul semis assurant une succession plus longue que ce n'est possible par un seul système. Nous supposerons de petits semis faits de trois ou quatre espèces en janvier ou au début de février, et mis à feu doux pour les démarrer. Un très petit soin les maintiendra bien, et bien sûr, ils doivent avoir de la lumière et de l'air dans une mesure proportionnée à la sécurité. Vers l'âge de trois se-maines, il conviendra de les piquer dans un lit de terre riche en lumière dans des cadres; ou si la saison est en retard, et qu'ils ont besoin d'un peu plus de soins infirmiers, piquez-les dans de grandes boîtes peu profondes, contenant deux ou trois pouces de sol, ce qui sera suffisant à condition qu'il se compose en grande partie de fumier pourri, maintenu toujours assez humide pour la santé crois-sance. La prochaine étape consistera à les planter à environ six pouces l'un de l'autre, en vue d'en tirer un certain nombre dès qu'ils sont assez grands pour être utiles, en laissant le reste à neuf à douze pouces, en prenant soin de s'éclaircir à temps pour éviter que les feuilles ne se chevauchent. Si les pois sont cultivés sous verre, quelques plantes d'une variété précoce de chou peuvent être placées entre les rangées, ou elles peuvent être piquées sur les bordures d'un Peach-house, dans les deux cas en espaçant les plantes de neuf pouces. Les semis successifs effec-tués en février et mars seront traités de la même manière et nécessiteront moins de soins. Lors de la plantation, il est important que les plants soient bien durcis, car ils sont naturellement sensibles au vent et au soleil, et s'ils sont soudainement exposés à l'un ou l'autre, ils risquent de périr. Encore une fois, lorsqu'ils sont plantés pour la première fois, leurs feuilles délicates attireront toutes les limaces et escargots dans le jardin, et la manière discrète d'agir est de considérer une plan-tation de laitue comme un vaste piège à vermine, et donc, savoir où sont les ma-raudeurs prêts à les attraper et à les tuer, ou à les détruire par aspersion de chaux, de sel ou de suie, en veillant dans tous les cas à maintenir ces agents à une dis-tance raisonnable des plantes. il est important que les plants soient bien durcis, car ils sont naturellement sensibles au vent et au soleil, et s'ils sont soudainement exposés à l'un ou l'autre, ils risquent de périr. Encore une fois, lorsqu'ils sont plantés pour la première fois, leurs feuilles délicates attireront toutes les limaces et les escargots dans le jardin, et la manière discrète d'agir est de considérer une plantation de laitue comme un vaste piège à vermine, et donc, sachant où sont les maraudeurs, d'être prêts à les attraper et à les tuer, ou à les détruire par aspersion de chaux, de sel ou de suie, en veillant dans tous les cas à maintenir ces agents à une distance raisonnable des plantes. il est important que les plants soient bien durcis, car ils sont naturellement sensibles au vent et au soleil, et s'ils sont soudainement exposés à l'un ou l'autre, ils risquent de périr. Encore une fois, lorsqu'ils sont plantés pour la première fois, leurs feuilles délicates attireront toutes les limaces et escargots dans le jardin, et la manière discrète d'agir est de considérer une plantation de laitue comme un vaste piège à vermine, et donc, savoir où sont les maraudeurs prêts à les attraper et à les tuer, ou à les détruire par aspersion de chaux, de sel ou de suie, en veillant dans tous les cas à maintenir ces agents à une distance raisonnable des plantes.

Semis en pleine terre à partir de fin mars doivent être faites, non pas sur un lit de semence ordinaire, mais sur une parcelle chargée de fumier riche à une broche de profondeur, et les graines doivent être placées dans des semoirs peu profonds espacés d'un pied. A partir du moment où les jeunes plants atteignent deux pouces de haut, ils doivent être tirés librement pour «couper la laitue» ou pour être plantés ailleurs; cet éclaircissage se poursuit jusqu'à ce qu'il reste une récolte suffisante pour finir au sol. La valeur de la «coupe de laitue» est mieux comprise sur le continent que dans ce pays. Les petites plantes tendres sont utilisées quotidiennement et apparaissent dans le saladier avec du cresson d'eau et de la salade de maïs, délicatement habillées de délicieux arômes. Après cette brève digression, il faut ajouter qu'une récolte de laitue surpeuplée est une charge pour le sol; et l'un des maux du meilleur système, celui de semer là où la récolte doit finir,

Semis en juillet et août . - A partir des semis faits pendant ces mois, l'approvisionnement en laitue de pleine terre peut être prolongé tout au long de l'automne, et même jusqu'en décembre ou janvier si le temps est favorable. Les principales conditions essentielles au succès sont l'utilisation de variétés à croissance rapide, le semis dans un bon sol où les épis doivent mûrir et un éclaircissage précoce et sévère. Les éclaircies peuvent être transplantées si nécessaire.

Laitues d'hiver sont produits et fournis de diverses manières. Dans certains endroits, les laitues ressortent l'hiver sans se couvrir et se retournent tôt au printemps. Mais dans d'autres districts, ils survivent rarement à l'hiver sans protection, même lorsque les moineaux les épargnent. Les semis d'été fourniront des approvisionnements à une saison tardive de l'année, et la récolte qui reste lorsque le gel s'installe peut être préservée avec une protection légère et rugueuse. Mais pour la production rentable de laitues d'hiver, les cadres sont une nécessité, et il faut veiller à ne pas favoriser une forte croissance, car après une période de temps doux en hiver, un gel soudain et sévère annihilera probablement ceux qui sont dans un état trop prospère. Dans les endroits les moins probables, cependant, il est bon d'avoir une petite plantation de laitues d'hiver en plein air et de se protéger rudement en cas de mauvais temps,

Pour les utilisations hivernales et printanières, les semis doivent commencer en août et se poursuivre, selon les besoins, jusqu'à la mi-octobre, après quoi il est perdu de temps et de graines à semer. Les semis d'août et de septembre peuvent être faits en partie sur une bordure ouverte et en partie dans des cadres, mais les semis d'octobre doivent être faits uniquement dans des cadres, car l'hiver peut les dépasser dans la feuille de semence. Les plants doivent dans tous les cas être éclaircis et piqués dès qu'ils sont assez gros, et doivent être plantés dans un sol fin, exempt de fumier récent, en étant soigneusement manipulés pour éviter des contrôles inutiles. Certains doivent être plantés dans des cadres sur des lits de sol léger près du verre, à trois pouces de distance, et lorsque ceux-ci se rencontrent, ils doivent être éclaircis pour la maison si nécessaire: le reste des éclaircies peut être mis sur des bordures chaudes à six pouces, et, si cela vous convient, une récolte doit être laissée dans le lit de semence à six pouces. A partir des cadres, les fournitures seront prêtes à temps pour suivre celles des semis de fin d'été, et ainsi à travers l'hiver jusqu'à ce que les cadres soient dégagés pour le travail du printemps. La culture à ossature doit avoir beaucoup d'air et être maintenue aussi résistante que possible, mais avec suffisamment d'humidité pour maintenir une croissance saine et régulière. Si elles sont manipulées grossièrement dans la plantation, ou si elles sont un peu affamées d'humidité, les plantes se lèveront du centre juste au moment où elles devraient commencer à se retourner, et les premiers jours de soleil chaud les commenceront dans le mauvais sens. Quant à ceux qui ont hiverné, il existe de nombreuses façons de les protéger, et lorsque le succès aura couronné l'effort, il y aura une usine bondée. Il faudra donc repiquer au moins la moitié de la récolte en soulevant une sur l'autre. Cela doit être fait avec soin, comme s'ils valaient chacun une guinée. En transplantant début mars sur un terrain riche et lumineux dans un endroit chaud,

Forcer. - Les laitues ne forcent pas bien; mais comme ils sont si constamment en demande, il est important de les cultiver de toutes les manières possibles. De belles plantes prometteuses des semis d'août et de septembre peuvent être sélectionnées dans les cadres, et plantées sur des lits chauds doux de novembre à janvier, et se porteront bien si elles sont tendrement soulevées. Le Commodore Nutt et le Golden Ball sont les meilleurs des variétés de chou pour forcer. Les variétés Cos ne diffèrent pas beaucoup quant au forçage, aucune d'entre elles n'étant bien adaptée à cet usage; mais le Superb White Cos peut être mis en bon état en prenant assez de temps, de manière à faire suffire une chaleur très modérée. Les jours ensoleillés, la chaleur ne doit pas dépasser 75 °; mais 65 ° suffisent, avec une température nocturne de 45 ° à 50 °.

Une autre méthode pour préparer une petite salade délicate peut être adoptée pour répondre aux urgences. Sur les tumulus des maraîchers itinérants de Paris, les éclaircies de laitue font partie du stock général, et dans ce pays nous n'utilisons pas suffisamment cette jeune matière tendre. Mais nous avons maintenant en vue l'utilisation de la laitue à un stade de croissance encore plus précoce. En semant assez finement dans des caisses, conservées sous verre, une croissance dense se produit en peu de temps qui peut être coupée de la même manière que la moutarde. À cette fin, le rassemblement d'hiver de Sutton est particulièrement précieux, ou l'une des meilleures variétés de White Cos devrait être semée.

MAÏS ET MAÏS À SUCRE

Zea Mays

Le maïs est une plante tendre d'une grande beauté qui peut être cultivée comme légume de table, comme plante fourragère ou comme culture de maïs; mais en dernier lieu, il est rarement rentable dans ce pays, à cause de la brièveté de nos étés. En tant que plante ornementale, elle a droit à la considération, et d'autant plus que, tout en ornant le jardin de ses contours nobles et de ses splendides touffes de soie, elle fournira en même temps à la table les épis verts qui sont tant appréciés lorsqu'ils sont cuits et servi de la même manière que les asperges.

Il existe une manière simple et rugueuse de cultiver du maïs, la première étape vers laquelle est de préparer un sol riche et profond, dans une situation ensoleillée et abritée. À la fin d'avril ou au début de mai, trempez les graines à deux pouces de profondeur, en rangées à deux pieds de distance et à un pied de distance dans les rangées. Lorsque les plantes ont fait des progrès, enlevez toutes les autres, ces éclaircies à détruire ou à planter à discrétion. Les plantes peuvent également être démarrées sous verre en semant des graines à feu doux en avril. Piquer dans des pots et durcir progressivement pour le transfert à l'air libre. La récolte prendra presque soin d'elle-même lorsque le temps sera suffisamment chaud pour lui convenir. Mais un déluge d'eau peut être donné par temps le plus chaud. Dans son pays d'origine, et en fait partout où le maïs prospère pleinement, il est tributaire de fréquentes tempêtes.

MELON

Cucumis Melo

La popularité de ce fruit frais et délicieux a été grandement améliorée ces dernières années par une connaissance accrue de la meilleure méthode de traitement de la plante, ainsi que par l'introduction de plusieurs variétés. qui sont de forme attrayante et de saveur superbe. Cela choquerait un mangeur de melon moderne de se voir conseiller de faire cuire un melon et de le parfumer avec du vinaigre et du sel, comme aux débuts du jardinage anglais. Un bon melon d'aujourd'hui n'a même pas besoin de sucre; la beauté, l'arôme et la saveur sont tels qu'il n'est pas inhabituel pour l'épicure de repousser le succulent pin pour profiter de ce fruit frais, frais et gratifiant qui ravit sans écœurer le palais. Les variétés les plus récentes sont remarquables pour leur fécondité et leur haute qualité, et sont un peu plus résistantes que les favorites des années passées.

Le melon est cultivé à peu près de la même manière que le concombre, mais il diffère en ce qu'il nécessite un sol plus ferme, une température plus élevée, une lumière beaucoup plus forte, moins d'eau et plus d'air. On peut dire qu'aucun homme ne devrait essayer de cultiver des melons avant d'avoir eu une certaine expérience dans la culture des concombres. En ce qui concerne ce point, la ligne dure et rapide est inutile, mais la culture du concombre est certainement une bonne préparation pratique pour la marche supérieure où se trouve le melon. Mais les concombres sont cultivés avantageusement tout l'hiver; Les melons ne le sont pas. Les premiers sont mangés verts et les seconds sont mangés mûrs; cela fait toute la différence. Les melons qui mûrissent entre octobre et mai valent rarement la peine qu'on leur accorde; par conséquent, nous ne dirons rien de la culture des melons en hiver.

La culture du cadre peut avec avantage commencer vers la mi-mars par la préparation d'un bon hot-bed. Il est préférable d'utiliser un cadre à trois lumières, car la chaleur sera plus constante qu'avec un cadre de plus petite taille. Il devrait y avoir six charges de trucs pour le lit, et le retournement devrait être suffisant pour éteindre le feu, sans réduire matériellement la puissance de fermentation. Commencez une quinzaine de jours avant de faire le lit, et soyez prudent à chaque étape pour bien faire les choses, comme conseillé pour la culture des concombres à charpente. Le meilleur sol pour les melons est un terreau ferme et gazonné, dont neuf pouces doivent être placés sur le fumier. Dans un district d'argile, une certaine quantité d'argile, désintégrée par le gel, peut être hachée avec du terreau gazonné d'un ancien pâturage. Si le sol est pauvre, du fumier pourri doit être ajouté, mais les meilleurs melons possibles peuvent être cultivés dans un terreau fertile sans l'aide d'engrais ou de stimulants d'aucune sorte. Il est bon d'élever les plantes dans des pots et de les avoir assez solides pour les planter dès que les nouveaux lits se sont stabilisés à une température constante d'environ 80 °, mais en dessous de 70 °, ce sera dangereux. Si les plantes ne peuvent pas être préparées à l'avance, les graines doivent être semées sur le lit, et par précaution contre les accidents et pour permettre l'Enlèvement de ceux qui présentent des signes de faiblesse, un nombre suffisant de graines doit être semé pour faire face aux imprévus.

En ce qui concerne le lit, il peut être fait une fois pour toutes au moment de la plantation, quelques jours étant prévus pour réchauffer le sol. Mais nous préférons de beaucoup commencer par de petites buttes, ou par une fine crête pointue soulevée de manière à presque toucher les lumières, et planter ou semer sur cette crête, qui peut être ajoutée de temps en temps car les plantes ont besoin de plus d'espace pour les racines. . Le sol, frais et frais, soutient une action racinaire vigoureuse et saine. La haute crête favorise la production de feuilles robustes, et l'absorption par le sol de la chaleur du soleil est au Melon de la première importance.

La pratique de la taille des melons comme si les plantes étaient cultivées pour le fourrage, et pourraient être hachées pour les approvisionnements en herbe, doit être vivement condamnée. Les melons ne devraient jamais être trop encombrés au point de nécessiter d'être coupés, sauf d'une manière assez triviale. Une plante libre et vigoureuse est nécessaire, et sous une attention habile, il arrivera rarement qu'il y ait une seule feuille n'importe où qui puisse être épargnée. Nous proposerons une règle pratique que nous avons suivie dans la culture des melons pour graines, dont une grande récolte des fruits les plus parfaits est absolument nécessaire pour assurer un juste retour. Les jeunes plants sont pincés lorsqu'il y a deux feuilles rugueuses. Le résultat est deux pousses latérales. Ceux-ci sont autorisés à produire six ou sept feuilles, puis sont pincés. Après cela, les plantes sont autorisées à courir, et il n'y a plus de pincement ou de taille jusqu'à ce que la culture soit visible. Ensuite, les fruits qui doivent rester doivent être sélectionnés, et les pousses doivent être pincées à un œil au-dessus de chaque fruit, et un seul fruit doit rester sur une pousse; les autres doivent être supprimés quelques-uns à la fois. Il faut se prémunir contre toute prolifération, car les plantes surpeuplées seront comparativement sans valeur. Ce n'est pas en coupant grossièrement que l'encombrement doit être évité, mais en pinçant à temps toutes les pousses susceptibles de se révéler superflues. Du premier au dernier, il doit y avoir une plante régulière, et pas une pousse ne doit pousser qui n'est pas voulue. La découpe peut produire un chancre et le surpeuplement entraîne la stérilité. Pour les plantes surpeuplées sera comparativement sans valeur. Ce n'est pas en coupant grossièrement que l'encombrement doit être évité, mais en pinçant à temps toutes les pousses susceptibles de se révéler superflues. Du premier au dernier, il doit y avoir une plante régulière, et pas une pousse ne doit pousser qui n'est pas voulue. La découpe peut produire un chancre et le surpeuplement entraîne la stérilité. Pour les plantes surpeuplées sera comparativement sans valeur. Ce n'est pas en coupant grossièrement que l'encombrement doit être évité, mais en pinçant à temps toutes les pousses susceptibles de se révéler superflues. Du premier au dernier, il doit y avoir une plante régulière, et pas une pousse ne doit pousser qui n'est pas voulue. La découpe peut produire un chancre et le surpeuplement entraîne la stérilité.

Comme le melon est nécessaire pour faire mûrir ses fruits, et le concombre ne l'est pas, le traitement varie au vu de cette différence. Il n'est pas nécessaire de fertiliser les fleurs femelles du concombre, mais il est certainement souhaitable, sinon absolument nécessaire, d'opérer sur celles du melon pour assurer une récolte. Le petit matin, lorsque les feuilles sont sèches et que le soleil brille, est le bon moment pour cette tâche, qui est décrite dans un paragraphe ultérieur. Et la nécessité de faire mûrir la récolte marque une autre différence de gestion, car les concombres peuvent porter de nombreux fruits et continuer à les produire jusqu'à ce que les plantes soient épuisées. Mais la production de melons doit être limitée à environ une demi-douzaine sur chaque plante, et une bonne gestion exige que ceux-ci mûrissent tous en même temps, ou presque, entièrement exposés au soleil et avec beaucoup de ventilation.

L'approvisionnement en eau requis est une question importante. La plante ne doit jamais être sèche à la racine, et doit avoir une légère averse deux fois par jour sur le feuillage, mais l'humidité qui est nécessaire pour les concombres serait excessive pour les melons. C'est une règle d'or de cultiver généreusement les melons, de les garder robustes par un air judicieux, et de leur donner un peu d'arrosage supplémentaire au moment où ils commencent à fleurir. Ensuite, lorsque les fleurs s'ouvrent, l'arrosage à la racine doit être interrompu et la seringue ne doit être utilisée le soir qu'à la fermeture. Si elle est complètement interrompue, une araignée rouge apparaîtra et la récolte sera en danger, car ce ravageur ne peut être maintenu à distance que par une régulation minutieuse de l'humidité atmosphérique.

Les melons dans des cadres sont mieux étalés sur les lits que lorsqu'ils sont formés sur des treillis. Lorsqu'il est ainsi cultivé, chaque fruit doit être soutenu avec une tuile plate ou un pot de fleurs inversé, et des moyens doivent être pris, par des piquets ou autrement, pour l'empêcher de rouler, car la torsion de la tige qui s'ensuit peut vérifier le fruit ou le faire tomber. Lorsque les fruits sont aussi gros que l'articulation supérieure du pouce d'un homme, l'arrosage peut être repris et la seringue utilisée deux fois par jour jusqu'à ce que le fruit commence à changer de couleur, quand il doit y avoir un retour au système sec, mais avec soin pour éviter de le porter à un extrême dangereux.

La maison Melon, chauffé à l'eau chaude, est adapté pour fournir des fruits plus tôt que ce que l'on peut obtenir par culture sur châssis, et est entièrement supérieur à tout châssis ou fosse. Il semble cependant que dans les maisons Melon, l'araignée rouge soit plus fréquemment vue que dans les cadres chauffés par la matière en fermentation; mais ce point repose sur la gestion, et il ne peut y avoir rien de plus certain qu'un emploi raisonnable de l'humidité atmosphérique peut être rendu efficace pour prévenir et éliminer ce ravageur. Pour la culture commode de la culture, une demi-portée ou une pente doit être préférée. La largeur ne doit pas dépasser douze pieds, et dix à douze pieds doivent être la hauteur maximale du toit. Un service de tuyaux sous le lit sera nécessaire; mais comme les melons ne sont pas cultivés en hiver, le chauffage d'un melon-house est une affaire simple, et, en effet, une grande partie de la culture, au fur et à mesure que l'été avance, se fera uniquement à l'aide de la chaleur du soleil. Le traitement des plantes dans une maison diffère de la gestion de la charpente, car un treillis est utilisé, et les plantes sont reprises le treillis sans s'arrêter jusqu'à ce qu'ils atteignent presque le sommet, lorsque les points sont pincés pour favoriser la croissance des pousses latérales. Lors de la nouaison, les mêmes principes prévalent que pour la culture sur cadre, et il est conseillé de «planter» toute la récolte en une seule fois; si deux ou trois fruits prennent un bon départ, les autres qui sont cueillis plus tard tomberont. Au fur et à mesure que les fruits gonflent, un soutien doit être accordé pour éviter toute tension excessive sur la vigne, et cela devrait être accompli par des filets spécialement conçus à cet effet, ou en suspendant de petites planches plates d'un demi-pouce avec des fils de cuivre, chaque fruit reposant sur sa planche, jusqu'à ce que la fissuration autour de la tige donne un avertissement que le fruit doit être coupé et placé dans la salle à fruits pendant quelques jours pour terminer la maturation de la table. Dans les maisons du type décrit, les melons et les concombres sont parfois cultivés ensemble. Mais bien que cela puisse être fait, et il y a beaucoup de cultivateurs experts dans le métier, la pratique ne peut être recommandée, car les navires qui naviguent près du vent vont un jour s'endommager. L'humidité et l'ombre partielle qui conviennent au concombre ne conviennent pas au melon, et c'est un mauvais compromis pour rendre une extrémité de la maison ombragée et humide, et l'autre extrémité ensoleillée et sèche, pour établir différentes conditions avec une atmosphère. Une cloison en verre élimine assez bien la difficulté, car il est alors possible d'assurer deux atmosphères adaptées à deux opérations différentes. (Et l'autre extrémité ensoleillée et sèche, pour établir des conditions différentes avec une atmosphère. Une cloison en verre élimine assez bien la difficulté, car il est alors possible d'assurer deux atmosphères adaptées à deux opérations différentes. (Et l'autre extrémité ensoleillée et sèche, pour établir des conditions différentes avec une atmosphère. Une cloison en verre élimine assez bien la difficulté, car il est alors possible d'assurer deux atmosphères adaptées à deux opérations différentes. (*Voir également les pages 157, 175 et 184.*)

La pollinisation des melons est effectuée en cueillant les fleurs mâles matures, et après le retrait des pétales, en transférant le pollen de la fleur mâle au stigmate de la fleur femelle.

MERCURE

Chénopodium Bonus-Henricus

Ce légume parfaitement rustique, également connu sous le nom de Good King Henry, est très cultivé dans le Lincolnshire. Les feuilles sont utilisées de la même manière que les épinards, et en mettant les pousses en terre, elles peuvent être blanchies en remplacement des asperges. Semez les graines en avril dans des semoirs distants de douze pouces et, en temps voulu, éclaircissez les semis à un pied l'un de l'autre dans les rangées.

CHAMPIGNON

Agaricus campestris

The Mushroom a beaucoup d'amis parmi toutes les classes, peu de neutres bienveillants et encore moins qui lui sont absolument hostiles en tant qu'article de nourriture. Ceux qui trouvent, ou imaginent qu'ils trouvent, que cette délicatesse n'est pas d'accord avec eux, pourraient éventuellement arriver à une autre conclusion si un mode de préparation différent était adopté, ou si la consommation de celui-ci était accompagnée d'une persuasion totale que le champignon n'est pas simplement délicieux. en saveur, mais tout à fait sain, riche en constituants formant la chair, et, pour un légume, possède plus que la proportion moyenne de graisses et de minéraux. Ces faits ont été clairement établis par l'analyse chimique et peuvent dissiper de timides appréhensions, en supposant toujours que le vrai champignon comestible, *Agaricus campestris* , soit en question.

Jusqu'à présent, la production artificielle de champignons n'a jamais été à la hauteur de la demande. Malgré les énormes quantités envoyées à Covent Garden par les producteurs autour de Londres, de nombreuses tonnes sont importées de France, bien qu'il soit généralement admis qu'elles ne sont ni aussi fines ni aussi riches en saveur que celles produites dans ce pays. Si, cependant, les grands centres de population sont insuffisamment approvisionnés, la rareté des champignons est plus vivement ressentie dans les provinces, sauf, peut-être, dans certains districts favorisés, où, après quelques jours chauds en automne, une récolte abondante peut être recueillie des pâturages voisins. Ensuite, il y a un spectacle courageux dans les vitrines des marchands de légumes pendant une brève période, suivi d'une pénurie totale pendant des semaines, voire des mois. Il est donc évident que la demande, aussi importante qu'elle soit déjà, pourrait être considérablement augmentée par un approvisionnement proportionné. Pourtant, il est non seulement possible mais assez facile de cultiver des champignons pendant la plus grande partie de l'année dans de très petits jardins, même lorsque ces jardins sont entièrement dépourvus des appareils habituellement considérés comme nécessaires pour les vols plus élevés de l'horticulture. L'idée que la culture des champignons est en quelque sorte un mystère, interdit à tous sauf aux strictement initiés, a été heureusement dissipée. Si nous examinons les conditions dans lesquelles les champignons poussent librement dans les pâturages, il est surprenant de constater à quel point les éléments du succès sont rares et simples. La récolte apparaît généralement en septembre, lorsque la température est agréable et assez équilibrée, avec une humidité suffisante mais pas surabondante. La production artificielle de champignons dans le jardin n'a besoin que de frai fiable, d'un lit fertile doux, et certains moyens de maintenir une température constante dans des conditions atmosphériques variables. Lorsque les principes de la culture des champignons sont parfaitement maîtrisés, ils peuvent être appliqués avec succès de nombreuses manières différentes, et ils rendent le travail pratique facile et assez sûr.

Le Spawn. —Bien que le champignon puisse être cultivé à partir de graines, il est rarement fait sauf à des fins strictement scientifiques. Les graines sont cependant largement disséminées par la nature et, ayant trouvé un foyer convenable, elles germent et produisent une croissance souterraine qui, à un coup d'œil précipité, ressemble à du mildiou. Il se compose en réalité de films blancs en forme de gossamer, dont le nombre et la netteté augmentent au fur et à mesure qu'ils se développent, jusqu'à ce qu'ils se frayent un chemin vers la surface et donnent lieu à la croissance au-dessus du sol du champignon. Il s'ensuit que si nous ne commençons pas la culture avec des graines ou des spores, nous devons recourir aux films blancs ou «mycélium», afin que la croissance de la plante puisse commencer à la manière de la nature sous terre. Ce qu'on appelle le «champignon» se compose de certains matériaux de l'étable et du champ, mélangés et préparés de manière à favoriser le développement du mycélium du champignon. Une fois séchés, les gâteaux ont l'apparence d'une brique non brûlée. La préparation de la ponte, bien que très simple, exige la compétence et le soin d'opérateurs expérimentés. Si le travail n'est pas bien fait, le frai sera de mauvaise qualité et produira une maigre récolte, ou ne produira peut-être pas un seul champignon. Que les gâteaux ou les briques soient imprégnés de la manière pratiquée depuis longtemps dans ce pays, ou directement à partir du tissu du champignon, la culture reste la même. Pourvu que le frai soit bon, il n'a qu'à être brisé en morceaux de taille appropriée, et inséré dans le lit, pour imprégner la masse entière avec les films blancs nécessaires. Ceux-ci prendront leur temps pour collecter du sol les alcalis et les phosphates dont les champignons se composent principalement, et cette partie de leur travail étant effectuée, les fruits de leurs travaux seront exposés audessus du sol dans le champignon élégant et odorant auquel peu d'appétits humains peuvent résister quand il est placé sur la table comme il le mérite. Les experts peuvent facilement se forger une opinion quant à savoir si un gâteau de frai de champignons est ou n'est pas en état de planter, et ce sera une procédure sûre pour l'amateur d'acheter à une entreprise qui a une vente importante et constante; sinon, le frai peut être acheté qui était à l'origine bien fait et correctement imprégné, mais qui a perdu sa vitalité après une longue conservation. et ce sera une procédure sûre pour l'amateur d'acheter auprès d'une entreprise qui a une vente importante et constante; sinon, le frai peut être acheté qui était à l'origine bien fait et correctement imprégné, mais qui a perdu sa vitalité après une longue conservation. et ce sera une procédure sûre pour l'amateur d'acheter auprès d'une entreprise qui a une vente importante et constante; sinon, le frai peut être acheté qui était à l'origine bien fait et correctement imprégné, mais qui a perdu sa vitalité après une longue conservation.

Sol. - En ce qui concerne le sol, il est bien connu que dans un automne favorable les champignons abondent dans les vieux pâturages riches, et ceux qui maîtrisent le gazon coupé dans un champ de ce caractère n'ont qu'à empiler les pelouses côté herbe vers le bas pendant un an ou deux, et ils seront en possession de matériel de première classe pour les lits de champignons à l'air libre ou à l'abri. Mais les petits jardins, en particulier dans les villes, n'ont pas une telle banque pour honorer leurs projets, et pour ceux-ci il devient question d'acheter une charge ou deux de terre grasse, ou de faire le sol de la réponse du jardin, peut-être avec un enrichissement préalable en fumier artificiel. Dans l'intérêt général du jardin, l'argent pour une quantité limitée de bon terreau serait probablement bien dépensé, indépendamment de la question des champignons. Aucun gros volume n'est nécessaire pour couvrir un champignon de taille moyenne, mais la qualité du sol aura certainement une influence sur le nombre et le caractère des champignons. Preuve du caractère exhaustif du champignon, il arrive presque invariablement que lorsque le sol est utilisé une deuxième fois, il a tendance à diminuer la taille et à diminuer la qualité de la culture.

Fumier.- Dans la gestion du fumier, il faut garder à l'esprit deux éléments essentiels. Il faut non seulement de la nourriture pour la plante, mais aussi de la chaleur. Une grande partie des échecs dans la culture des champignons pourrait probablement, si tous les faits étaient connus, être attribués à un défaut du fumier employé ou à un défaut dans sa préparation. Elle doit être riche des propriétés qui encouragent et soutiennent le développement des champignons, absolument exempte de la moindre odeur désagréable, car la plante est la plus exigeante dans sa demande de douceur, bien qu'elle puisse se passer de lumière; et il doit rester dans le fumier une fois mis en lit une réserve suffisante de fermentation pour assurer une chaleur prolongée, quelle que soit la température de l'atmosphère. Bien sûr, la durée de la chaleur dépendra beaucoup du soin avec lequel elle est conservée par un revêtement et une gestion appropriés. Ces exigences, aussi redoutables qu'elles puissent paraître, peuvent être assurées avec une extrême facilité; en effet, le travail est apparemment beaucoup plus difficile et compliqué sur le papier qu'il ne se révèle en pratique.

Préparation du lit.- Le fumier doit provenir d'étables occupées par des chevaux en bonne santé, nourris exclusivement d'aliments durs. Le magasin le plus approprié est le sol d'un hangar sec, ou sous une certaine protection qui empêchera la perte des forces vitales. L'ammoniac, par exemple, est facilement dissipé dans l'atmosphère ou emporté par la pluie. Le fumier ne doit pas se dessécher de la poussière ni gaspiller son pouvoir lors d'une fermentation prématurée. Les opérations peuvent être commencées avec trois ou quatre charges. Une plus petite quantité augmente la difficulté de maintenir la température requise lorsque la fermentation commence à ralentir. La première procédure consiste à transformer le fumier en un tas oblong haut et bien foulé. Si le truc est un peu sec, une aspersion d'eau sur chaque couche sera nécessaire. Dans quelques jours, la fermentation rendra le tas chaud tout au long, toutes les parties extérieures vers l'intérieur, dans le but d'assurer une fermentation égale de toute la masse. Ce processus devra être répété plusieurs fois à des intervalles de trois ou quatre jours jusqu'à ce que le fumier soit non seulement fermenté mais sucré. Lorsqu'il sera prêt, il sera d'une couleur sombre, doux, suffisamment humide pour être cohésif sous la pression, mais pas suffisamment humide pour se séparer de son humidité, et presque inodore; dans tous les cas, l'odeur ne sera pas répréhensible, mais peut suggérer des champignons. Faire un long lit, ayant une base d'environ quatre pieds de large, et les côtés en pente à une crête comme le toit d'une maison, avec cette différence-la partie étroite de la crête est inutile, et le sommet devrait, par conséquent, être arrondi lorsque environ un pied de diamètre. Certains cultivateurs préfèrent un lit circulaire de six ou huit pieds de diamètre au fond et se rétrécissant vers une pointe, après la forme d'une tente militaire; mais là encore le point sera sans valeur, et le lit peut se terminer brusquement. Soit le long lit, soit le tas rond répond admirablement. Abaissez le fumier de manière compacte et, pour l'apparence, essayez de l'achever de manière professionnelle. Au cours des premiers jours, il y aura une augmentation considérable de la température, qui diminuera progressivement, et lorsque le thermomètre plongeant montrera qu'il s'est installé dans un état confortable d'environ 80 °, le lit doit être engendré. Les hommes expérimentés peuvent déterminer par le sens du toucher quand la température est bonne, mais les inexpérimentés devraient se fier entièrement au thermomètre. La question se posera de la période de l'année où les opérations devraient commencer. Eh bien, les experts qui cultivent des champignons en pleine terre pour le marché récoltent des récoltes presque toute l'année; mais un débutant fera sagement de commencer dans les conditions naturelles les plus favorables, et celles-ci seront trouvées vers le milieu de l'été, car le lit commencera à porter avant que l'hiver ne crée des difficultés quant à la température.

Reproduction et post-gestion. - Brisez chaque gâteau de frai en huit ou dix morceaux, et forcez chaque morceau doucement dans le fumier à des intervalles réguliers de six à neuf pouces sur tout le lit, refermant le fumier sur et autour de chaque morceau de frai. La pratique d'insérer le frai au moyen du dibber est à condamner fermement, car elle laisse des espaces lisses et creux qui arrêtent le mycélium; et les très petits morceaux de frai doivent être évités car ils donnent généralement de petits champignons. Immédiatement le frai est terminé, une couche épaisse et uniforme de paille propre ou de litière doit être posée sur le lit, protégée du vent par des toiles, des nattes, des haies ou d'une autre manière. De bons frais films de mycélium commenceront à s'étendre d'ici une semaine. Dans le cas contraire, un examen des pièces montrera qu'elles sont devenues plus foncées qu'au moment de la mise au lit, ce qui signifie qu'elles ont péri. Ensuite, la question se posera de savoir si le lit ou le frai est en faute, et le premier doit être soit reproduit, soit brisé. En supposant que le frai montre des signes de vitalité, le moment est venu de recouvrir le lit d'une couche de sol plutôt humide, pressée légèrement mais fermement sur le fumier avec la bêche ou la fourchette, afin que la terre ne glisse pas. Remettez aussitôt la couverture de la litière, etc., et attendez patiemment pendant sept ou huit semaines la récolte. En attendant, le thermomètre plongeant doit être consulté quotidiennement. Jusqu'à ce que les champignons apparaissent, l'instrument ne doit pas indiquer moins de 60 °, et en direction d'au moins 55 °. L'expérience prouve que les alternances de température les plus violentes peuvent être combattues en réglant l'épaisseur du revêtement. Bien qu'il puisse être nécessaire de recourir à dix-huit pouces de litière ou plus pendant le gel dur ou la prévalence d'un vent d'est coupant, une couverture beaucoup plus mince suffira par temps plus doux.

Si la température du lit, par manque d'expérience dans la gestion de celui-ci, descend en dessous du point auquel les champignons peuvent pousser, nous conseillons l'exercice d'un peu de patience. Nous avons connu plusieurs exemples de lits faits à l'automne ne produisant aucune récolte au moment prévu, mais qui ont assez bien résisté au printemps ou à l'été suivant. Mais en cas d'échec pur et simple du premier effort, il n'y a pas de grande perte. Le fumier, qui est l'élément le plus coûteux, sera toujours disponible pour le jardin, et un homme attentif comprendra assez bien à quel point il doit modifier sa procédure.

L'eau. - L'humidité a une grande importance, car un lit de champignons sec sera bientôt stérile aussi; mais chaque fois que de l'eau est donnée, elle doit être appliquée tiède et d'une belle rose. Faire couler de l'eau froide sur un lit de champignons est une procédure à peu près aussi raisonnable que de mettre de la glace dans une soupe chaude. L'eau est mieux administrée l'après-midi d'une journée géniale et devrait être suffisante pour saturer le lit. Immédiatement, le revêtement de la litière et de la toile doit être rapidement restauré pour éviter que la température ne soit sérieusement abaissée par une évaporation rapide. Quelques piquets enfoncés de la couronne au fond du lit au moment de la constitution du tas sont utiles comme indicateurs d'humidité et peuvent parfois être étirés et examinés.

Lors de la collecte de la récolte, seule une petite partie du lit doit être découverte à la fois. Cela devrait être la règle à toutes les saisons, etle strict respect de celui-ci empêchera une erreur par temps froid, car alors, si le lit est négligemment découvert et beaucoup refroidi, la récolte prendra fin, alors que peut-être, si elle était correctement manipulée, serait à marée haute et pleine de profit. Une autre règle devrait être appliquée, à cet effet, que chaque champignon doit être retiré complet, et si la racine ne vient pas avec la tige, elle doit être déterrée avec un couteau. Toute insignifiance avec cette règle s'avérera une erreur coûteuse. La tige d'un champignon, si elle est laissée dans le sol, ne produira rien du tout. Mais cela peut attirer les mouches, et cela interférera certainement avec les mouvements du mycélium à cet endroit particulier et empêchera en fait la production de champignons supplémentaires. Les anciens pratiquants avaient l'habitude de laisser la tige dans le sol, et ils se contentaient d'environ un tiers de la récolte maintenant produite sur des plates-bandes qui ne sont peut-être pas mieux faites que les leurs. Mais ils avaient une idée des pouvoirs de la racine, ce qui s'est avéré fallacieux pour accroître la connaissance du sujet.

Dans les pâturages. —Comme déjà indiqué, les champignons se trouvent souvent en abondance dans les pâturages bien approvisionnés à la fin de l'été, et là où les conditions sont favorables, il est excellent d'insérer des morceaux de frai à deux pouces de profondeur dans le gazon en juin et juillet.

Puits de gazon.- La facilité avec laquelle les champignons peuvent être élevés selon des méthodes simples est illustrée par la pratique de les cultiver à l'intérieur des murs de gazon des fosses fraîches. Dans le pays, les murs de gazon sont courants et offrent l'avantage de cultiver des champignons en plus de l'objectif qu'ils servent habituellement. Après avoir déterminé la taille de la fosse et l'avoir marquée avec précision sur le sol, coupez le gazon en bandes étroites, disons trois ou quatre pouces de large, et d'exactement dix-huit pouces de longueur. Les bandes doivent être posées étroitement, côté herbe vers le bas, sur toute la largeur des murs - pas longitudinalement - sauf aux coins, où les couches doivent se croiser. Les parois avant et arrière doivent être plutôt au-dessus de la hauteur requise, car le gazon se réduit toujours un peu et les deux extrémités doivent progressivement remonter d'avant en arrière. La couche supérieure peut être à l'endroit, quand il restera vert pendant longtemps. Au fur et à mesure que le travail avance, insérez des morceaux de frai à intervalles dans chaque couche, à environ trois ou quatre pouces du bord intérieur. Un cadre en bois sera nécessaire sur le dessus pour porter les lumières en verre. Cette structure fait une fosse fraîche utile et un lit de champignon à partir duquel les fournitures peuvent parfois être recueillies pendant des années. En été, il faudra garder les parois humides au moyen de la seringue, sinon elles cesseront de porter.

Lits intérieurs.- Les champignons peuvent être cultivés presque n'importe où, uniformément dans une cave, ou sur le mur d'une étable chaude, à condition seulement que le mode opératoire soit à un degré raisonnable adapté aux exigences du champignon. Les fosses et cadres ordinaires sont également utilisables, et de nombreux jardiniers obtiennent de bonnes récoltes en automne par le simple processus d'insertion de quelques morceaux de frai dans un lit de concombre ou de melon pendant que les plantes sont encore en production. Entre le frai et la culture, une période de six ou huit semaines s'écoule généralement, de sorte que si le plan qui vient d'être mentionné est adopté, le frai devrait être introduit au plus fort de l'été, à la fois pour lui assurer un lit chaud et pour laisser le temps à la culture de mûrir avant la fin de la saison. Les hangars et les dépendances offrent non seulement un abri et de l'espace pour les lits sur le sol, mais les murs peuvent être équipés d'étagères sur lesquelles les champignons peuvent être abondamment cultivés. Dans tous les cas, les étagères doivent être espacées verticalement de deux pieds et chaque étagère doit avoir un rebord de neuf pouces de profondeur. Les murs d'une maison peuvent être rapidement et à peu de frais équipés de boiseries à cet effet, mais la brique est tellement meilleure que le bois que chaque fois qu'il est possible d'employer la brique, elle devrait avoir la préférence. En ce qui concerne les corniches, elles doivent en tout cas être en planches solides, et ne pas être fixées, en raison de la nécessité de dégager les étagères et de renouveler périodiquement le sol. Les détails de la culture sont les mêmes à l'intérieur des portes qu'à l'extérieur, mais le toit offre une protection précieuse et aide à maintenir les lits à une température appropriée. Les murs d'une maison peuvent être rapidement et à peu de frais équipés de boiseries à cet effet, mais la brique est tellement meilleure que le bois que chaque fois qu'il est possible d'employer la brique, elle devrait avoir la préférence. En ce qui concerne les corniches, elles doivent en tout cas être en planches solides, et ne pas être fixées, en raison de la nécessité de dégager les étagères et de renouveler périodiquement le sol. Les détails de la culture sont les mêmes à l'intérieur des portes qu'à l'extérieur, mais le toit offre une protection précieuse et aide à maintenir les lits à une température appropriée. Les murs d'une maison peuvent être rapidement et à peu de frais équipés de boiseries à cet effet, mais la brique est tellement meilleure que le bois que chaque fois qu'il est possible d'employer la brique, elle devrait avoir la préférence. En ce qui concerne les corniches, elles doivent en tout cas être en planches solides, et ne pas être fixées, en raison de la nécessité de dégager les étagères et de renouveler périodiquement le sol. Les détails de la culture sont les mêmes à l'intérieur des portes qu'à l'extérieur, mais le toit offre une protection précieuse et aide à maintenir les lits à une température appropriée. en raison de la nécessité de nettoyer les étagères et de renouveler périodiquement le sol. Les détails de la culture sont les mêmes à l'intérieur des portes qu'à l'extérieur, mais le toit offre une protection précieuse et aide à maintenir les lits à une température appropriée. en raison de la nécessité de nettoyer les étagères et de renouveler périodiquement le sol. Les détails de la culture sont les mêmes à l'intérieur des portes qu'à l'extérieur, mais le toit offre une protection précieuse et aide à maintenir les lits à une température appropriée.

Une vraie maison aux champignons pour la production en hiver doivent être chauffés à l'eau chaude et avoir un toit opaque. Il n'y a rien de plus bon pour la récolte qu'un toit de chaume, mais il y a beaucoup d'objections à cela, et on utilise généralement de l'ardoise. Un toit double paiera son surcoût en favorisant une température égale. Quelques feux latéraux équipés de volets sont nécessaires, car il devrait y avoir une bonne lumière pour les besoins de travail; mais la récolte n'a pas besoin de lumière, et une température plus constante peut être maintenue dans une maison sombre que dans une maison qui a plusieurs fenêtres. Les dimensions les plus pratiques pour une maison champignon sont: longueur, vingt-cinq pieds; largeur, douze pieds; hauteur sur les côtés, six pieds, pour permettre un lit sur le sol, et une étagère quatre pieds au-dessus; la crête s'élevant suffisamment pour la hauteur de la tête et pour décoller de l'eau. Il y aura de la place pour un chemin central de quatre pieds, et un lit de quatre pieds de chaque côté. Un sol en terre ou en tuiles et une étagère en ardoise ou en pierre, avec un tuyau de départ et de retour de quatre pouces, compléteront les arrangements. Moins il y a de bois et moins il y a de béton, mieux c'est; il n'y a rien de tel que des carreaux rouges poreux pour le sol et pierre pour les étagères, avec des planches lâches sur le bord pour maintenir le sol, quelques montants suffisent pour les maintenir à leur place.

Les températures à chaque point sont d'une grande importance. Le lit doit être proche de 80 ° lorsque le frai est inséré. La température de l'air requise pour la culture en hausse est de 60 ° à 65 °, température habituelle de la saison où les champignons apparaissent dans les pâturages. Tant que le lit supporte, une température de 55 ° suffira, mais à tout point en dessous de ce minimum, la production sera lente et peut s'arrêter. Lorsque vous donnez de l'eau, veillez à ce qu'elle soit à une température plutôt au-dessus qu'en dessous de celle du lit.

MOUTARDE

Sinapis alba et S. nigra

La moutarde est très appréciée en tant que salade piquante, et pour mélanger dans le bol, elle peut remplacer le cresson d'eau lorsque ce dernier n'est pas à la commande. La moutarde est souvent semée avec du Cresson, mais c'est une mauvaise pratique, car les deux plantes ne poussent pas au même rythme, et il n'y a rien à gagner à les mélanger. Le type approprié pour la salade est la moutarde blanche commune, mais la moutarde brune peut être utilisée à cette fin. Le viol est employé pour le travail du marché, mais doit être évité dans le jardin. Comme la culture est coupée dans la feuille de graine, il est nécessaire de semer souvent, mais la fréquence doit être régulée par la demande. Les approvisionnements peuvent être maintenus pendant l'hiver en semant dans des boîtes peu profondes, qui peuvent être placées dans des vignobles, forçant des fosses et d'autres endroits étranges. Les boîtes répondent admirablement, car elles peuvent être placées sur les tuyaux si nécessaire; ils favorisent la coupe complète d'une récolte sans restes, et ceci est important dans le cas d'une salade qui s'épuise rapidement et qui est si facilement produite. De Lady Day à Michaelmas Mustard peut être semé sur la bordure ouverte avec d'autres salades, mais à mesure que l'été avance, un endroit ombragé doit être trouvé pour cela.

OIGNON

Allium Cepa

L'oignon a la chance d'être généralement apprécié et bien cultivé presque partout. Il améliore la saveur et la digestibilité de nombreux articles alimentaires importants qui ne nous nourriraient pas sans son aide, tandis que pour d'autres, il ajoute un zeste qui contribue comme pour le plaisir et la santé. Bien qu'il y ait peu de difficultés à rencontrer dans la culture de l'oignon, il existe une différence marquée entre une culture bien développée et une culture mal gérée. Il y a, en outre, ce que l'on peut appeler un département des beaux-arts dans la culture de l'oignon, l'un des résultats étant des expositions spéciales, dans lesquelles de belles ampoules de grand poids sont mises en concurrence pour l'amusement et l'édification du public touristique. Ainsi, lorsque les premiers principes ont été maîtrisés, il peut y avoir, pour le cultivateur sérieux de cette racine utile, beaucoup plus de choses à apprendre, et qui peuvent valoir la peine d'être apprises, aussi bien pour leur intérêt que pour leur utilité.

Traitement du sol.—L'oignon peut être cultivé sur n'importe quel type de sol, mais les terres pauvres doivent être aidées par un fumage libéral. Un sol qui ne produira pas de gros oignons peut en produire de petits, et les plus petits sont acceptables lorsqu'il n'y en a pas d'autre. Mais pour de beaux bulbes et une récolte lourde, un terreau riche et profond d'une texture quelque peu légère est nécessaire, bien qu'un limon adhésif, ou même une argile, puisse être amélioré à cet effet; tandis que sur un sol sableux, d'excellents résultats peuvent être obtenus par une bonne gestion, surtout en saison des pluies. Dans tous les cas, le sol doit être bien préparé en creusant profondément, en cassant les grumeaux et en s'étendant en crêtes pour être désintégré par les intempéries, et si nécessaire, sa texture doit être modifiée, dans la mesure du possible, en même temps. Une couche d'argile peut être étalée sur un morceau de sable, pour y être complètement incorporée; d'autre part, là où l'aliment de base est de l'argile, l'ajout de sable sera avantageux. Toutes ces mesures correctives donnent un rendement adéquat si elles sont effectuées avec prudence, car il est possible de faire pousser des oignons d'année en année sur le même terrain; et donc dans les endroits où le sol est décidément inadapté, une parcelle peut être spécialement préparée pour les oignons, et si la première récolte ne paie pas entièrement le coût, celles qui suivent le feront. Mais la plante n'est pas fastidieuse et il est facile de faire pousser des oignons utiles presque partout. La première étape dans la préparation de la terre est de la rendre lâche et fine tout au long, et autant que possible de le faire quelque temps avant que la graine ne soit semée. Pour les semis au printemps, les lits doivent être préparés à l'état brut avant l'hiver, et lorsque vient le temps de niveler et de finir, la croûte supérieure se retrouvera bien pulvérisée, et dans un état bienveillant pour recevoir la semence. L'humidité stagnante est mortelle pour les oignons, donc le sol marécageux est le plus impropre; mais un degré suffisant de sécheresse pour une récolte d'été peut souvent être assuré par le creusement de tranchées et en laissant des allées assez profondes entre les lits pour évacuer l'eau de surface lors de fortes pluies.

Les fumiers.- Comme presque tous les sols conviendront à l'oignon, il en sera de même pour presque tous les types de fumier, à condition qu'ils ne soient pas de rang ou offensants. Cette plante au goût prononcé aime la vie agréable mais douce, et c'est une pure folie de charger le sol pour elle avec des engrais grossiers et stimulants. Pourtant, cela est souvent fait, et le résultat est une génération de bulbes au cou raide qui refuse de mûrir, ou il peut y avoir un échec complet de la récolte à cause de la maladie ou de la pléthore. Mais tout engrais à portée de main, que ce soit de la porcherie, ou des balayages de poulaillers ou de pigeonniers, peut être mis à profit par le simple processus de le transformer d'abord en un compost avec de la terre fraîche, puis de le creuser dans un certain temps. Avant la saison des semailles, et en quantité raisonnable mais non excessive. Tous ces aides à la croissance des plantes comme le guano, le charbon de bois et le fumier de ferme bien décomposé, peut être utilisé avantageusement pour la récolte d'oignon; mais il y a deux matériaux de valeur particulière, et qui coûtent le moins cher, qui sont universellement employés par les grands cultivateurs, à la fois pour aider à la croissance et pour prévenir la mouche et le chancre. Ce sont de la chaux et de la suie, qui sont semées ensemble lorsque le sol est enfin préparé pour la graine, et en quantité seulement suffisante pour colorer le sol. Ils exercent une influence magique, et ceux qui gagnent de l'argent en cultivant des oignons prennent soin de les employer dans le cadre de leur routine professionnelle. et en quantité seulement suffisante pour colorer le sol. Ils exercent une influence magique, et ceux qui gagnent de l'argent en cultivant des oignons prennent soin de les employer dans le cadre de leur routine professionnelle. et en quantité seulement suffisante pour colorer le sol. Ils exercent une influence magique, et ceux qui gagnent de l'argent en cultivant des oignons prennent soin de les employer dans le cadre de leur routine professionnelle.

Oignons semés au printemps nécessitent d'être mis sur un sol riche et moelleux, dont la broche supérieure est d'une texture un peu fine, et au moment du semis presque sec. Ayant été bien creusé et fumier à temps, la broche supérieure ne doit être creusée que lorsqu'elle est enfin prête pour la graine. Le travail doit être fait avec soin et les lits doivent être délimités sur des largeurs de quatre pieds, avec des allées d'un pied entre les deux. Cassez tous les grumeaux avec la pelle et travaillez la surface pour obtenir une texture régulière et finement émiettée. La terre légère doit être foulée pour la consolider, puis la surface peut être soigneusement touchée avec le râteau pour la préparer à la graine. Mars et avril sont les mois habituels pour les semis de printemps, bien que dans les régions douces, les semences soient parfois introduites dès janvier. Espacer les rangées de neuf à douze pouces, selon le caractère du tri et la taille des ampoules nécessaires. Les forets doivent être tirés à travers le lit, perpendiculairement aux allées, car lorsqu'ils sont tirés dans l'autre sens, il est difficile de maintenir le sol correctement désherbé. Pour une récolte d'oignons destinés à être stockés, la graine ne doit être recouverte que de terre fine prélevée dans les allées et jetée, après quoi les semoirs doivent être légèrement foulés, la surface à nouveau touchée avec le râteau, et si le sol est sec et fonctionne bien, les affaires peuvent être finies en douceur tapotant le lit partout avec le dos de la pelle. Si le sol est humide ou lourd, cette touche finale peut être omise, car l'oignon fait une herbe faible qui ne peut pas facilement pousser à travers la terre qui est incrustée dessus. Mais d'une manière générale, un lit d'oignon nouvellement semé doit être assez lisse comme s'il était fini avec un rouleau. Pour le débutant, cela apparaîtra comme une histoire longue et compliquée, mais l'expert attestera que les oignons ont besoin et paieront abondamment pour une gestion spéciale.

Dès que possible après que la récolte soit visible, le sol entre les deux doit être délicatement haché avec la houe pour vérifier les mauvaises herbes qui vont alors pousser. Immédiatement les rangs sont définis un premier éclaircissage doit être fait avec une petite houe, en prenant soin de laisser une bonne plante au sol. L'éclaircissage suivant produira de jeunes oignons pour les salades, et ce type d'éclaircie peut être poursuivi en enlevant les plantes de manière égale sur tout le lit pour assurer une récolte uniforme, la distance finale pour le bulbe étant d'environ six pouces. Gardez la houe au travail, car si les mauvaises herbes sont autorisées à céder la place, la récolte sera gravement endommagée. Quand les oignons vont bien, ils se lèvent et *s'assoient* sur la terre, ayant besoin de lumière et d'air sur leurs ampoules jusqu'à l'axe même d'où les racines divergent. Si les mauvaises herbes se répandent parmi elles, les bulbes sont privés d'air et de lumière, et leurs propriétés de conservation sont altérées. Mais lors de l'utilisation de la houe, il est important de ne pas ameublir le sol ni de tirer de la terre vers les ampoules. Lorsque tous les éclaircies auront été faites et que les mauvaises herbes seront réduites, on observera peut-être que par endroits il y a des grappes d'ampoules qui se battent pour une place et qui sortent du sol ensemble comme pour profiter du conflit. Avec presque tous les autres types de plantes, ce surpeuplement serait de bon augure, mais ce n'est pas le cas avec les oignons. Les bulbes qui poussent en foule et sortent du sol ne seront jamais aussi gros que ceux qui ont beaucoup de place, mais ils seront d'excellente qualité, et se conservera mieux que tous ceux qui ont eu amplement d'espace pour un développement élevé. Il est presque dommage de toucher ces amas accidentels, car l'enlèvement d'une portion ameublira peut-être le sol et gâchera ainsi le caractère de ceux qui restent. Les oignons vraiment fins sont rarement produits en terrain meuble, d'où la nécessité d'être prudent dans l'utilisation de la houe. L'arrosage n'est pas souvent nécessaire, et on peut aller jusqu'à dire que, d'une manière générale, c'est répréhensible. Mais une longue sécheresse sur des terres légères peut mettre la culture en péril, à moins que l'on n'ait recours à l'arrosage, auquel cas une eau de fumier faible sera bénéfique. Pourtant, l'arrosage doit être interrompu à temps, ou cela empêchera la maturation des bulbes, et si un signe est souhaité, la croissance le permettra, car à partir du moment où le car l'enlèvement d'une portion ameublira peut-être le terrain et gâchera ainsi le caractère de ceux qui restent. Les oignons vraiment fins sont rarement produits en terrain meuble, d'où la nécessité d'être prudent dans l'utilisation de la houe. L'arrosage n'est pas souvent nécessaire, et on peut aller jusqu'à dire que, d'une manière générale, c'est répréhensible. Mais une longue sécheresse sur des terres légères peut mettre la culture en péril, à moins que l'on n'ait recours à l'arrosage, auquel cas une eau de fumier faible sera bénéfique. Pourtant, l'arrosage doit être interrompu à temps, ou cela empêchera la maturation des bulbes, et si un signe est souhaité, la croissance le permettra, car à partir du moment où le car l'enlèvement d'une portion ameublira peut-être le terrain et gâchera ainsi le caractère de ceux qui restent. Les oignons vraiment fins sont rarement produits en terrain meuble, d'où la nécessité d'être prudent dans l'utilisation de la houe. L'arrosage n'est pas souvent nécessaire, et on peut aller jusqu'à dire que, d'une manière générale, c'est répréhensible. Mais une longue sécheresse sur des terres légères peut mettre la culture en péril, à moins que l'on n'ait recours à l'arrosage, auquel cas une eau de fumier faible sera bénéfique. Pourtant, l'arrosage doit être interrompu à temps, ou cela empêchera la maturation des bulbes, et si un signe est souhaité, la croissance le permettra, car à partir du moment où le L'arrosage n'est pas souvent nécessaire, et on peut aller jusqu'à dire que, d'une manière générale, c'est répréhensible. Mais une longue sécheresse sur des terres légères peut mettre la culture en péril, à moins que l'on n'ait recours à l'arrosage, auquel cas une eau de fumier faible sera bénéfique. Pourtant, l'arrosage doit être interrompu à temps, ou cela empêchera la maturation des bulbes, et si un signe est souhaité, la croissance le permettra, car à partir du moment où le L'arrosage n'est pas souvent nécessaire, et on peut aller jusqu'à dire que, d'une manière générale, c'est répréhensible. Mais une longue sécheresse sur des terres légères peut mettre la culture en péril, à moins que l'on n'ait recours à l'arrosage, auquel cas une eau de fumier faible sera bénéfique. Pourtant, l'arrosage doit être interrompu à temps, ou cela empêchera la maturation des bulbes, et si un signe est souhaité, la croissance le permettra, car à partir du moment où les ampoules ont atteint une taille raisonnable, l'eau fera plus de mal que de bien.

La récolte de la récolte demande autant de soin que sa culture. Si tout se passe bien, les bulbes mûriront naturellement, et étant étirés et séchés sur le sol pendant quelques jours avec leurs racines tournées vers le sud, peuvent être ramassés et surmontés et en queue ou en bottes comme cela peut être le plus pratique. Mais il peut y avoir une petite hésitation de la plante à terminer sa croissance, le résultat peut-être d'un temps frais et humide, alors que le temps sec et chaud serait meilleur. Dans ce cas, la croissance peut être contrôlée en passant une tige (comme la poignée d'un râteau par exemple) sur le lit pour plier les sommets. Après cela, les sommets jauniront et les cous rétréciront, et il faut profiter du beau temps pour dessiner les oignons et les mettre à sécher. Un chemin de gravier ou un hangar sec entièrement ouvert au soleil les fera mûrir plus complètement que le lit sur lequel ils ont été cultivés;

En ce qui concerne la conservation des oignons, tout endroit sec, frais et aéré répondra. Mais si une difficulté survient, il existe un moyen facile de s'en sortir, car les oignons peuvent être suspendus en grappes sur un mur ouvert sous l'abri de l'avant-toit de tout bâtiment, et ainsi les extérieurs des granges et des écuries et des chalets peuvent être convertis en oignon magasins, laissant l'intérieur libre pour les choses qui sont moins capables de prendre soin d'elles-mêmes. En cas de gel sévère, ils doivent être démontés et empilés n'importe où dans un endroit sûr, mais peuvent être remis sur leurs crochets lorsque le temps se ramollit, car un léger gel ne leur nuira pas du tout et le mur les gardera comparativement au chaud. et sec. Lorsque la meilleure partie de la récolte a été groupée ou cordée, le reste peut être jeté en tas dans un hangar sec et frais, et quelques nattes placées dessus empêcheront la germination pendant au moins trois mois.

Pour faire pousser de gros oignons, les principes déjà expliqués doivent être mis en pratique à un degré plus intense. Il faudra consacrer un soin extrême à la préparation du sol, et laisser aux plantes plus de temps pour mûrir; Il faut également prévoir un espace beaucoup plus grand que ce qui est habituel pour une culture ordinaire. Une bonne position ouverte est impérative, et là où le sol est suffisamment profond, le creusement de tranchées est souhaitable. Le sol peu profond doit être bien creusé jusqu'au dernier pouce, et ce sera un avantage de briser le sous-sol à la pioche et à la fourchette. Couvrir le sous-sol d'une épaisse couche de fumier pourri avant de restaurer la terre végétale. Pour les terres légères, le fumier de ferme est excellent, mais le fumier stable est préférable pour les sols rigides et froids. L'heure habituelle pour creuser des tranchées est octobre ou novembre, laissant la surface rugueuse pour la désintégration pendant l'hiver. Rien de plus n'est à faire avant le mois de mars suivant. Au début de ce mois, décomposez le sol à un fin tilth et rendez-le assez ferme en marchant ou en roulant. Ensuite, répandez sur la parcelle un pansement généreux de chaux moulue et de suie, en utilisant environ trois livres de chaque par poteau. Ratissez et laissez le lit jusqu'à ce que le moment de la plantation soit arrivé: cela dépendra de la météo.

Ceux qui ont l'habitude d'exposer des oignons aux expositions horticoles sèment presque toujours très tôt dans l'année sous verre et en temps voulu, transplantent soit à partir de bacs à graines, soit de boîtes. Des deux, les boîtes correctement préparées sont généralement les plus pratiques. Les dimensions sont facultatives, mais les boîtes d'environ deux pieds de long, un pied de large et cinq pouces de profondeur répondent admirablement. Plusieurs trous sont perforés dans le fond pour assurer un drainage efficace. Dans chaque boîte, placez une épaisse couche de fumier pourri, puis remplissez-la de terre bien riche fermement pressée, laissant la surface assez lisse. L'un des producteurs les plus prospères sème les graines dans des boîtes plutôt petites au début de janvier, et vers la mi-février, les jeunes oignons sont piqués dans des boîtes de la taille que nous avons nommée. Seuls les plants les plus fins et les plus prometteurs sont utilisés. Lors du transfert, chaque oignon a un espace de trois pouces. Les caisses sont conservées dans une serre, au plus près du verre, à une température d'environ 50 °. Après le semis, très peu d'eau est donnée; mais une fois transplanté, terminer par un arrosage d'une belle rose. Chaque matin, les plantes nécessiteront une pulvérisation, mais cela ne doit jamais être fait la nuit ou une fonte des semis peut suivre. Tout au long de leur séjour dans la serre, il est important de garder les boîtes près du verre. Vers la fin du mois de mars, passez à des cadres froids, en gardant les lumières plutôt proches pendant quelques jours, mais en donnant progressivement plus d'air jusqu'à ce que les lumières puissent être éteintes pendant une courte période par jour. Terminer par une pincée de rose fine. Chaque matin, les plantes nécessiteront une pulvérisation, mais cela ne doit jamais être fait la nuit ou une fonte des semis peut suivre. Tout au long de leur séjour dans la serre, il est important de garder les boîtes près du verre. Vers la fin du mois de mars, passez à des cadres froids, en gardant les lumières plutôt proches pendant quelques jours, mais en donnant progressivement plus d'air jusqu'à ce que les lumières puissent être éteintes pendant une courte période par jour. Terminer par une pincée de rose fine. Chaque matin, les plantes nécessiteront une pulvérisation, mais cela ne doit jamais être fait la nuit ou une fonte des semis peut suivre. Tout au long de leur séjour dans la serre, il est important de garder les boîtes près du verre. Vers la fin du mois de mars, passez à des cadres froids, en gardant les lumières plutôt proches pendant quelques jours, mais en donnant progressivement plus d'air jusqu'à ce que les lumières puissent être éteintes pendant une courte période par jour.

Dans le sud, vers la mi-avril est généralement un moment propice pour le repiquage sur des lits ouverts, mais en cas de vent froid d'est dominant, un bref délai est conseillé et il est toujours avantageux de planter un jour terne ou en temps pluvieux. Espacez les rangées de douze à dix-huit pouces et laissez environ quinze pouces entre les plantes dans les rangées. Dans le travail réel de transplantation, prenez soin de n'insérer que les racines fibreuses dans le sol. Enterrer n'importe quelle partie de la tige entraîne un épaississement du cou. Terminer par un saupoudrage de suie sur tout le lit, y compris les oignons, puis bien vaporiser à partir d'une rose fine pour régler le sol autour des racines. Jusqu'à ce que les plantes soient établies, continuer la pulvérisation quotidiennement. Après la mi-mai, renouveler le saupoudrage du lit avec de la suie et répéter tous les quinze jours. Vers le 20 juin, l'alimentation des oignons doit commencer. Le guano péruvien et le nitrate de soude sont tous deux excellents, mais ces puissants artificiels doivent être utilisés avec discrétion, ou la récolte peut être brûlée au lieu d'être stimulée. Il est souvent plus sûr de les utiliser sous forme liquide que sèche, et dix onces de l'un ou l'autre, dissoutes dans dix gallons d'eau, suffiront pour trente mètres carrés. Utilisez les deux articles en alternance à des intervalles de dix jours et cessez à la fin du mois de juillet. Si vous continuez plus longtemps, certaines des meilleures ampoules se diviseront. L'utilisation de suie peut cependant être régulièrement maintenue. Si des ampoules sont nécessaires pour l'exposition d'automne, soulevez-les soigneusement une semaine ou dix jours avant la date du salon. Cela a pour effet de raffermir les bulbes et de réduire la taille des cols.

En supposant qu'une attaque de moisissure se produise, un saupoudrage de fleurs de soufre s'avérera efficace s'il est appliqué immédiatement lorsque la maladie apparaît. Le sulfure de potassium, une once pour un gallon d'eau, est également ment un remède fiable.

Semis en juillet et août . - Pendant ces mois, les graines des types d'oignon à croissance rapide peuvent être semées pour produire une abondance de salade et de petits bulbes pendant l'automne et au-delà. Il est important d'éclaircir les plants tôt afin que ceux qui restent debout dans les rangées aient toutes les chances de se développer rapidement.

Oignons semés à l'automne, destiné à être utilisé l'été suivant, peut également être semé de la même manière que celle conseillée pour les semis de printemps. Le moment du semis est important, car les plantes doivent être suffisamment en avant avant l'hiver pour être utiles, mais pas suffisamment en avant pour risquer d'être blessées par de fortes gelées. Sur un sol bien drainé, toutes les espèces sont rustiques, et les types les plus fins, qui sont tant appréciés que les oignons des ménages et des marchés, peuvent être semés en automne aussi sûrement que les autres. Il peut être bon dans la plupart des endroits de semer une petite parcelle: dans la dernière partie de juillet, et de faire un grand semis des meilleures sortes de conservation vers le milieu d'août - disons, pour l'extrême nord le premier du mois, et pour l'extrême sud le tout dernier jour. Éclaircissez les plants dans les rangs et repiquez les éclaircies, si nécessaire, dès que le temps le permet en février. Dans les endroits où les oignons semés au printemps ne mûrissent pas à temps en raison d'un temps froid et humide, les semis d'automne peuvent s'avérer avantageux, car la maturation aura lieu lorsque l'été est à son meilleur et la récolte peut être enlevée avant la fin de la saison.

Les oignons marinés peuvent être obtenus en semant n'importe laquelle des variétés blanches ou de couleur paille qui sont cultivées pour la conservation, mais les grandes espèces sont tout à fait impropres; les meilleurs sont le Queen et Paris Silver-skin, car ils sont très blancs lorsqu'ils sont marinés et sont moyennement doux en saveur. Un morceau de sol sec et pauvre doit être sélectionné et affiné en surface. Semez au mois d'avril en épaisseur, mais uniformément, couvrez légèrement et roulez ou marchez pour donner un lit de semence ferme et une bonne finition. Faites attention de ne pas avoir de mauvaises herbes et de ne pas éclaircir du tout la récolte. S'ils sont semés très peu profonds, les bulbes seront ronds: s'ils sont semés à un pouce de profondeur, ils seront ovales ou en forme de poire.

La pomme de terre ou l'oignon souterrain n'est pas beaucoup cultivé dans ce pays, en raison des pertes occasionnelles de la récolte pendant les hivers rigoureux. Dans le sud de l'Angleterre, la règle pour la cultiver est de planter le jour le plus court et de prendre le plus long. Il nécessite un sol riche et profond et doit être planté en rangées espacées de douze pouces, les bulbes espacés de neuf pouces dans la rangée. Certains cultivateurs les mettent en terre comme des pommes de terre, mais nous préférons laisser les ampoules s'élever dans la lumière, même par enlèvement de la terre, de manière à former un bassin autour de chacune, en veillant bien sûr à ne pas mettre à nu les racines dans faire ainsi. Lorsque les bulbes plantés ont produit une bonne tête de feuilles, ils forment des grappes de bulbes autour d'eux, et la meilleure croissance se fait en plein jour, les bulbes reposant sur et non dans le sol.

Le *ver de l' oignon* (*Phorbia cepetorum*) est souvent très gênant pour la culture, en particulier à ses débuts, et sa présence peut être connue par l'herbe devenant jaune et tombant sur le sol. On constatera alors que la partie blanche, qui devrait devenir l'ampoule, a été percée au centre par une mouche charnue et brillante, d'un quart de pouce de longueur, celle-ci étant la larve d'un cendré, mal à la recherche, mouche à deux ailes. Là où cette peste a acquis une telle emprise qu'elle est une nuisance grave, il faut prendre soin de vider instantanément tout l'ancien stock d'oignons dès qu'une quantité suffisante de jeunes oignons devient disponible au printemps, et de les brûler sans hésitation. Si on les laisse devenir des déchets de jardin de la manière habituelle, ces vieux oignons font beaucoup pour perpétuer et augmenter la peste. Une utilisation régulière de chaux et de suie sera considérée comme un préventif efficace.

PERSIL - *voir* **HERBES** ,

PANAIS

Pastinaca sativa

Le panais est l'une des racines les plus rentables que la terre produit. Son goût sucré impose probablement une limite à son utilité, mais la mauvaise cuisine a sans doute beaucoup à répondre, les habitants de nos grandes villes étant, dans trop de cas, tout à fait ignorants du mode de cuisson approprié de cette racine nourrissante. Lorsqu'il est coupé en lanières, légèrement bouilli et servi presque croustillant, c'est un mauvais article pour l'alimentation humaine; mais cuit entier de manière à apparaître sur la table comme une masse de moelle, c'est à la fois une friandise digestible et un aliment substantiel que les gens peuvent consommer plus largement qu'ils ne le font, à leur avantage.

Le panais n'a besoin que d'une condition spéciale pour son bien-être, et c'est un terrain préparé pour lui par un creusement honnête. Un sol riche dont il n'a pas besoin, mais la récolte sera certainement la plus fine d'un terreau sableux fertile profond que d'un sol pauvre de quelque nature que ce soit. Mais le seul grand avantage est de creuser le sol en automne et de le préparer pour l'hiver. Ensuite, à la toute première occasion en février ou mars, il peut être nivelé et la graine semée, et la tâche est devenue incontrôlable avant que la ruée des travaux printaniers ne commence. Un fin lit de semence doit être préparé soit en un seul gros morceau, soit en bandes de quatre pieds, selon ce qui convient le mieux à d'autres arrangements. Semez dans des semoirs peu profonds distants de dix-huit pouces, en laissant tomber les graines de la main par deux ou trois à une distance de six pouces l'une de l'autre; couvrir légèrement et toucher avec la houe ou le râteau pour obtenir une finition soignée. Dès que les plantes sont visibles, pliez la houe pour réduire les mauvaises herbes et éclaircissez légèrement la culture pour éviter de s'entasser n'importe où. L'éclaircie doit être effectuée de temps en temps jusqu'à ce que les plantes soient distantes d'un pied; ou si le sol est solide et que de grandes racines sont nécessaires, elles peuvent être autorisées à quinze pouces. Des racines de bonne qualité peuvent être cultivées sur les pires types d'argile et sur des sols caillouteux en creusant des trous et en les remplissant de terre fine, de la manière décrite pour la betterave et la carotte. Les trous pour le panais, cependant, devraient être plutôt plus grands et plus profonds, avec plus d'espace autorisé entre les deux. Il peut être bon de soulever une partie des racines en novembre, quelques taches de terre étant d'abord enlevées à une extrémité ou à un coin de la pièce pour faciliter l'enlèvement sans casser les racines: celles-ci peuvent être mises pliez la houe pour réduire les mauvaises herbes et éclaircissez légèrement la récolte pour éviter de s'entasser n'importe où. L'éclaircie doit être effectuée de temps en temps jusqu'à ce que les plantes soient distantes d'un pied; ou si le sol est solide et que de grandes racines sont nécessaires, elles peuvent être autorisées à quinze pouces. Des racines de bonne qualité peuvent être cultivées sur les pires types d'argile et sur des sols caillouteux en creusant des trous et en les remplissant de terre fine, de la manière décrite pour la betterave et la carotte. Les trous pour le panais, cependant, devraient être plutôt plus grands et plus profonds, avec plus d'espace autorisé entre les deux. Il peut être bon de soulever une partie des racines en novembre, quelques taches de terre étant d'abord enlevées à une extrémité ou à un coin de la pièce pour faciliter l'enlèvement sans casser les racines: celles-ci peuvent être mises pliez la houe pour réduire les mauvaises herbes et éclaircissez légèrement la récolte pour éviter de s'entasser n'importe où. L'éclaircie doit être effectuée de temps en temps jusqu'à ce que les plantes soient distantes d'un pied; ou si le sol est solide et que de

142

grandes racines sont nécessaires, elles peuvent être autorisées à quinze pouces. Des racines de bonne qualité peuvent être cultivées sur les pires types d'argile et sur des sols caillouteux en creusant des trous et en les remplissant de terre fine, de la manière décrite pour la betterave et la carotte. Les trous pour le panais, cependant, devraient être plutôt plus grands et plus profonds, avec plus d'espace autorisé entre les deux. Il peut être bon de soulever une partie des racines en novembre, quelques taches de terre étant d'abord enlevées à une extrémité ou à un coin de la pièce pour faciliter l'enlèvement sans casser les racines: celles-ci peuvent être mises L'éclaircie doit être effectuée de temps en temps jusqu'à ce que les plantes soient distantes d'un pied; ou si le sol est solide et que de grandes racines sont nécessaires, elles peuvent être autorisées à quinze pouces. Des racines de bonne qualité peuvent être cultivées sur les pires types d'argile et sur des sols caillouteux en creusant des trous et en les remplissant de terre fine, de la manière décrite pour la betterave et la carotte. Les trous pour le panais, cependant, devraient être plutôt plus grands et plus profonds, avec plus d'espace autorisé entre les deux. Il peut être bon de soulever une partie des racines en novembre, quelques taches de terre étant d'abord enlevées à une extrémité ou à un coin de la pièce pour faciliter l'enlèvement sans casser les racines: celles-ci peuvent être mises L'éclaircie doit être effectuée de temps en temps jusqu'à ce que les plantes soient distantes d'un pied; ou si le sol est solide et que de grandes racines sont nécessaires, elles peuvent être autorisées à quinze pouces. Des racines de bonne qualité peuvent être cultivées sur les pires types d'argile et sur des sols caillouteux en creusant des trous et en les remplissant de terre fine, de la manière décrite pour la betterave et la carotte. Les trous pour le panais, cependant, devraient être plutôt plus grands et plus profonds, avec plus d'espace autorisé entre les deux. Il peut être bon de soulever une partie des racines en novembre, quelques taches de terre étant d'abord enlevées à une extrémité ou à un coin de la pièce pour faciliter l'enlèvement sans casser les racines: celles-ci peuvent être mises Des racines de bonne qualité peuvent être cultivées sur les pires types d'argile et sur des sols caillouteux en creusant des trous et en les remplissant de terre fine, de la manière décrite pour la betterave et la carotte. Les trous pour le panais, cependant, devraient être plutôt plus grands et plus profonds, avec plus d'espace autorisé entre les deux. Il peut être bon de soulever une partie des racines en novembre, quelques taches de terre étant d'abord enlevées à une extrémité ou à un coin de la pièce pour faciliter l'enlèvement sans casser les racines: celles-ci peuvent être mises Des racines de bonne qualité peuvent être cultivées sur les pires types d'argile et sur des sols cailouteux en creusant des trous et en les remplissant de terre fine, de la manière décrite pour la betterave et la carotte. Les trous pour le panais, cependant, devraient être plutôt plus grands et plus profonds, avec plus d'espace autorisé entre les deux. Il peut être bon de soulever une partie des racines en novembre, quelques taches de terre étant d'abord enlevées à une extrémité ou à un coin de la pièce pour faciliter l'enlèvement sans casser les racines: celles-ci peuvent être mises de côté pour une utilisation immédiate, mais la majeure partie de la récolte doit rester dans le sol pour être creusée à volonté, car le panais se maintient mieux dans le sol qu'en dehors de celui-ci, et en cas de gel sévère, une couche de litière rugueuse suffira pour éviter les blessures. Tout ce qui reste au mois de février doit être soulevé, paré et stocké dans l'endroit le plus frais que l'on puisse trouver, une couche de terre ou de sable étant suffisante pour protéger les racines de l'action néfaste de l'atmosphère.

GARDEN PEA

Pisum sativum

Grâce à la compétence et à l'entreprise de spécialistes enthousiastes, nous avons maintenant les pois froissés ainsi que les pois à graines rondes pour l'approvisionnement le plus précoce de ce légume préféré. Non seulement pouvons-nous commencer la saison avec un plat possédant la véritable saveur de la graisse à moelle, mais dans les nouvelles variétés de culture principale, une croissance robuste naine est combinée avec des qualités de production libre, tandis que la taille des pois et des gousses a été augmentée sans sacrifier au moindre degré. saveur. Au contraire, il y a eu une avancée distincte et bienvenue dans toutes les caractéristiques spéciales qui ont gagné pour ce légume sa position populaire, et la culture est si hautement estimée qu'elle est généralement considérée comme un critère par lequel la gestion générale d'un jardin est jugée.

En tant qu'article de nourriture, les pois sont les légumes les plus nutritifs, riches en phosphates et alcalis, et la plante fait une forte demande sur le sol, constituant ce que l'on appelle une récolte épuisante. Pour cette raison, et aussi parce que le temps qui s'écoule entre le semis et la récolte du produit est très bref, il est impératif que la terre soit bien préparée pour permettre aux racines de se ramifier librement et de recueillir rapidement la nourriture requise par la plante.

Traitement du sol . - Le sol des pois doit être riche, profond et friable, et doit contenir une proportion notable de matière calcaire. Les vieux jardins doivent être rafraîchis avec un pansement à la chaux de temps en temps, ou avec des détritus de chaux des bâtiments détruits, pour compenser la consommation de matières calcaires par les différentes cultures. Pour les petits pois, un sol sableux chaud et sec est préférable; pour les espèces tardives, et en particulier pour les variétés robustes et productives, un terreau solide ou une argile bien labourée répond admirablement, et il est sage de sélectionner des parcelles qui étaient dans l'année précédente occupées avec du céleri et d'autres cultures dont la terre était librement fertilisée et très secouée. Le fumage lourd n'est pas nécessaire pour les premiers pois, sauf si le sol est très pauvre, mais pour les approvisionnements tardifs, il sera toujours payer pour trancher le sol, et mettre une épaisse couche de fumier pourri à la profondeur de la première broche, dans laquelle le les racines peuvent trouver des nutriments abondants au moment où les gousses gonflent. Dans tous les cas, il est conseillé de ne pas enrichir de manière particulière la croûte supérieure pour les pois. Lorsque la jeune plante trouve à portée de main les fournitures nécessaires, les racines ne coulent pas librement mais risquent en fait d'être empoisonnées; mais lorsque la plante est assez formée et qu'elle est entrée dans le stade de la fructification, les racines peuvent se ramifier dans un sol riche à l'avantage. D'où l'opportunité de cultiver des pois dans un sol fortement fertilisé et fréquemment remué l'année précédente, et de mettre une couche de fumier pourri entre les deux broches en tranchée. En ce qui concerne la dernière opération nommée, il convient de noter que comme les pois nécessitent un tilth un peu fin, la broche supérieure doit être maintenue sur le dessus où la deuxième broche se révélera grumeleuse, pâteuse ou autrement méchante. Dans ce cas, des tranchées bâtardes suffiront; mais quand la deuxième broche peut être élevée avec sécurité, elle doit être faite pour un sol frais et un lit friable profond. L'utilisation de cendres de bois, bien ratissées immédiatement avant le semis, s'avérera très bénéfique pour la culture, car le Pois est une plante qui aime la potasse. Ou autrement méchant. Dans ce cas, des tranchées bâtardes suffiront; mais quand la deuxième broche peut être élevée avec sécurité, elle doit être faite pour un sol frais et un lit friable profond. L'utilisation de cendres de bois, bien ratissées immédiatement avant le semis, s'avérera très bénéfique pour la culture, car le Pois est une plante qui aime la potasse. Ou autrement méchant. Dans ce cas, des tranchées bâtardes suffiront; mais quand la deuxième broche peut être élevée avec sécurité, elle doit être faite pour un sol frais et un lit friable profond. L'utilisation de cendres de bois, bien ratissées immédiatement avant le semis, s'avérera très bénéfique pour la culture, car le Pois est une plante qui aime la potasse.

Méthode de semis . - Il sera toujours payant de semer dans des semoirs plats d'environ six pouces de large, mais le semoir en forme de V dans lequel les semis sont généralement entassés de manière nuisible n'est pas satisfaisant. Une distance de deux pouces dans chaque sens est une distance utile pour la graine, bien que plus d'espace puisse être accordé pour la culture principale à croissance robuste et les variétés tardives. Il est sage, cependant, de semer généreusement en cas de pertes dues aux conditions climatiques, aux oiseaux ou aux souris; et si nécessaire, les plantes superflues peuvent toujours être retirées. La profondeur de la graine peut varier de deux à trois pouces: le minimum pour les terrains lourds et le maximum pour les terrains légers.

Cultures précoces (semées à l'extérieur) .— Les pois précoces sont produits de plusieurs manières. Le plus simple consiste à semer une ou plusieurs des variétés à graines rondes à croissance rapide en novembre, décembre et janvier, sur des bordures abritées en pente spécialement préparées à cet effet, et pourvues de haies de roseaux pour protéger les plantes des vents coupants. Là où les assauts de souris doivent être appréhendés, c'est un excellent plan pour faire tremper la graine dans de l'huile de paraffine pendant vingt minutes, puis, après avoir semé dans des forets à seulement un pouce de profondeur, amassez sur la perceuse trois pouces de sable fin. Si cela ne peut pas être fait, semez dans des semoirs de deux pouces de profondeur, car un semis peu profond ne favorisera pas la précocité, mais il est susceptible de favoriser la faiblesse de la plante. Il n'est pas habituel de cultiver une autre culture avec les premiers pois, mais les rangées doivent être suffisamment éloignées pour les empêcher de s'ombrer les unes les autres et, si possible, les laisser courir au nord et au sud, afin qu'elles puissent avoir un plaisir égal. de soleil. Dès que la plante est assez éloignée du sol, saupoudrez soigneusement de suie, pas assez pour étouffer les feuilles tendres, mais juste assez pour les rendre désagréables à la vermine. Quand ils ont fait une croissance d'environ trois pouces, mettez de la broussaille courte pour les soutenir et les abriter, en reportant les plus grands bâtons jusqu'à ce qu'ils soient nécessaires. Puis bifurquez le sol entre les deux, en prenant soin de ne pas trop s'approcher de la plante. Les bâtons doivent être fournis en temps utile,

Sur des sols assez chauds, la première occasion doit être saisie pour semer une des variétés précoces de matière grasse à moelle naine en pleine terre. Cela peut être en février ou début mars, mais il sera inutile d'essayer tant que le terrain ne sera pas en bon état. Semez dans des semoirs plats comme déjà décrit, la distance d'une rangée à l'autre dépendant des plans futurs. Si aucune culture intercalaire ne doit être faite, dix-huit pouces entre les rangées suffiront généralement pour les pois nains, mais de nombreux jardiniers préfèrent laisser trois pieds et prendre une récolte d'épinards sur l'espace intermédiaire.

Cultures précoces (semées sous verre.) - Nous arrivons maintenant aux modes de culture des premiers pois à l'aide du verre. La méthode la plus sûre et la plus simple consiste à fournir une quantité suffisante de gazon en herbe coupée à partir d'un pâturage court propre ou commun. Il existe dans ce cas un risque de taupin et de bot noir; mais si le gazon est fourni à temps et est mis en place dans la cour prêt à l'emploi, il sera fouillé par les petits oiseaux et assez bien nettoyé des larves d'insectes qui s'y sont peut-être cachées lors de son premier retrait. Disposez les turves dans un cadre, côté herbe vers le bas, et faites-les tremper dans de l'eau dans laquelle une très petite quantité de sel a été dissoute. Cela fera sortir les robots et les limaces restants et, au moyen d'un peu de travail patient, ils pourront être rassemblés et détruits. En janvier ou février, semez la graine assez épaisse en lignes le long du centre de chaque bande de gazon, et couvrir de terre fine. En gardant le cadre fermé, une germination plus régulière de la graine sera assurée; mais dès que les plantes montent, il faut donner de l'air, et cette partie de l'entreprise doit être réglementé en fonction de la météo. Tout dépend maintenant du cultivateur, car, ayant une très grande maîtrise des conditions, on peut dire qu'il est quelque peu éloigné du sport des éléments, ce qui détruit beaucoup de nos efforts. Il y a maintenant trois points à garder à l'esprit. En premier lieu, une plante courte et robuste à croissance lente est souhaitée, car une grande plante maigre à croissance rapide refusera à la fin de l'histoire de fournir le plat de pois visé. Donner de l'air et de l'eau judicieusement et protéger de la vermine et de tous les autres ennemis. Un peu de chaux sèche ou de suie peut être saupoudrée sur les plantes de temps en temps, mais pas suffisant pour étouffer les feuilles. Tout va bien, plantez au mois de mars ou avril, sur un sol préparé à cet effet, et posez les turves végétales en bandes, sans aucune perturbation des racines.

Une méthode plus gênante, mais souvent plus sûre, consiste à élever les plantes dans des pots ou dans des boîtes d'environ quatre pouces et demi de profondeur et percées au fond pour assurer un drainage gratuit. Le vieux terreau répondra admirablement, et les graines doivent être placées à un pouce de profondeur et à deux pouces l'une de l'autre. Placez les pots ou les boîtes dans une structure légère et fraîche aussi près que possible de la vitre du toit, mais n'essayez pas de forcer la germination ou la croissance des plantes. Lorsque le temps le permet, transfert à l'ouvert en mars ou avril. Une bonne succession peut être obtenue en semant simultanément une première variété naine précoce et une deuxième variété précoce.

Principales cultures nécessitent beaucoup d'espace, et c'est vraiment le point principal de leur croissance. En supposant que le terrain a été bien préparé comme déjà conseillé, la prochaine question d'importance est la distance entre les rangées. Le maraîcher est généralement contraint de semer les pois en morceaux solides, juste assez éloignés les uns des autres pour une croissance équitable, et de les laisser s'étaler au lieu d'être jalonnés, à cause du coût de la procédure. Mais le jardin qui alimente un ménage n'est pas soumis aux conditions sévères de la concurrence, et on peut dire que les pois vont à la table du dîner au détail et non au prix de gros. De plus, la haute qualité est importante, et ici le domestique, par opposition au jardinier commercial, a un immense avantage, car les «pois de jardin» bien cultivés surpassent en beauté et en saveur les meilleurs échantillons du marché disponibles. Pour produire ces petits pois, il doit y avoir suffisamment d'espace entre les rangées, et il sera bon de cultiver des pois et des pommes de terre primeurs sur la même parcelle, et de mettre des bâtons courts sur les pois dès qu'ils sont suffisamment avancés. Par cette gestion, la première croissance supérieure des pommes de terre peut être sauvée des gelées de fin mai, et les pois donneront le double de la récolte d'une plantation surpeuplée. Les semis généraux de pois se font de mars à juin, mais en ce qui concerne l'heure précise, les saisons et les climats doivent être pris en compte. Il n'y a rien à gagner en semant des pois de culture principale suffisamment tôt pour exposer la plante à un conflit avec le gel. Il faut comprendre que les espèces les plus fines de pois sont un peu tendres de constitution et que les espèces froissées sont plus tendres que les rondes. Par conséquent, dans tous les cas, les graines froissées doivent être semées un peu plus épais que le rond pour tenir compte des pertes; mais les pois robustes ne doivent jamais être semés aussi épais que les espèces primitives, car chaque plante a besoin d'espace pour se ramifier et s'étendre, et recueillir le soleil au moyen de ses feuilles pour la production ultime de superbes pois verts.

Cultures tardives. - Pour obtenir des pois à la fin de la saison, les semis peuvent être effectués en juin et juillet, et la préférence doit être donnée aux variétés précoces à croissance rapide. La terre à partir de laquelle les premières récoltes de chou-fleur, de carotte, de chou, de pommes de terre, etc., ont été enlevées est excellente à cet effet. Par temps sec, saturer complètement la tranchée avec de l'eau avant de semer et garder les plants aussi frais que possible en les protégeant du soleil.

Jalonnement. - Cette opération importante ne doit pas être indûment différée, car les plantes ne sont jamais entièrement satisfaisantes une fois que les tiges se sont courbées. Commencez par mettre soigneusement les rangs à la terre dès que les plantes atteignent environ trois pouces de hauteur. Dans le cas des variétés précoces, des bâtons légèrement touffus de la hauteur requise, placés finement des deux côtés du rang, suffiront. La culture principale et les pois tardifs, cependant, doivent d'abord être jalonnés avec des brindilles touffues d'environ dix-huit pouces de haut, celles-ci devant être complétées par des bâtons d'au moins un pied de plus que la variété a apparemment besoin, car la plupart des pois dépassent leur hauteur réconnue en cas de saison des pluies. . Aucune tentative ne doit être faite pour construire une clôture impénétrable, car les pois ont besoin de beaucoup de lumière et d'air. Les piquets ne doivent pas non plus être arqués en haut, mais placés penché vers l'extérieur.

Culture générale. - Lors de la première apparition de la plante, un léger saupoudrage de chaux ou de suie rendra les bourgeons montants désagréables pour les limaces et les moineaux, mais cela est plus nécessaire pour les cultures précoces que pour les dernières récoltes. Lorsque les pois de culture principale ont grandi de deux ou trois pouces, ils sont assez sûrs contre les petits maraudeurs. Au fur et à mesure que la plante se développe, remuez fréquemment le sol entre les rangées pour empêcher les mauvaises herbes et vérifier l'évaporation. La mise à la terre des rangées offre une protection précieuse aux racines des plantes, et un léger paillis du fumier complètement décomposé s'avérera très utile en saison sèche. En cas de sécheresse prolongée, cependant, des mesures doivent être prises pour fournir de l'eau en temps utile et en quantité généreuse. L'avantage de creuser profondément et de fumier entre les deux broches sera maintenant découvert, car les pois ainsi circonstanciés passeront par l'épreuve, même s'ils ne sont pas aidés par l'eau, bien que beaucoup mieux avec elle; tandis que des espèces similaires, dans un sol pauvre et peu profond, deviendront bientôt désespérément moisies, et même l'eau ne les sauvera pas. En donnant de l'eau, il sera bon d'ouvrir une tranchée peu profonde, distante d'environ un pied des rangées du côté ombragé, et d'y verser l'eau de manière à remplir la tranchée; par cette méthode, l'eau et la main-d'œuvre seront économisées, et l'usine bénéficiera pleinement de l'opération.

Les ennemis des pois sont moins nombreux que ce à quoi on pourrait s'attendre dans le cas d'une plante aussi nutritive. Contre le charançon, le papillon de nuit et la mouche, nous sommes relativement impuissants, et peut-être le moyen le plus sûr est parfois de saupoudrer les plantes avec de la chaux ou de la suie, auquel cas le travail doit être soigneusement fait, ou la croissance des feuilles sera vérifiée, au dommage de la récolte. Des saupoudrages légers suffiront à rendre la plante désagréable sans interférer avec sa santé, mais une main lourde et imprudente fera plus de mal que tous les insectes en chargeant le feuillage avec des matières odieuses. Le grand ennemi de la culture du pois est le moineau, dont les déprédations commencent avec l'apparition de la plante, et se renouvellent à partir du moment où les gousses contiennent quelque chose qui vaut la peine d'être possédé. D'autres petits oiseaux hantent le sol, mais le moineau est le chef du gang. Les effrayants ordinaires utilisés de manière ordinaire sont de peu d'utilité; les meilleures sont des lignes auxquelles sont attachées à intervalles réguliers des plumes blanches, des bandes de papier blanc ou des morceaux d'étain brillant. Au stade des semis, les plantes peuvent être protégées par des grilles de protection, et même des brins de fil noir attachés à des piquets courts s'avéreront utiles. Nous avons trouvé le moyen le plus sûr de protéger la récolte contre les pillards à plumes est d'avoir du travail en main sur la parcelle, de manière à maintenir une agitation constante, et cela montre la sagesse de mettre les rangs à une distance telle qu'elle permettra la formation des tranchées de céleri entre eux. Nous voulons qu'une récolte se fasse, et une autre soit mise en place pendant que les pois sont en production; et les pommes de terre précoces, suivies du céleri, peuvent être suggérées comme une rotation appropriée dans de nombreux cas. Même alors les oiseaux passeront un bon moment le matin, à moins que les ouvriers ne soient sur le terrain tôt. Cependant, sur ce point délicat, le `` lève-tôt '' qui porte une pelle aura un avantage, car le moineau est vraiment un lève-tard, et ne commence pas ses affaires tant que d'autres oiseaux n'ont pas pris le petit déjeuner et ont terminé au moins une représentation musicale.

Petits pois sous verre.- Les pois à table sont tellement estimés que dans de nombreux établissements, la demande pour eux ne se limite pas aux approvisionnements disponibles en pleine terre. Les semis peuvent être effectués de la mi-novembre à la mi-février, selon les besoins et l'étendue des locaux disponibles, à partir desquels les cultures devraient arriver à maturité à partir de la mi-mars. Là où une grande serre, comme celle utilisée pour les tomates, etc., est à la commande, les premiers pois peuvent être cultivés sans préjudice d'autres cultures. En supposant qu'une bonne profondeur de sol existe, tranchez soigneusement et préparez-le comme pour les pois d'extérieur. Sélectionnez une variété à croissance haute, dont un certain nombre se portent bien sous verre. Semez sur une triple rangée, en plaçant les graines à environ trois pouces dans chaque sens, et en temps voulu, soutenez les plantes avec des piquets. Une serre fraîche ou un cadre permettra également une récolte précoce de pois, mais pour ces structures, des pots doivent être utilisés et seules des variétés à croissance naine doivent être se-mées. Un pot de dix pouces peut accueillir environ huit graines, et celles-ci doi-vent être plantées à un pouce et demi de profondeur. À quelques centimètres de haut, insérez quelques piquets touffus pour transporter les plantes. Un compost composé de deux parties de limon, une partie de sol foliaire ou de fumier bien décomposé, avec une petite quantité de cendres de bois, conviendra admirable-ment aux pois. A aucun moment, une température de forçage n'est nécessaire. De 50 ° à 55 ° la nuit, avec une élévation d'environ 10 ° le jour suffira, et une venti-lation libre doit être assurée autant que possible avec sécurité. Appliquez de l'eau avec précaution, mais ne laissez jamais les racines sécher sur la poussière. Un pot de dix pouces peut accueillir environ huit graines, et celles-ci doivent être plan-tées à un pouce et demi de profondeur. À quelques centimètres de haut, insérez quelques piquets touffus pour transporter les plantes. Un compost composé de deux parties de limon, une partie de sol foliaire ou de fumier bien décomposé, avec une petite quantité de cendres de bois, conviendra admirablement aux pois. A aucun moment, une température de forçage n'est nécessaire. De 50 ° à 55 ° la nuit, avec une élévation d'environ 10 ° le jour suffira, et une ventilation libre doit être assurée autant que possible avec sécurité. Appliquez de l'eau avec pré-caution, mais ne laissez jamais les racines sécher sur la poussière. Un pot de dix pouces peut accueillir environ huit graines, et celles-ci doivent être plantées à un pouce et demi de profondeur. À quelques centimètres de haut, insérez quelques piquets touffus pour transporter les plantes. Un compost composé de deux parties de limon, une partie de sol foliaire ou de fumier bien décomposé, avec une petite quantité de cendres de bois, conviendra admirablement aux pois. A aucun mo-ment, une température de forçage n'est nécessaire. De 50 ° à 55 ° la nuit, avec une élévation d'environ 10 ° le jour suffira, et une ventilation libre doit être assu-rée autant que possible avec sécurité. Appliquez de l'eau avec précaution, mais ne laissez jamais les racines sécher sur la poussière. A aucun moment, une tem-pérature de forçage n'est nécessaire. De 50 ° à 55 ° la nuit, avec une élévation d'environ 10 ° le jour suffira, et une ventilation libre doit être assurée autant que possible avec sécurité. Appliquez de l'eau avec précaution, mais ne laissez jamais les racines sécher sur la poussière. A aucun moment, une température de forçage n'est nécessaire. De 50 ° à 55 ° la nuit, avec une élévation d'environ 10 ° le jour suffira, et une ventilation libre doit être assurée autant que possible avec sécurité. Appliquez de l'eau avec précaution, mais ne laissez jamais les racines sécher sur la poussière.

Pois pour exposition.- Sur la table de l'exposition, les beaux pois bien cultivés suscitent toujours une admiration sans faille, et les magnifiques gousses des nouvelles variétés méritent certainement les plus grands éloges qui leur sont accordés. Dans tous les cas où les légumes sont cultivés pour la compétition aux Salons, le succès obtenu dépend en grande partie de l'intensité de la culture adoptée, et à cet égard aucun autre sujet ne répondra plus facilement à un traitement libéral que le pois de jardin. Un creusement profond, un fumage généreux et un arrosage abondant par temps sec, de la manière déjà décrite, sont des éléments essentiels. Une autre question non moins importante est la sélection des variétés appropriées. Il est maintenant de coutume de commencer les variétés précoces dans des pots ou des boîtes sous verre (voir page 104), et certains producteurs traitent les pois de mi saison de la même manière. Les spécimens étant sélectionnés pour être transférés dans des quartiers ouverts. Le nombre de semis dépendra bien entendu des besoins individuels. Au moment du repiquage, donnez à chaque plante beaucoup d'espace pour le développement, et il sera bien de piquer les rangs immédiatement. Gardez les plantes sous surveillance constante, surtout lorsqu'elles sont assez jeunes, lorsqu'elles sont susceptibles d'être détruites par les ennemis du jardin. La floraison doit être limitée au quatrième épi, et à partir du moment où les gousses apparaissent, l'aide doit être donnée sous forme de fumier liquide ou d'un paillage de bouse bien décomposée. Retirez toutes les pousses latérales et favorisez une croissance vigoureuse et saine à chaque étape. Certains moyens devraient être adoptés pour éviter de blesser de quelque nature que ce soit les cosses qui, une fois rassemblées, doivent être bien remplies et porter une fine fleur sans défaut.

PATATE

Solarium tuberosum

La pomme de terre a été désignée comme le «roi du potager» et peut-être que «le noble tubercule» devrait être considéré comme tel. De son importance en tant qu'article alimentaire, il est impossible de parler trop haut, et la valeur diététique de la pomme de terre semble toujours progresser. La carence connue en constituants formant la chair associe naturellement ce légume à de la viande de diverses sortes, volaille, gibier et poisson, et dans cette association appropriée, la racine est probablement capable de remplacer tous les autres aliments végétaux, le pain seul excepté. Il est loin de notre intention de recommander l'abstention des asperges, du chou-fleur, des pois et du chou de mer, et de considérer les pommes de terre comme un substitut suffisant à ces délices de table et à d'autres;

Forcer les pommes de terre . - La demande de pommes de terre nouvelles existe bien avant que la première des cultures de plein air cultivées dans ce pays puisse être levée. Répondre à une telle demande n'est pas une question difficile lorsque la quantité de verre nécessaire est à disposition, et en adoptant la méthode ici donnée, les approvisionnements peuvent être maintenus pendant l'hiver et au-delà jusqu'à ce que les premiers arrivants du terrain découvert soient disponibles. On peut dire tout de suite que pour la culture en pots et en boîtes sous verre, une température élevée n'est ni nécessaire ni souhaitable. Une croissance solide et saine est essentielle à la formation d'une culture de tubercules, et si les plantes sont forcées dans un état atténué, le travail aura été vain. Une autre question qui doit être spécialement mentionnée est le choix des variétés appropriées. Seules les espèces à croissance naine, parfaitement adaptées au forçage, doivent être envisagées. La date de plantation sera nécessairement réglée par l'heure à laquelle la culture est requise. Mais quelques semaines avant la plantation, les ensembles doivent être germés en les plaçant sur une extrémité dans des boîtes peu profondes, emballées avec un sol léger humide et se tenant près de la lumière dans une fosse ou une maison légèrement chaude. Lorsque les pousses sont formées, effacez toutes les pousses sauf les deux plus fortes. Un bon terreau gazonné, une petite quantité de fumier d'un lit de champignons épuisé et un peu de farine d'os feront un excellent compost pour les pots ou les boîtes. Deux ensembles suffiront pour un pot de dix ou douze pouces, ou cinq tubercules peuvent être placés dans une boîte mesurant environ quatre pieds de long sur un pied de large. Un drainage parfait doit être assuré. Plantez les ensembles avec soin, en prenant le plus de terre possible avec la masse de racines fibreuses qui se seront formées pendant la période de germination. L'opération peut être accomplie au mieux en ne remplissant que la moitié des pots ou des boîtes au début, et lorsque les ensembles sont en place, ajoutez environ deux pouces supplémentaires de terre. Arrosez avec parcimonie, surtout au début. À mesure que la croissance des racines augmente, ajoutez plus de terre et donnez aux plantes une application occasionnelle de fumier liquide tiède. Évitez à tout moment la chaleur excessive, et si la récolte peut être finie progressivement dans une maison fraîche, tant mieux. En prenant le plus de terre possible avec la masse de racines fibreuses qui se seront formées pendant la période de germination. L'opération peut être accomplie au mieux en ne remplissant que la moitié des pots ou des boîtes au début, et lorsque les ensembles sont en place, ajoutez environ deux pouces supplémentaires de terre. Arrosez avec parcimonie, surtout au début. À mesure que la croissance des racines augmente, ajoutez plus de terre et donnez aux plantes une application occasionnelle de fumier liquide tiède. Évitez à tout moment la chaleur excessive, et si la récolte peut être finie progressivement dans une maison fraîche, tant mieux. en prenant le plus de terre possible avec la masse de racines fibreuses qui se seront formées pendant la période de germination. L'opération peut être accomplie au mieux en ne remplissant que la moitié des pots ou des boîtes au début, et lorsque les ensembles sont en place, ajoutez environ deux pouces supplémentaires de terre. Arrosez avec parcimonie, surtout au début. À mesure que la croissance des racines augmente, ajoutez plus de terre et donnez aux plantes une application occasionnelle de fumier liquide tiède. Évitez à tout moment la chaleur excessive, et si la récolte peut être finie progressivement dans une maison fraîche, tant mieux. À mesure que la croissance des racines augmente, ajoutez plus de terre et donnez aux plantes une application occasionnelle de fumier liquide tiède. Évitez à tout moment la chaleur excessive, et si la récolte peut être finie progressivement dans une maison fraîche, tant mieux. À mesure que la croissance des racines augmente, ajoutez plus de terre et donnez aux plantes une application occasionnelle de fumier liquide tiède. Évitez à tout moment la chaleur excessive, et si la récolte peut être finie progressivement dans une maison fraîche, tant mieux.

Là où un logement suffisant ne peut pas être trouvé pour forcer les pommes de terre dans des pots ou des boîtes, une excellente récolte peut être cultivée sur un lit chaud doux constitué de la manière habituelle, et recouvert à une profondeur d'au moins neuf pouces avec un compost de trois parties de lumière sol limoneux à une partie de moisissure des feuilles. Après avoir mis le cadre, gardez les lumières fermées pendant quelques jours. Mais une grande chaleur n'est pas souhaitée, et un forçage excessif à n'importe quel stade mènera au désastre. Les lits chauds partiellement épuisés qui ont été utilisés à d'autres fins répondront également admirablement. Préparez les ensembles de la manière déjà conseillée pour les pots et les boîtes, et plantez-les en perturbant le moins possible les racines fibreuses, à trois pouces de profondeur, en rangées à quinze pouces d'intervalle, en laissant douze pouces entre les tubercules dans la rangée. Chaque fois que le temps le permet, donnez un peu d'air aux plantes. Augmentez progressivement la quantité au fur et à mesure que la croissance se développe, mais fermez les cadres tôt dans l'après-midi et donnez-leur la protection des nattes la nuit si la température extérieure est basse. L'eau doit être donnée avec modération. Il doit toujours être à la même température que le cadre, et dès que les fanes commencent à jaunir, l'arrosage doit être interrompu. Peu de mise à la terre est nécessaire, mais lorsque le feuillage mesure environ neuf pouces de hauteur, l'ajout d'une petite quantité de terre chaude le long des rangées sera bénéfique.

Les pommes de terre précoces en extérieur sont produites de diverses manières et par des appareils très simples. La pomme de terre ne supportera pas la moindre touche de gel. C'est une plante subtropicale qui supportera une chaleur considérable si en même temps elle peut profiter de la lumière, de l'air et d'une humidité suffisante. À certains égards, il peut être comparé à la laitue, car s'il est bondé ou surchauffé, ou soumis à des vérifications soudaines, il se verrouille - en d'autres termes, il produit beaucoup de haut et pas de fond, tout comme les laitues traitées de la même manière produisent des tiges fleuries et pas de cœur . Nous vous proposerons ici une procédure très simple et pratique pour obtenir une belle récolte de pommes de terre au mois de juin. Ce système assez maîtrisé, des modifications interminables seront facilement effectués selon les circonstances et le jugement le suggère.

Commencez par sélectionner une variété précoce de la meilleure qualité. Vers la fin du mois de janvier, les ensembles sont emballés étroitement dans des boîtes peu profondes, d'une seule couche de profondeur, et celles-ci sont placées à la lumière du jour à l'abri du gel, mais ne sont en aucun cas soumises à la chaleur. Après avoir amorcé la croissance des ensembles en plein jour, procédez à la préparation du terrain. Celui-ci doit être léger, chaud, sec et plutôt riche sans être rangé. Si une longueur de mur est disponible et que la perplexité surgit concernant un sol convenable pour les pommes de terre primeurs, saisissez tout le limon sableux qui a été tourné hors des pots, et l'avez mélangé avec autant de moisissure des feuilles et de fumier assez pourri que possible. , déposez le mélange dans une crête au pied du mur. Comme les murs ne courent nulle part dans des longueurs telles qu'elles fournissent toutes les pommes de terre primitives qui sont voulues, sélectionner une parcelle de sol chaude et sèche au soleil, et y avoir répandu une généreuse allocation de fumier pourri et de toute substance fertilisante légère, telle que les résidus rouges et noirs de la combustion des haies coupées, du gazon et des mauvaises herbes, creusez ceci. Le sol étant prêt, il est aligné en crêtes nettes distantes de deux pieds, allant du nord au sud. Ces arêtes doivent être peu profondes, ne dépassant pas six pouces au-dessus du niveau général. Sur une crête sur quatre, semez des pois précoces qui ne risquent pas de croître de plus de deux pieds et demi à trois pieds de hauteur. Ceci étant fait en février, la terre est prête pour les pommes de terre la première semaine de mars. Plantez sur les fines étoffes posées à côté du mur en premier lieu, puis sur les crêtes, où il y a de la place pour trois rangées de pommes de terre entre toutes les deux rangées de pois. En cours de plantation, ou trois yeux forts suffisent amplement. Ceci peut facilement être accompli lorsque les ensembles sont placés à leur place dans un foret peu profond ouvert sur le dessus de la crête. Les ensembles peuvent être séparés d'un pied et avoir quatre pouces de terre fine sur eux. Piquez le sol avec une fourchette entre les rangs, le laissant assez rugueux, mais régulier et comme un travail. Les pois seront bientôt visibles et nécessiteront une attention particulière. Dessinez-y un peu de terre fine et piquez-les soigneusement avec de petites broussailles. Si des escargots et des limaces apparaissent, saupoudrer de chaux ou de suie, et dès que possible fournir des piquets de hauteur et de résistance suffisantes pour porter la récolte. Au moment où les pommes de terre commenceront à montrer leurs châles, les pois constitueront pour eux un abri efficace contre les vents d'est, et on verra que les gelées matinales, souvent si nuisibles aux pommes de terre au mois de mai, toucheront à peine une culture qui a l'avantage de ce genre de protection. Mais à cela seul, il n'est pas sage de faire confiance. Un gel sérieux qui noircit les châles retardera et diminuera la récolte de pommes de terre. Par conséquent, lorsque les sommets verts apparaissent, recouvrez-les légèrement de terre fine entre les rangées et, si nécessaire, répétez cette opération, en laissant toujours les feuilles voir la lumière du jour. Lors d'un gel violent, il sera conseillé de recouvrir le dessus de quelques centimètres de litière légèrement sèche de la même manière qu'un lit de radis est protégé. Il existe de nombreuses autres méthodes pour sauver les châles montants. Une planche sur le bord du côté est d'une rangée suffira à traverser un gel blanc ordinaire.

Les cultures cultivées sous les murs seront prêtes en premier, et celles des plates-bandes suivront. Les espaces entre les arbres d'un mur fruitier peuvent être plantés de pommes de terre, sans endommager les arbres. Ceux qui sont cultivés sur la face sud d'un bon mur seront prêts pour la table trois semaines avant les premières récoltes dans les quartiers ouverts. Mais les murs est et ouest peuvent être amenés à contribuer, et même les murs nord sont utiles, s'ils sont plantés une semaine plus tard et un peu plus profond. Dans tous les cas, les décors doivent être placés près du mur pour profiter de la chaleur, de la sécheresse et de l'abri que cela procure. Lorsque la récolte est soulevée, le sol spécialement préparé pour cela peut être emporté ou dispersé sur la frontière. Mais le volume sera si faible qu'il importera peu de savoir ce qu'il en adviendra. Cependant, dans un nouvel endroit avec un sol argileux, il peut être prudent de l'enlever,

La culture principale, en tant que source d'approvisionnement pendant neuf mois sur douze, mérite toute l'attention. Les pommes de terre sont cultivées avec avantage sur tant de sols divers, et dans des climats si improbables, que la plante semble, sur une simple considération, être totalement indifférente à son environnement. Mais il n'en est pas moins vrai que, pour une culture rentable de cette culture, certaines conditions sont absolument essentielles. Parmi ceux-ci, une situation ouverte et un sol bien drainé sont peut-être les plus importants. À cela pourrait s'ajouter une météo favorable, car une mauvaise saison contrarie tous les espoirs et tous les efforts. Ayant une situation ouverte et un sol bien drainé, il est préférable que le sol soit de nature profonde, friable et limoneuse; en d'autres termes, un bon sol moyen, adapté au labour profond, mais ni une argile décidée, de la craie ni du sable. Un terreau sableux fertile, Bien situé en ce qui concerne l'ensoleillement et le drainage, peut généralement être considéré comme un sol de pomme de terre de premier ordre, et d'excellentes cultures ont également été cultivées sur des sols minces recouvrant la craie et le calcaire. Encore une fois, les récoltes fines proviennent souvent de sols sableux pauvres, de tourbières et de mousse nouvellement brisées, ainsi que de terres argileuses qui ont subi un certain travail du sol pour former une croûte supérieure friable. Mais quand tout est dit, le fait demeure que le sol idéal pour la pomme de terre est un terreau profond et moelleux, et, à défaut, la préférence devrait être donnée aux sols calcaires et sableux plutôt qu'aux argiles ou aux sols rétentifs de toute nature. Et des tourbières et de la mousse nouvellement brisées, ainsi que des terres argileuses qui ont subi un certain travail du sol pour former une croûte supérieure friable. Mais quand tout est dit, le fait demeure que le sol idéal pour la pomme de terre est un terreau profond et moelleux, et, à défaut, la préférence devrait être donnée aux sols calcaires et sableux plutôt qu'aux argiles ou aux sols rétentifs de toute na-ture. et des tourbières et de la mousse nouvellement brisées, ainsi que des terres argileuses qui ont subi un certain travail du sol pour former une croûte supérieure friable. Mais quand tout est dit, le fait demeure que le sol idéal pour la pomme de terre est un terreau profond et moelleux, et, à défaut, la préférence devrait être donnée aux sols calcaires et sableux plutôt qu'aux argiles ou aux sols rétentifs de toute nature.

Les fumiers[...] Beaucoup de préjugés prévalent contre le fumage des terres pour les pommes de terre, et là où le sol est assez bon pour donner une récolte payante, il sera prudent de se passer de fumier et de s'habiller généreusement pour la prochaine récolte afin de remettre la terre dans un état raisonnable. Pourtant, bon nombre des cultivateurs les plus prospères pour le marché précoce ont pour habitude de fumier pour cette culture et, dans certains cas, le fumier est déposé dans les tranchées au moment de la plantation. D'une manière générale, les terres destinées aux pommes de terre doivent être creusées profondément et, si néces-saire, engrais à l'automne. Environ vingt à trente charrettes de fumier à moitié pourri par acre peuvent être creusées ou enfouies à une profondeur aussi grande que possible, conformément à la nature du sous-sol et des appareils dont on dis-pose. En brisant les pâturages avec la bêche, le creusement de tranchées bâtard s'avérera en règle générale avantageux. Le terrain est aligné sur des largeurs de deux pieds et la broche supérieure de la première pièce est enlevée jusqu'à la dernière pièce, qui sera souvent à portée de main par la règle de travailler une certaine distance vers le bas et inversement. La broche inférieure sera alors bien cassée, le fumier jeté et la broche supérieure de la pièce suivante sera tournée vers le bas dans le gazon, faisant un sandwich du fumier. Si cela est fait à l'automne, il y aura une croûte supérieure moelleuse produite par le printemps, et la meilleure façon de planter sera dans des tranchées, à moins que le terrain ne soit très léger, auquel cas le dibber peut être utilisé.

Comme les terres légères sont souvent vouées à profit à la culture de la pomme de terre, et plus particulièrement à la production de pommes de terre primeurs de première qualité pour les marchés, quelques mots sur leur gestion peuvent être utiles ici. Si sur le terrain clair il y a un choix d'aspects, choisissez bien sûr les parcelles qui sont inclinées vers le sud-ouest; les aspects dangereux sont au nord et à l'est. Le sol doit être labouré en automne et laissé rugueux, mais il n'est pas économique de fumier les terres légères en automne. Au moment de la plantation, les sillons doivent être coupés avec une charrue munie d'un double versoir et le fumier réparti uniformément le long d'eux avant la pose en ensembles. Un bon pansement par acre comprendra quinze charges de fumier de ferme et quatre quintaux artificiels, consistant en un cwt et demi. de guano, deux cwt. de super-phosphate de chaux, et un demi-cwt. de muriate de potasse. Lorsque les ensembles sont posés, couvrez-les en fendant les arêtes avec la charrue. Si elle est plantée au début du mois de mars, la récolte devrait s'arrêter à temps pour les navets, pour lesquels la terre sera de bon cœur, et les graines devraient être semées le plus rapidement possible après le défrichage des pommes de terre.

Préparation des sets.- Parmi les nombreux sujets qui s'ouvrent devant nous à ce stade, il y a la sélection et la préparation des décors. Pourquoi les petits tubercules sont-ils choisis dans un cas et plantés entiers? et pourquoi, dans un autre cas, les gros tubercules sont-ils choisis et divisés avant la plantation, pour en faire deux ou plusieurs séries de chacun? Parce qu'il y a un principe sur lequel repose une bonne pratique, et c'est celui-ci: le nombre de pousses partant d'un point de croissance doit être limité, car si elles deviennent encombrées, la récolte sera inférieure à ce que la terre est capable de produire. En gardant ce principe en vue, nous commençons à remarquer, en premier lieu, que des graines soigneusement sélectionnées de taille moyenne peuvent être plantées car elles proviennent du magasin sans aucune préparation, et avec une bonne perspective d'un résultat rentable. Mais certaines variétés produisent peu de tubercules de la grosseur des graines, et lorsqu'ils sont grands, ils doivent être divisés de manière à assurer au moins deux yeux dans chaque ensemble. En fait, les cultures rentables sont cultivées de la manière la plus simple; la graine n'est ni germée ni ébouriffée, et avec un sol bien fait et une saison favorable, le rendement est suffisant et toutes les revendications sont satisfaites. La culture de la pomme de terre nécessite beaucoup de travail, il est donc important de faire la distinction entre les tâches nécessaires et celles qui sont facultatives.

Mais où le temps et la force peuvent être trouvés pour la première classe la culture, il doit avoir la préférence sur les méthodes brutes et prêtes qui sont satisfaisantes à grande échelle. Les expositions de pommes de terre sont pour la plupart soutenues par des personnes qui peuvent trouver le temps de faire les choses avec plus de soin, et elles ont leur récompense dans leurs cultures ainsi que dans leurs prix, car ce que l'on peut appeler la culture d'exposition consiste simplement à cultiver le cultiver de la meilleure façon possible, et en plantant de nombreuses espèces là où, dans tous les autres cas, quelques-unes suffiraient. Ici, donc, sur le meilleur plan, nous commençons par les ensembles les plus soigneusement sélectionnés, pour assurer la vraie forme et la couleur typiques, et ce sont, environ six semaines avant le moment de la plantation, mis dans des boîtes ou des paniers peu profonds, une couche de profondeur, à germer en plein jour, mais tout à fait à l'abri du gel. Dans un premier temps, un certain nombre de pousses apparaissent et une grande partie est effacée. Le but du cultivateur est d'obtenir deux ou trois grosses pousses courtes de couleur verte ou violette; les longs fils blancs qui sont souvent produits dans le magasin étant considérés comme inutiles. Lorsque de grands ensembles sont employés, ils sont autorisés à faire trois ou quatre grosses pousses, et au moment de la plantation - pas avant - ces ensembles sont coupés de manière à ne laisser à chaque gros morceau qu'un ou deux bons germes ou sprits. Quant aux petits ensembles qui ne doivent pas être divisés, il est courant de couper un petit morceau de chacun d'eux au moment de la plantation pour faciliter la pourriture du tubercule quand il a accompli son travail, pour avoir nourri la première pousse. Plus tôt il disparaît, mieux c'est. Ainsi, avec un peu de peine supplémentaire, des tubercules sains ont été préparés pour la plantation, et les principales raisons de prendre ce problème supplémentaire sont sans aucun doute tout à fait évidentes. La meilleure semence possible est recherchée et le sol le plus approprié; ces deux éléments formant le premier chapitre. En germant, on gagne du temps de semence, ce qui équivaut à un allongement de la saison. En limitant le nombre de pousses, on évite un excès de feuillage. Là où les pousses sont encombrées, les tubercules ne seront pas encombrés, quelques châles forts avec toutes leurs feuilles exposées à l'air et à la lumière étant capables de produire de meilleurs résultats qu'un grand nombre se disputant l'air et la lumière qui leur sont insuffisants. Et enfin, en coupant les ensembles, que ce soit pour les diviser, ou simplement pour hâter leur décomposition, nous nous assurons qu'ils ne réapparaîtront pas avec la jeune récolte comme des choses inutiles et laides. ce qui équivaut à un allongement de la saison. En limitant le nombre de pousses, on évite un excès de feuillage. Là où les pousses sont encombrées, les tubercules ne seront pas encombrés, quelques châles forts avec toutes leurs feuilles exposées à l'air et à la lumière étant capables de produire de meilleurs résultats qu'un grand nombre se disputant l'air et la lumière qui leur sont tous insuffisants. Et enfin, en coupant les ensembles, que ce soit pour les diviser, ou simplement pour hâter leur décomposition, nous nous assurons qu'ils ne réapparaîtront pas avec la jeune récolte comme des choses inutiles et laides. ce qui équivaut à un allongement de la saison. En limitant le nombre de pousses, on évite un excès de feuillage. Là où les pousses sont encombrées, les tubercules ne seront pas encombrés, quelques châles forts avec toutes leurs feuilles exposées à l'air et à la lumière étant capables de produire de meilleurs résultats qu'un grand nombre se disputant l'air et la lumière qui leur sont insuffisants. Et enfin, en coupant les ensembles, que ce soit pour les diviser, ou simplement pour hâter leur décomposition, nous nous assurons qu'ils ne réapparaîtront pas avec la jeune récolte comme des choses inutiles et laides. Quelques châles forts avec toutes leurs feuilles exposées à l'air et à la lumière étant capables de produire de meilleurs résultats qu'un grand nombre se disputant l'air et la lumière qui leur sont tous insuffisants. Et enfin, en coupant les ensembles, que ce soit pour les diviser, ou simplement pour hâter leur décomposition, nous nous assurons qu'ils ne réapparaîtront pas avec la jeune récolte comme des choses inutiles et laides. Quelques châles forts avec toutes leurs feuilles exposées à l'air et à la lumière étant capables de produire de meilleurs résultats qu'un grand nombre se disputant l'air et la lumière qui leur sont tous insuffisants. Et enfin, en coupant les ensembles, que ce soit pour les diviser, ou simplement pour hâter leur décomposition, nous nous assurons qu'ils ne réapparaîtront pas avec la jeune récolte comme des choses inutiles et laides.

Distances pour la plantation . - La distance à laquelle les ensembles sont plantés est importante, car une culture trop encombrée sera de peu de valeur. Mais le terrain doit être correctement rempli. En ne gaspillant qu'un petit espace dans chaque largeur, ou dans les espaces entre les ensembles, la récolte totale sera inférieure de plusieurs boisseaux à la quantité possible. Le principe directeur doit être de laisser à chaque plante suffisamment d'espace pour répandre et absorber l'air et le soleil, selon le caractère de l'espèce et l'état du sol. Une proportion considérable des pertes dues à la maladie peut être imputée à la surpopulation en premier lieu; les fanes emmêlées étant affaiblies par manque d'air, puis chargées d'eau et au contact du sol humide, la maladie a fait des ravages là où, si la gestion avait été fondée sur des principes solides, il aurait pu y avoir une croissance vigoureuse et saine. En cas de doute, il est plus sûr de laisser trop d'espace plutôt que trop peu, et à cet égard, les producteurs de l'exposition sont très libéraux. Ils placent souvent les rangées de variétés à croissance forte distantes de quatre pieds ou plus et laissent un espace de trois pieds et demi pour les cultivateurs plus modérés. Même alors, avec une bonne terre, en très bon état de préparation, les châles se rencontrent parfois à travers les rangées, et d'énormes récoltes sont soulevées. Pour une règle très complète, on peut dire que la distance entre les rangées peut varier de quinze pouces pour les premières sortes de croissance naine, à quarante pouces pour les espèces tardives à croissance vigoureuse. Entre ces mesures, pour les variétés produisant des fanes moyennes, une distance de vingt-six à trente-six pouces peut être admise sur un bon terrain. La distance entre les ensembles doit de la même manière être déterminée par la croissance, et va de neuf pouces pour les récoltes à creuser tôt, à seize ou vingt pouces pour les espèces robustes. Les pommes de terre moyennes de culture principale se portent généralement bien à douze pouces de distance. Cependant, cela dépend beaucoup de la saison, car lorsqu'un grand espace est autorisé et que la saison se révèle chaude et pluvieuse, il y aura plus de gros tubercules que le cultivateur n'en prendra soin; alors que, si elle était plantée un peu plus près, la récolte serait plus petite et plus uniforme en taille. Une fois plantés, le dessus des tubercules doit être à environ quatre pouces sous la surface.

Moment de la plantation. - Dans des conditions favorables, il est possible de planter sur une bordure chaude et sèche dès la mi-février dans des quartiers très abrités, mais un approvisionnement en matériel de protection doit être immédiatement disponible en cas d'intempéries. En règle générale, cependant, l'ouverture du mois de mars est assez tôt pour planter les premières cultures à l'extérieur, toujours à condition que le sol soit léger et que la situation soit chaude, mais lorsque ces conditions n'existent pas, il sera plus sûr d'attendre jusqu'au milieu de le mois. Les cultures principales peuvent être introduites à la fin du mois de mars et au cours du mois d'avril, selon la localité et le caractère du sol. Dans tous les cas, il vaut mieux différer l'opération d'une semaine environ que de planter dans un sol lourd et humide qui se consolide rapidement, le rendant imperméable à l'air et impropre à la pénétration des racines. D'excellentes récoltes peuvent également être obtenues en plantant en juillet, préférence pour les variétés précoces à croissance rapide. Seuls les vieux tubercules doivent être utilisés et ceux-ci doivent être soigneusement stockés jusqu'à ce qu'ils soient nécessaires à la plantation.

Méthode de plantation. - Sur des sols légers, dans un état suffisamment sec, le dibber ou le bâton de plantation peut être utilisé, mais sur un sol lourd il n'est pas satisfaisant. Une bonne méthode de plantation pour toutes les classes de sol est de tirer un foret en forme de V de la profondeur requise, de placer les ensembles en position et de retourner légèrement la terre. Un autre plan qui est largement adopté est d'insérer les ensembles dans les tranchées tel que réalisé lors de l'opération de creusement du sol au printemps, une ligne de jardin étant utilisée pour obtenir l'alignement précis des rangées.

Culture générale.- Dès que les châles apparaissent, le sol doit être hissé entre les rangées, et s'il y a une peur du gel, les châles doivent être légèrement moulés. Au fur et à mesure que la croissance avance, la récolte doit être mise en terre, en prenant soin de ne pas trop en terre, car, prenant six pouces comme meilleure profondeur moyenne, la récolte sera diminuée par une augmentation au-delà de cette profondeur. Une raison urgente pour un travail précoce entre les rangs est qu'une récolte prospère y mettra bientôt un terme. Au moment où il devient probable que les châles seront meurtris par le trafic entre les rangées, ils doivent être laissés pour terminer leur cours à leur manière, car la formation des tubercules ci-dessous sera dans le rapport de la croissance saine au-dessus du sol. On peut dire que la pomme de terre est fabriquée à partir du soleil et des sels alcalins. Les feuilles vertes constituent la machinerie de la fabrication,

Changement de terrain et de semences.—Comme toutes les autres cultures, la pomme de terre a besoin le plus souvent possible d'un sol frais et d'un renouvellement de semences provenant d'une source éloignée. La nécessité d'un changement de sol est mise en évidence par une analyse de la racine, qui contient de grandes proportions de potasse, de phosphore et de soufre, avec de plus petites proportions de magnésie et de chaux, sans lesquelles la plante ne peut prospérer. On peut dire qu'une succession de fortes récoltes de pommes de terre sur la même terre prélève du sol sa potasse et ses phosphates disponibles, et cette culture ne prendra pas, comme certaines autres, de la soude au lieu de la potasse lorsque le dernier alcali nommé sera à court. Voici donc une raison chimique du changement de sol. Une autre raison se trouve dans l'histoire des espèces de champignons qui s'attaquent à la pomme de terre lorsque sa croissance est freinée par de fortes pluies et une température basse. Ceux-ci laissent leurs spores dans le sol, Détruisez la récolte suivante. Ils sont impuissants à attaquer toute autre culture; donc une rotation adaptée leur donne le temps de s'éteindre et de laisser la terre propre en ce qui concerne le *Phytophthora* et d'autres parasites qui détruisent les cultures de pommes de terre. La nécessité d'un changement occasionnel de semences repose sur une expérience ancienne et ne devrait guère avoir besoin d'être appliquée. Un mot peut être dit ici à titre d'explication, et c'est celui-ci: la maison semencière qui vise à mettre un bon article sur le marché adopte des mesures qui, dans l'ensemble, diffèrent de celles suivies par la majorité des personnes qui n'ont pas été formées à l'entreprise. . C'est une expérience courante de constater que ceux qui conservent leurs propres semences d'année en année ont en conséquence une souche en constante diminution, de sorte que chaque année la croissance est plus faible, moins vraie et moins rentable. C'est le cas tout au long, mais c'est particulièrement le cas avec les pommes de terre. Nous ne disons pas que tous ceux qui conservent leurs propres semences agissent de manière imprudente, car certains sont les plus experts dans le domaine. Mais nous disons que la sauvegarde des semences ne s'apprend pas en un jour, et beaucoup de ceux qui pensent économiser des shillings lorsqu'ils conservent des graines perdent en fait des kilos en s'encombrant d'un mauvais article. L'art de «roguer» - l'élimination des plantes dont le type est faux - n'est qu'une partie du processus de conservation des semences. Il y a le stockage approprié, les opérations de sélection et de tri, auxquelles les yeux et les mains doivent être entraînés, et il ne doit y avoir aucun scrupule au sacrifice d'échantillons faux, immatures ou malades. Le but que nous avons en vue est de conseiller au producteur de pommes de terre d'être sûr de sa semence, et lorsqu'un doute surgit quant à la pureté et la salubrité de l'échantillon à la commande, on peut se rappeler que le marchand de semences pratique des méthodes de purgation pour assurer des stocks parfaitement vrais, tandis qu'en poussant dans de nombreux districts différents et sur des sols divers, il peut fournir un changement admirable de semence pour toute description de la terre.

La maladie de la pomme de terre. - La culture de la pomme de terre ne peut être écartée sans allusion au champignon destructeur qui n'est jamais absent pendant les saisons sèches et, pendant les étés humides, accomplit son travail mortel à grande échelle. Les scientifiques nous ont fait connaître l'histoire du champignon de la pomme de terre, et cela peut éventuellement aboutir à un remède aussi efficace que celui qui a renouvelé les vignobles de France. Un tel remède pour le murrain de pomme de terre n'a pas encore été découvert. En attendant, nous devons continuer à résister à l'ennemi avec la charrue, la bêche, l'outil de drainage, et surtout avec une sélection judicieuse de sortes. C'est un fait reconnu que de nombreuses pommes de terre cultivées depuis longtemps semblent avoir perdu leur vigueur et sont susceptibles de succomber à la maladie; mais plusieurs sortes qui ont été soulevées à partir de graines ces dernières années possèdent une constitution qui défie presque les assauts virulents du *Phytophthora infestans*. Depuis l'introduction de la pomme de terre Magnum Bonum de Sutton, il y a une disposition à croire aux «pommes de terre à l'épreuve des maladies». Il n'y a absolument rien de tel, et peut-être n'y en aurait-il jamais, pas plus qu'il n'y a de blé, de chien, de cheval ou d'homme à l'épreuve des maladies. Mais certaines variétés de pommes de terre sont connues pour être plus sensibles aux ravages de la maladie que d'autres, et l'un de nos objectifs est d'obtenir des semis qui combinent les plus hautes qualités de culture et de table avec le moins de tendance à succomber dans les saisons lorsque les conditions favorisent la propagation du champignon. Les scientifiques n'ont pas encore expliqué pourquoi les variétés diffèrent à cet égard, mais les hommes pratiques ont découvert que la vigueur initiale de la croissance est la principale défense contre la peste, et que la culture d'une bonne pomme de terre ne coûte pas plus que la culture d'une mauvaise variété. , le cultivateur doit accorder ses soins au mieux qu'il peut obtenir. Un petit surcoût pour les semences dans un premier temps n'est rien contre les chances de succès multipliées qu'une bonne variété comporte. Pour résumer ce sujet, nous disons donc que la maladie peut être évitée dans les premières récoltes en cultivant des espèces qui peuvent être levées avant l'apparition générale de la peste; et sur les sols qui ne produiront pas une récolte précoce, seules les variétés de ce type devraient être cultivées pour les cultures principales, car il a été prouvé qu'elles sont les plus capables de rester indemnes jusqu'à la fin de la saison. Qu'il y ait un lit sec et chaud, une nourriture suffisante, une exposition maximale aux pouvoirs vitaux de la lumière et des conditions favorables à une maturation précoce. Un petit surcoût pour les semences dans un premier temps n'est rien contre les chances de succès multipliées qu'une bonne variété comporte. Pour résumer ce sujet, nous disons donc que la maladie peut être évitée dans les premières récoltes en cultivant des espèces qui peuvent être levées avant l'apparition générale de la peste; et sur les sols qui ne produiront pas une récolte précoce, seules les variétés de ce type devraient être cultivées pour les cultures principales, car il a été prouvé qu'elles sont les plus capables de rester indemnes jusqu'à la fin de la saison. Qu'il y ait un lit sec et chaud, une nourriture suffisante, une exposition maximale aux pouvoirs vitaux de la lumière et des conditions favorables à une maturation précoce. Un petit surcoût pour les semences dans un premier temps n'est rien contre les chances de succès multipliées qu'une bonne variété comporte. Pour résumer ce sujet, nous disons donc que la maladie peut être évitée dans les premières récoltes en cultivant des espèces qui peuvent être levées avant l'apparition générale de la peste; et sur les sols qui ne produiront pas une récolte précoce, seules les variétés de ce type devraient être cultivées pour les cultures principales, car il a été prouvé qu'elles sont les plus capables de rester indemnes jusqu'à la fin de la saison. Qu'il y ait un lit sec et chaud, une nourriture suffisante, une exposition maximale aux pouvoirs vitaux de la lumière et des conditions favorables à une maturation précoce. et sur les sols qui ne produiront pas une récolte précoce, seules les variétés de ce type devraient être cultivées pour les cultures principales, car il a été prouvé qu'elles sont les plus capables de rester indemnes jusqu'à la fin de la saison. Qu'il y ait un lit sec et chaud, une nourriture suffisante, une exposition maximale aux pouvoirs vitaux de la lumière et des conditions favorables à une maturation précoce. et sur les sols qui ne produiront pas une récolte précoce, seules les variétés de ce type devraient être cultivées pour les cultures principales, car il a été prouvé qu'elles sont les plus capables de rester indemnes jusqu'à la fin de la saison. Qu'il y ait un lit sec et chaud, une nourriture suffisante, une exposition maximale aux pouvoirs vitaux de la lumière et des conditions favorables à une maturation précoce.

La maladie des verrues (gale noire) des pommes de terre (*Synchytrium endobioticum* , Percival) est traitée dans le chapitre sur «Les champignons nuisibles de certaines plantes de jardin».

PUMPKIN - *voir* **GOURD** ,

UN RADIS

Raphanus sativus

Le radis est souvent mal cultivé parce qu'il est semé trop épais, ou sur un sol bosselé, ou dans des endroits peu propices à une végétation rapide. Les radis cultivés lentement deviennent durs, piquants et sans valeur. D'un autre côté, celles qui poussent rapidement sur un sol riche et moelleux sont d'apparence attrayante, de saveur délicate et aussi digestes que n'importe quelle salade d'usage courant. Il doit être compris que la précocité est de la toute première importance, et que les grands radis ne sont jamais voulus. Pour assurer une croissance rapide et un bel échantillon, le sol doit non seulement être bon, mais finement concassé.

Encadrez la culture. -Pour les premières cultures, il est conseillé de faire un lit semi-chaud, en enlevant une partie de la surface du sol, et en déposant environ deux pieds de profondeur de fumier stable à moitié pourri, sur lequel étalé quatre pouces de terre fine, puis couvrir avec des cadres. Semez la graine finement et allumez les lumières. Lorsque les plantes apparaissent, donnez de l'air à chaque occasion pour garder la croissance naine, et couvrez-vous de nattes pendant le gel, en prenant toujours soin de découvrir le plus souvent possible pour donner de la lumière, car si les sommets sont tirés, les racines n'auront guère d'importance. Là où les plantes sont bondées, éclaircissez-les, en laissant à chaque plante juste assez de place pour étendre son sommet sans chevaucher sa voisine. Les semis ainsi réalisés en décembre, janvier et février fourniront une abondance de beaux radis au début du printemps, lorsqu'ils sont très appréciés.

Culture en plein air.—La deuxième récolte (qui dans de nombreux jardins sera la première) peut être semée sur des bordures chaudes et sèches en février. Quelques jours après le semis, ramassez une quantité de litière sèche et déposez-la dans un hangar prêt à l'emploi. Il arrive souvent que nous ayons un temps chaud et lumineux en février, et que les radis démarrent rapidement et progressent bien, puis peuvent venir un gel sévère, lorsque la litière doit être étalée le plus légèrement possible, trois ou quatre pouces d'épaisseur. Ces semis en pleine terre supportent bien le froid, mais ils ne doivent pas être congelés et, par conséquent, des lits semi-chauds peuvent être utilisés. Si le temps et les matériaux semblent excessifs à cette fin, il ne faut pas oublier qu'il s'agit d'un moyen capital de se préparer à la prochaine récolte, quelle qu'elle soit, et c'est une méthode particulièrement bonne pour préparer les pois qui doivent être semés dans le mois d'avril, à ce moment-là, les radis semés le plus tôt seront décollés du sol. Les semis successifs doivent être effectués de mars à septembre dans l'endroit le plus frais que l'on puisse trouver pour eux, et la pratique habituelle des lits de quatre pieds répondra très bien. Dans de nombreux jardins, des approvisionnements suffisants en radis sont obtenus en semant dans les allées entre les lits de semence, mais il faut veiller à ce que ce plan n'interfère pas avec le bon travail de binage, de désherbage, d'éclaircissage, etc. Lorsque la graine est semée sur des sols légers, un raffermissement modéré avec le dos de la bêche peut être souhaitable, mais en général, il suffit de recouvrir légèrement la graine et de la laisser ainsi. Éclaircir la récolte tôt est cependant d'une grande importance, peu importe comment Les semis successifs doivent être effectués de mars à septembre dans l'endroit le plus frais que l'on puisse trouver pour eux, et la pratique habituelle des lits de quatre pieds répondra très bien. Dans de nombreux jardins, des approvisionnements suffisants en radis sont obtenus en semant dans les allées entre les lits de semence, mais il faut veiller à ce que ce plan n'interfère pas avec le bon travail de binage, de désherbage, d'éclaircissage, etc. Lorsque la graine est semée sur des sols légers, un raffermissement modéré avec le dos de la bêche peut être souhaitable, mais en général, il suffit de recouvrir légèrement la graine et de la laisser ainsi. Éclaircir la récolte tôt est cependant d'une grande importance, peu importe comment Les semis successifs doivent être effectués de mars à septembre dans l'endroit le plus frais que l'on puisse trouver pour eux, et la pratique habituelle des lits de quatre pieds répondra très bien. Dans de nombreux jardins, des approvisionnements suffisants en radis sont obtenus en semant dans les allées entre les lits de semence, mais il faut veiller à ce que ce plan n'interfère pas avec le bon travail de binage, de désherbage, d'éclaircissage, etc. Lorsque la graine est semée sur des sols légers, un raffermissement modéré avec le dos de la bêche peut être souhaitable, mais en général, il suffit de recouvrir légèrement la graine et de la laisser ainsi. Éclaircir la récolte tôt est cependant d'une grande importance, peu importe comment mais il faut veiller à ce que ce plan n'interfère pas avec le bon travail de binage, de désherbage, d'éclaircie, etc. Lorsque la graine est semée sur des sols légers, un raffermissement modéré avec le dos de la bêche peut être souhaitable, mais en général, il suffit de recouvrir légèrement la graine et de la laisser ainsi. Éclaircir la récolte tôt est cependant d'une grande importance, peu importe comment mais il faut veiller à ce que ce plan n'interfère pas avec le bon travail de binage, de désherbage, d'éclaircie, etc. Lorsque la graine est semée sur des sols légers, un raffermissement modéré avec le dos de la bêche peut être souhaitable, mais en général, il suffit de recouvrir légèrement la graine et de la laisser ainsi. Éclaircir la récolte tôt est cependant d'une grande importance, peu importe comment le processus peut sembler inutile, car partout où les plantes sont surpeuplées, elles produiront de grandes cimes inutiles et de petites racines sans valeur, et se révéleront tout à fait non rentables. Pour les semis les plus précoces, nous avons le choix de plusieurs sortes, rondes, ovales et longues; mais les radis longs ne sont pas bien adaptés aux semis tardifs, tandis que les espèces rondes et ovales se tiennent assez bien par temps chaud, si sur un bon sol dans une situation fraîche, avec l'aide d'un peu d'ombre. Au fur et à mesure que l'année avance, nous revenons à la pratique recommandée pour les premières cultures.

Radis d'hiver . - Ces variétés à grande croissance sont très prisées par ceux qui les utilisent en hiver dans la préparation de salades. Les graines peuvent être semées à l'air libre de juin à août, dans des semoirs espacés de neuf pouces, et les plantes éclaircies à six pouces dans les rangées. Les racines peuvent être laissées dans le sol et creusées au besoin, ou reprises et stockées dans le sable. Ces radis peuvent également être cuits de la même manière que les navets et constituent un excellent plat.

RHUBARBE

Rheum hybridum

RHUBARB est tellement apprécié que nous n'avons pas besoin de le recommander. Il existe des espèces remarquablement fines en culture, adaptées aux travaux précoces, aux cultures principales et aux utilisations tardives.

Bien que plante accommodante, la rhubarbe nécessite pour une production rentable un sol riche et profond, bien travaillé, et fortement habillé de fumier pourri, et une situation éloignée des arbres, mais dans une certaine mesure à l'abri. On observera que les marchés sont approvisionnés à partir de sols alluviaux abrités, très cultivés, et maintenus en bon état grâce à une fumure abondante. D'autre part, les espèces plus grossières feront une croissance libre et précoce sur une argile humide, si elles sont à l'abri des vents d'est qui endommagent si souvent la végétation du début du printemps. Le moyen le plus court d'établir une plantation est d'acheter des racines sélectionnées de variétés nommées de première classe et de les planter sur une longue rangée, espacées de trois à quatre pieds, ou dans un lit ou un compartiment à quatre pieds de distance dans chaque sens. Les types plus petits feront très bien à deux pieds et demi dans chaque sens, mais pour les espèces à grande croissance, ce serait très proche. Plantez avec le bourgeon supérieur de deux pouces de profondeur, marchez moyennement ferme, puis piquez légèrement le sol et laissez-le. La rhubarbe peut être plantée à tout moment au printemps ou en automne, mais deux le ressort est préférable. Dans tous les cas où une culture spéciale est déterminée, on constatera que le fumier osseux a un effet merveilleux sur la croissance de la rhubarbe.

Il ne suffit pas de dire que la plantation doit être maintenue exempte de mauvaises herbes, mais la plante doit être autorisée à faire pousser une saison entière avant de tirer une seule tige. Et le tirage dans la deuxième saison, et chaque saison par la suite, doit être modéré et prudent, car chaque feuille enlevée affaiblit la plante, et il faut lui laisser le temps de reprendre des forces pour la saison suivante. Certaines personnes ne savent pas quand cesser de tirer de la rhubarbe, mais semblent ne pas vouloir cesser tant qu'il n'y en a pas à tirer; et il est dommage que cela se produise, d'autant plus qu'après les approvisionnements délicats du début du printemps, la rhubarbe est une chose relativement pauvre, et ruiner une plantation pour obtenir des tiges pour le vin est une grande folie. Pour la vinification, une plantation spéciale doit être faite, à partir de laquelle pas un bâton ne doit être pris pour une utilisation sur la table.

La rhubarbe est facilement forcée dans n'importe quel endroit où la chaleur est modérée, et il suffit de tasser les racines dans des boîtes avec de la mousse ou de la terre légère, ou même de la litière rugueuse. Les racines s'enfonceront dans n'importe quel matériau humide et trouveront suffisamment de nourriture. Si elle est entièrement exposée à la lumière, la rhubarbe forcée a une couleur pleine; mais la qualité est meilleure, et la couleur tout à fait suffisante, si elle est forcée dans l'obscurité; par conséquent, lorsqu'il est mis sous la scène dans une serre, ou tout autre endroit où il y a une bonne part de lumière du jour, il est bon de mettre une boîte ou un tonneau vide pour favoriser un certain degré de blanchiment.

Lors de la culture de la rhubarbe à partir de semis au printemps dans un sol léger, les jeunes plantes doivent avoir une culture en cadre jusqu'à ce qu'elles soient suffisamment fortes pour être plantées. Si un grand nombre est cultivé, ils devraient tous être conservés dans des pots jusqu'à la fin de la saison, puis les plantes d'apparence commune et peu prometteuses devraient être détruites, en réservant les autres pour la plantation au printemps suivant. Un nouveau type de rhubarbe, qui est facilement élevé à partir de graines, restera continuellement en production s'il est mis sur un bon sol et protégé par des conditions hivernales rigoureuses. Les graines de cette souche doivent être semées en mars ou avril,

172

dans des pots ou des boîtes placées dans un châssis froid. Plantez les semis en mai et ceux-ci donneront généralement des bâtons à l'automne. Les graines peuvent également être semées en pleine terre au printemps.

SALADES

Bien que l'art de faire des salades soit dans une certaine mesure compris dans ce pays, il faut admettre que beaucoup reste à apprendre des maîtres de la cuisine continentale, qui utilisent plus de plantes que ce qui est couramment utilisé de ce côté de la Manche, et qui donnent à leurs salades une variété infinie d'arômes. Ici, cependant, nous ne nous intéressons qu'aux plantes qui sont, ou devraient être, en réquisition pour le Salad-salad à différentes saisons de l'année. Mais il ne sera pas inutile de faire allusion au fait, admis par des médecins de haute réputation, que l'appétit pour les légumes frais, croquants et non cuits est une envie vraiment saine, et que l'indulgence gratuite dans les salades est un moyen de nourrir le corps humain. Avec des éléments importants de la vie végétale. Lors de la cuisson, certains minéraux, tels que les sels de potasse, sont extraits des légumes,

Notre objectif actuel est d'offrir un rappel des plantes qui doivent être cultivées afin de fournir une telle variété de salades qui répondra assez bien aux exigences d'une table généreuse pendant les saisons changeantes de l'année. La culture de tous les sujets suivants sera trouvée sous leurs titres appropriés.

Betterave. —Pour sa saveur distincte et sa couleur splendide, la betterave est très appréciée en tant que composant des salades. Comme les racines sont facilement stockées, elles sont disponibles pendant plusieurs mois après la fin de la saison de croissance.

Le céleri - rave est très utilisé dans les salades françaises, et il est maintenant apprécié dans ce pays. Les racines ou bulbes sont coupés, lavés et cuits de la même manière que la betterave.

Céleri. - Cette délicieuse salade est si généralisée qu'aucun commentaire sur ses vertus n'est nécessaire.

Cerfeuil. —Le frisé est beaucoup plus beau que la variété commune, et est disponible pour la garniture ainsi que pour les salades.

Chicorée. - La chicorée commune (*Barbe de Capucin*) et la variété bruxelloise (*Witloof*) ont atteint une grande popularité. Les deux sont agréables et sains, et un approvisionnement doit être maintenu d'octobre à mai.

La ciboulette est acceptée à des moments où la saveur plus forte de l'oignon est inadmissible.

Salade de maïs. —Les feuilles doivent être récoltées séparément de la même manière qu'elles sont récoltées sur les épinards.

Cress devrait être prêt en permanence presque ou entièrement tout au long de l'année.

Concombre. - Tout le monde apprécie la valeur de ce fruit, qui surprend presque par sa fraîcheur croquante.

Pissenlit. —Les formes cultivées de cette plante familière sont de plus en plus cultivées pour être utilisées dans le saladier.

L'endive a une saveur distincte qui est très appréciée; et en hiver, la plante occupe la place importante que remplit la laitue en été et en automne.

Salade. —Toutes les variétés de chou sont très demandées pour les salades, car elles assimilent facilement la vinaigrette. Mais pour une délicieuse croustillance, les variétés Cos ne peuvent manquer de maintenir leur position de popularité assurée.

La moutarde n'a qu'à être nommée. Comme Cress, il est en demande continue.

Capucine. - Quelques fleurs peuvent toujours être employées pour garnir une salade, car ce sont de véritables plantes à salade et peuvent être mangées en toute sécurité par ceux qui choisissent de les manger.

L'oignon donne la vie à chaque salade qui le contient; mais pour le bien des gens modestes qui ne manquent pas d'apprécier l'avantage de sa présence, bien qu'ils se font un scrupule d'avouer leur amour, il doit y avoir de la discrétion dans la détermination de la proportion.

Purslane. —Les feuilles et les pousses sont utilisées pour les salades, et les premières doivent être cueillies lorsqu'elles sont assez jeunes.

Le radis trouve sa place sur les tables des plus cossus et des plus humbles des propriétaires de chalets.

Rampion. - Les racines charnues sont employées dans les salades à l'état naturel, et aussi lorsqu'elles sont cuites.

Le salsifis est communément appelé «huître végétale» et est un excellent composant d'une salade. Les racines peuvent également être autorisées à produire des feuilles dans l'obscurité pour fournir du matériel blanchi.

Échalote. —Un substitut délicat à l'oignon.

L'oseille possède une saveur piquante qui peut être utilisée par les habiles avec des résultats très agréables.

La tomate s'est frayée un chemin vers la popularité dans ce pays et occupe maintenant une position dominante.

Cresson. -Lorsque les tasses tendres peuvent être mangées, elles sont rarement autorisées à être absentes des salades de première classe.

SALSIFIS

Tragopogon porrifolius

Le salsifis peut être semé de fin mars à mai, mais deux semis suffiront dans la plupart des cas. Percez la graine en rangées espacées de quinze pouces et d'un pouce de profondeur. Amincissez de temps en temps jusqu'à ce que les plantes se tiennent à neuf, dix ou, dans un cas extrême, douze pouces l'une de l'autre. Dans un sol ordinaire, neuf pouces suffiront. Hachez fréquemment, mais n'utilisez pas de fourche ou de pelle à proximité de la culture, car le relâchement du sol entraînera la ramification des racines.

Un sol sablonneux profond avec une couche de fumier placée au fond de la tranchée produira de fines racines de salsifis. Mais il ne devrait pas y avoir de fumier récent à moins de quinze pouces de la surface, sinon les racines seront fourchues et laides. Dans un sol qui produit naturellement de belles racines, la préparation peut consister uniquement en un bon creusage, mais en général, la routine la plus libérale donnera un meilleur résultat.

En novembre, creusez une partie de la récolte et stockez-la dans le sable, et enlevez d'autres fournitures au besoin. Certaines racines peuvent être laissées pour fournir des blettes au printemps. Ce sont les pousses fleuries qui s'élèvent vertes et tendres, et doivent être coupées lorsqu'elles ne dépassent pas cinq ou six pouces de long. Ils sont habillés et servis de la même manière que les asperges.

Le salsifis est une racine de haute qualité dont la culture est généralement considérée comme un test des compétences d'un jardinier. Peut-être que le post-dressing et le service de Salsify peuvent être un test de l'habileté du cuisinier, mais sur ce point, nous n'insisterons pas. C'est une racine moins gênante que la Scorzonera, et supérieure en beauté et en saveur - en fait, elle est souvent habillée et servie comme «huître végétale», ayant un peu la saveur du bivalve préféré.

Les racines de salsifis doivent être préparées pour être utilisées en les grattant, puis en les trempant dans de l'eau contenant un peu de jus de citron ou de vinaigre. Ils sont bouillis jusqu'à tendreté et servis avec une sauce blanche. Pour les préparer comme `` l'huître végétale '', les racines sont d'abord bouillies et refroidies, puis coupées en tranches et rapidement frites dans du beurre jusqu'à un brun doré clair, saupoudrées de sel et de poivre blanc pendant la cuisson. Servir avec du persil croustillant et une sauce à base de beurre, de farine et de liqueur d'huîtres en conserve ou fraîches.

SAVOY – voir pages précédentes

SCORZONERA

Scorzonera hispanica

La scorzonera n'est pas beaucoup cultivée dans ce pays, mais comme elle est prisée sur le continent, elle pourrait être introduite dans de nombreuses tables anglaises avec avantage. Le point principal de la culture est d'obtenir de grosses racines propres, car les échantillons cultivés avec insouciance seront petits, fourchus et fibreux. Tranchez un morceau de terre et mélangez une bonne vinaigrette de fumier à moitié pourri avec la broche du bas, en veillant à ce qu'il n'y en ait pas dans la broche du haut. Faites un joli lit de semence et semez au mois de mars dans des semoirs peu profonds espacés de quinze pouces, et à mesure que les plantes avancent, éclaircissez-les jusqu'à ce qu'elles se tiennent à un pied de distance dans le semoir. Gardez la récolte propre et elle pourra être utilisée en septembre. Soulevez comme vous le souhaitez de la même manière que les panais. Les graines peuvent également être semées en avril et mai.

Pour cuire les racines, il faut d'abord les ébouillanter, puis les gratter et les jeter dans de l'eau contenant quelques gouttes de jus de citron. Laissez-les rester une demi-heure; faire bouillir dans de l'eau salée de la même manière que les carottes jusqu'à ce qu'elles soient bien tendres et servir avec une sauce blanche. Si on les laisse refroidir, ils peuvent être tranchés et frits dans du beurre pour faire un bon plat d'accompagnement.

KALE DE MER

Crambe maritima

De nombreuses personnes préfèrent le chou de mer aux asperges, mais les deux diffèrent tellement par leur saveur et leur caractère général qu'aucune comparaison entre eux n'est possible. Sur deux points, cependant, l'avantage revient certainement à Sea Kale. Il peut être cultivé plus facilement et, considéré uniquement comme un aliment, c'est la culture la plus rentable. Cette comparaison a donc une portée pratique. En formant un nouveau jardin, et dans les cas où il n'est peut-être pas possible de cultiver ces deux esculents de manière satisfaisante, Sea Kale devrait avoir l'attention en premier, car une chose qui ne nécessitera qu'un petit investissement, et qui paiera sûrement son chemin, avec rapide retourne, à l'avantage général du ménage.

Culture en plein air. —Sea Kale nécessite un sol solide, entièrement exposé au soleil, et enrichi de tout bon fumier, celui de l'écurie étant sans aucun doute le meilleur. La façon la plus satisfaisante de commencer est d'utiliser des racines bien développées, car elles font un retour à la fois avec le moins de problèmes imaginables. Que le sol soit bien creusé deux broches profond, et mettez une couche de fumier entre; ou si c'est un bon terreau substantiel, plante sans fumier, et les résultats seront excellents. Comme l'usine florissante couvre un espace considérable, et qu'il doit y avoir une certaine quantité de trafic au sol pour la gérer, il devrait y avoir une rangée au centre d'un lit de quatre pieds, avec une large allée d'un côté; ou, mieux encore, marquez un espace de dix pieds, avec une allée de trois pieds de chaque côté, et dans cet espace plantez trois rangées à deux pieds et demi de distance, et les racines à un mètre et demi à deux pieds de distance. La plantation peut être effectuée à tout moment après la chute des feuilles, à la fin de l'automne et en hiver et au début du printemps. Sur sol chaud et sec, la plantation hivernale répond parfaitement et permet au jardinier d'accomplir la tâche, car il y a toujours assez à faire au printemps. Mais sur sol humide et dans des situations exposées, le meilleur moment pour planter est le mois de mars. Déposez la ligne et ouvrez une tranchée d'un pied de profondeur; plantez les racines avec leurs couronnes à deux pouces sous la surface, en remplissant et en marchant fermement lorsque chaque tranchée est plantée. La précaution peut être prise pour couper tous les bourgeons saillants pointus sur chaque couronne, car cela empêchera la montée des tiges florales; mais si cela est négligé, le cultivateur doit prendre soin de couper toutes les pousses florifères qui apparaissent, car la production de fleurs se révélera préjudiciable à la récolte de Sea Kale la saison suivante. Notre coutume, lorsqu'une plantation a été ainsi faite, est de faire pousser une autre récolte avec elle la première saison. Le sol entre les rangées est délimité en bandes étroites et légèrement fourchues, et si une couche de fumier pourri peut être épargnée, elle est piquée, et un lit de semence soigné est fait de chaque bande, de dix-huit à vingt-quatre pouces de large. Sur cette truie de lit préparée, oignons, laitues et autres cultures légères, et au fur et à mesure que le chou marin avance, prenez soin d'enlever tout ce qui pourrait gêner leur expansion, car la récolte volée ne doit pas faire obstacle à celle destinée à une occupation permanente. Une récolte de chou-fleur précoce, de petit chou ou même de pommes de terre peut être prise, auquel cas il n'y aura de place que pour une seule rangée en alternance avec chaque rangée de chou frisé, et peut-être une rangée également dans les allées. car la récolte volée ne doit pas faire obstacle à celle destinée à une occupation permanente. Une récolte de chou-fleur précoce, de petit chou ou même de pommes de terre peut être prise, auquel cas il n'y aura de place que pour une seule rangée en alternance avec chaque rangée de chou frisé, et peut-être une rangée également dans les allées. car la récolte volée ne doit pas faire obstacle à celle destinée à une occupation permanente. Une récolte de chou-fleur précoce, de petit chou ou même de pommes de terre peut être prise, auquel cas il n'y aura de place que pour une seule rangée en alternance avec chaque rangée de chou frisé, et peut-être une rangée également dans les allées.

La croissance du chou frisé devrait être favorisée par tous les moyens légitimes, et en plein été, il faudra de l'eau, du fumier liquide et des paillis de matières riches, dans presque tous les domaines, avec avantage. L'irrigation qui convient au chou frisé conviendra probablement aussi à la récolte volée, mais l'irrigation n'est pas bonne pour les oignons ou les pommes de terre; là où ces cultures sont cultivées, des précautions doivent être prises pour donner le fluide uniquement au chou marin.

Au fur et à mesure que les feuilles se décomposent en automne, elles doivent être enlevées et le sol est parfaitement propre. Une fois enfin nettoyé, laissez-le être fourchu, mais en prenant soin de ne pas placer l'outil trop près des plantes; et si le fumier est abondant, appliquez une couche pour une finition, ou enfoncez-la lors du nettoyage général. Il devrait maintenant commencer une sauvegarde systématique des feuilles propres. Il ne faut pas penser à de simples déchets végétaux. Continuez à couvrir le sol avec des feuilles en tas ou en crêtes suffisantes pour former un manteau d'environ un pied de profondeur, ou disons neuf pouces au moins. S'il y a un magasin de planches brutes sur les lieux, laissez les planches être posées sur les arêtes des feuilles, quel que soit le côté du vent dominant. Cela empêchera les feuilles d'être emportées par le vent et les planches seront utiles pour la prochaine étape de l'entreprise.

À la fin de l'année, mettez les planches sur le bord en enfonçant les poteaux de manière brutale pour les maintenir fermement pendant une brève saison, puis répartissez les feuilles de manière égale. S'il n'y a pas suffisamment de feuilles pour couvrir le lit pour l'épaisseur requise, soulevez un bon tas sur chaque couronne et saupoudrez un peu de terre pour maintenir le tas ensemble. Mais un meilleur mode de procédure est d'avoir une quantité suffisante de pots de chou de mer avec des couvercles amovibles, ou à la place de ces grands pots de fleurs, ou de vieilles boîtes. Mettez-les sur les couronnes, puis entassez les feuilles encore et encore, et les préliminaires sont terminés. Une croissance très précoce en sera le résultat, et la qualité sera plus fine que celle du Sea Kale forcé. Découvrez de temps en temps comment la récolte se déroule, en vous rappelant qu'une obscurité parfaite est nécessaire pour la blanchir complètement et pour produire un échantillon dodu et délicat. Coupez de près, en prenant une petite partie de la partie ligneuse de la couronne, et lorsque toute la croissance d'une couronne est prise, retirez le pot ou la boîte, mais laissez une fine couche de feuilles sur la couronne coupée pour la protéger, comme à le moment de la coupe de Sea Kale, les vents forts d'est sont répandus, et il est injuste pour les plantes de les exposer soudainement. Une fois la récolte terminée, enlevez les feuilles et les planches, et creusez entre les rangs une épaisse couche de fumier gras. La croissance sera trop forte maintenant pour une récolte volée, et se poursuivra ainsi pendant de nombreuses années. Une fois la récolte sécurisée, chaque couronne jettera un certain nombre de bourgeons ou de pousses. Ceux-ci devraient tous être enlevés sauf deux ou trois des plus résistants, qui formeront les couronnes à couper l'année suivante. En même temps, enlevez toutes les petites pousses blanchies qui pourraient avoir été laissées parce qu'elles étaient trop petites ou insignifiantes pour une utilisation sur la table. Cette procédure empêchera la production de tiges de fleurs, ce qui est préjudiciable à la plante, et il n'y a jamais besoin de craindre que la récolte sera diminuée, car beaucoup de bourgeons autour les couronnes, qui ne se montrent pas en premier lieu, se présenteront en temps voulu.

Forcer.—Il est si facile de forcer Sea Kale que le cultivateur peut être laissé à lui-même en toute sécurité. Mais il conviendra peut-être de dire que l'obscurité parfaite est requise, et que la température ne doit à aucun moment dépasser 60 °, ce chiffre étant le maximum. Une élévation au-dessus de 60 ° produira un échantillon fin ou raide. Il suffit de commencer par une température de 45 °, et de ne pas monter plus haut que 55 °, pour assurer une croissance vraiment honorable. Les producteurs du marché ne sont pas très précis quant à la température, mais ils ne mangent pas la récolte ou en savent beaucoup après qu'elle a quitté leurs mains. Avec le jardinier dans un établissement domestique, le cas est différent; et nous nous risquons à conseiller aux jeunes hommes - à qui les conseils de lecture sont souvent précieux car ils n'impliquent aucune obligation - que Sea Kale lentement forcé peut être presque aussi bon que celui cultivé sous des pots en plein air sans aucune chaleur du tout; mieux ça ne peut pas être. Des fosses de rechange ou des endroits bizarres peuvent être utilisés pour cette culture, à condition seulement que la chaleur ne soit pas trop grande. Emballez les racines dans de la moisissure ou des feuilles, ou même du fumier à moitié pourri, et fermez-les pour exclure la lumière, et la récolte sera prête dans cinq ou six semaines, à moins que le forçage ne soit commencé très tôt, auquel cas sept semaines au moins doivent être autorisé à partir du moment de la plantation jusqu'à celui de la première bouture. Les racines qui ont été soulevées pour forcer devraient être jetées lorsque la récolte a été sécurisée, mais les racines forcées en pleine terre souffrent si peu du processus qu'elles peuvent être forcées pendant plusieurs années de suite avant qu'il ne devienne nécessaire de renouveler la plantation, à condition, bien entendu, que le travail soit bien fait. Le forçage extérieur est réalisé de la manière décrite pour la culture de la culture, à l'aide de feuilles uniquement, mais avec certaines différences. En premier lieu, il faut veiller à laisser les plantes ressentir le froid, mais en même temps éviter que le sol ne gèle. Une touche de gel les rendra plus prêts à pousser lorsque le cultivateur apportera ses persuasions en entassant du fumier chaud sur les pots et en recouvrant le lit d'une épaisse couche de celui-ci. C'est tout ce qui peut être fait, mais c'est suffisant. Dans les cas où les feuilles et autres matériaux appropriés ne sont pas disponibles, le bon chou de mer peut être cultivé en soulevant simplement sur chaque couronne un tas de sable ou de cendres de charbon tamisées, à condition qu'un matériau propre soit interposé pour empêcher le sable ou les cendres d'être en contact avec le usine. Lorsque ce tas commencera à se fissurer en haut, il vaudra la peine de l'examiner en bas, quand on trouvera une fine tête de chou marin blanchi,

Faire pousser du chou de mer à partir de graines est une question assez simple, mais il y a une perte d'un an par rapport à la culture à partir de racines. Le sol doit être riche et bien travaillé, et la graine semée en mars ou avril dans des semoirs à un pied de distance pour la plantation, ou en parcelles à environ deux pieds et demi de distance dans chaque sens si elle doit rester. Beaucoup pensent que Sea Kale devrait se situer là où il a été semé, et nous admettons que les analogies sont en faveur de la proposition. Mais chaque année, de si beaux produits sont obtenus à partir de racines transplantées que nous n'avons pas le courage de condamner une procédure qui peut ne pas être théoriquement correcte. Le fait est que la racine est dure et durable, et ne souffre que peu d'une exposition modérée à l'atmosphère si elle est manipulée de manière raisonnable. Mais revenons aux graines: elles germent rapidement, et, peu de temps après, les plantes progressent rapidement. Laissez-les avoir une culture libérale, gardez-les scrupuleusement propres et minces en temps utile. Si cela vous convient, donnez une légère pincée de sel de temps en temps en été: ils en profiteront et les feuilles ne seront pas blessées du tout.

ÉCHALOTE

Allium ascalonicum

Le mode de culture à l'ancienne est de planter le jour le plus court et de soulever la récolte le jour le plus long; mais cela ne s'applique qu'aux parties les plus douces du pays. En règle générale, le printemps est le meilleur moment pour planter, et cela doit être fait dès que le sol peut être mis en état de marche - certainement pas plus tard que la mi-avril. Le sol doit être friable et il doit être foulé fermement, de la manière habituelle pour un lit d'oignon. Appuyez simplement sur les bulbes dans le sol pour les maintenir en place, et placez-les en rangées à un pied de distance et à neuf pouces dans les rangées. Ils ne doivent pas être mis en terre, mais au contraire, à l'approche de la maturité, le sol doit être tiré de manière à exposer les bulbes, car cela facilite le processus de maturation.

Pour stocker les racines pendant une durée quelconque, il sera nécessaire de les avoir bien mûries, et ce point doit être pris en considération. Si le temps sec pouvait être assuré pour la récolte, il pourrait être permis de finir dans le sol; mais comme on ne peut pas s'y fier, c'est une sage précaution de soulever la récolte sur une occasion appropriée avant qu'elle ne soit tout à fait prête, et de permettre à la maturation d'être terminée dans un endroit aéré et protégé.

ÉPINARD

Spinacia oleracea

Les épinards jouent un rôle important dans l'économie de la table à manger. Il y a des êtres malheureux qui ne peuvent pas le manger, car ils le décrivent comme amer, suintant et nauséeux. Probablement un nombre égal de personnes ont une très haute opinion sur sa valeur. Le reste de l'humanité le proclame un légume sain, savoureux et acceptable. Les épinards pousseront n'importe où et de toute façon; mais un peu de gestion est nécessaire pour maintenir un approvisionnement constant de grandes feuilles vert foncé qui, lorsqu'elles sont correctement cuites, seront riches en saveur grâce à une bonne culture. Pour produire des épinards de première qualité, un terreau riche et bien labouré est nécessaire, mais un échantillon capital peut être cultivé sur de l'argile qui a été cultivée pendant un certain temps.

Épinards d'été.—Les semis précoces d'épinards ronds ou d'été doivent être placés à l'abri, mais pas directement ombragés. Semez dans des semoirs distants de 12 à 15 pouces et d'un pouce de profondeur, à partir de janvier, bien que le premier semis puisse échouer, et continuez à semer environ tous les quinze jours jusqu'à la mi-mai. Le semis le plus précoce doit se faire sur un sol sec, mais les semis ultérieurs se porteront bien sur un sol humide avec un peu d'ombre du soleil de midi. Il est important d'éclaircir la récolte tôt, car elle ne doit pas être tirée le moins du monde. C'est le seul point essentiel pour assurer une belle croissance, car si la plante ne peut pas se propager dès le début, elle ne deviendra jamais luxuriante et ne tardera pas à se reproduire. Mince au début à six pouces, et si suffisamment grand pour être utilisé, envoyez les éclaircies dans la maison. Avant que les feuilles ne se chevauchent finalement jusqu'à douze pouces.

Au fur et à mesure que la chaleur de l'été augmentera, la récolte sera encline à monter en flèche. La plante affamée va boulonner en premier; la plante dans un sol riche et humide, avec beaucoup d'espace pour se répandre, sera plus tranquille et laissera le temps à la production d'une culture de succession de prendre sa place. Les semis de mai à juillet devraient être petits et nombreux, et sur des terres riches et humides, être aidés, si nécessaire, avec de l'eau. Dans de nombreux jardins, il y a une variété suffisante de légumes après la mi-juin pour qu'il ne soit plus nécessaire de maintenir l'approvisionnement en épinards, et il vaut mieux s'en passer, si possible, en juillet et août.

Épinards d'hiver.- Les semis d'épinards d'hiver devraient commencer en juillet et se poursuivre jusqu'à la fin septembre, sous réserve des capacités du lieu. Dans les jardins proches des villes, où la terre est un peu lourde, il est généralement inutile de semer après août, car les brouillards automnaux risquent de détruire une plante qui sort à peine de la feuille de semence. Mais dans les localités favorisées, avec un sol chaud et un air doux, les graines peuvent être semées jusqu'à la toute fin de l'année avec peu de risques de perte. Les cultures d'hiver sont parfois semées à la volée, mais le forage est préférable et les rangées peuvent être espacées de douze à quinze pouces. Amincissez d'abord à trois pouces, puis à six pouces, et laissez-les à cette distance, car les épinards d'hiver peuvent être un peu encombrés d'avantages, car le temps et le bot noir vont de temps en temps enlever une plante. Si la vermine du sol réclame l'attention, la meilleure façon de procéder sera de gratter les sillons peu profonds très près des plantes, en prenant soin de ne pas les blesser. Cela peut être fait avec la houe, mais si le temps peut être épargné, il sera préférable de le faire avec un bâton court et pointu, ayant à portée de main, au fur et à mesure que le travail progresse, un récipient dans lequel jeter les larves au fur et à mesure qu'elles se révèlent. la terre est perturbée. Là où les petits oiseaux sont en nombre suffisant, ils observeront les perturbations de la terre et chercheront diligemment les vers blancs aux heures où le cultivateur n'est plus lui-même à la recherche. un récipient dans lequel jeter les larves au fur et à mesure qu'elles se révèlent lorsque la terre est perturbée. Là où les petits oiseaux sont en nombre suffisant, ils observeront les perturbations de la terre et chercheront diligemment les vers blancs aux heures où le cultivateur n'est plus lui-même à la recherche. un récipient dans lequel jeter les larves au fur et à mesure qu'elles se révèlent lorsque la terre est perturbée. Là où les petits oiseaux sont en nombre suffisant, ils observeront les perturbations de la terre et chercheront diligemment les vers blancs aux heures où le cultivateur n'est plus lui-même à la recherche.

Les semis de juillet seront utiles en automne et tout au long de l'hiver, selon les conditions météorologiques; les semis ultérieurs seront utiles au printemps. Les plantes peuvent être dessinées là où elles peuvent être épargnées pour faire de la place pour le reste, mais les feuilles ne doivent être prises que lorsque la plante est assez grande pour les fournir. Lorsque les symptômes de boulonnage deviennent visibles au printemps, coupez les plantes au niveau du collet et préparez immédiatement le sol pour une autre récolte.

Épinards de Nouvelle-Zélande (*Tetragonia expansa*). - Les jardiniers ne connaissent que trop bien la difficulté de maintenir un approvisionnement ininterrompu de véritables épinards pendant les mois d'été brûlants. Mais les conditions météorologiques qui rendent presque impossible la production d'une récolte satisfaisante de *Spinacia oleracea* amènent les épinards de Nouvelle-Zélande à la perfection. Ce dernier est prisé par certaines personnes car il n'a pas l'amertume particulière du premier. La plante est plutôt tendre, et par conséquent, pour obtenir un approvisionnement précoce, la graine doit être élevée en chaleur. Il peut être semé en pots ou en casseroles fin mars ou début avril. Transférer les plants dans de petits pots dès qu'ils sont assez grands et durcir progressivement en vue de leur retrait en pleine terre vers la fin du mois de mai. Il doit être mis dans un sol léger dans une position ensoleillée et être espacé de trois ou quatre pieds dans chaque sens. Il n'est pas rare de les cultiver sur un tas de terreau jeté, où ils peuvent se promener sans retenue. La croissance est rapide et il ne doit y avoir aucun passage d'eau par temps sec. Dans cinq ou six semaines, le premier lot de pousses tendres sera prêt à être pincé. Ceux qui ne se soucient pas des ennuis sous le verre peuvent semer à l'air libre au début de mai et éclaircir les plantes à la distance indiquée.

Épinard perpétuel ou betterave épinard (*Beta Cicla*). - Une plante précieuse pour produire un approvisionnement régulier de feuilles qui font un excellent épinard à une période de l'année où l'épinard d'été ordinaire a dépassé son apogée. Bien que ce soit une vraie betterave, les racines sont sans valeur et il devrait y avoir un traitement libéral pour assurer une croissance abondante des feuilles. Les graines peuvent être semées de mars à fin juillet ou début août, en rangées espacées d'un pied. Éclaircissez les plantes à une distance de six ou huit pouces dans les rangées. Lorsque les feuilles sont prêtes à être cueillies, elles doivent être enlevées, que vous le vouliez ou non, pour favoriser une croissance continue.

Orache est fréquemment utilisé comme un substitut aux épinards où la variété ordinaire échoue. Les graines doivent être semées pendant les mois de printemps, et comme la plante atteint fréquemment une hauteur de cinq pieds, laissez une distance d'au moins trois pieds dans chaque direction pour le développement. L'orache rouge est utile pour la culture dans les bordures ornementales, mais elle n'est pas aussi adaptée à des fins culinaires que la variété blanche. Les feuilles seules sont mangées.

STACHYS TUBERIFERA

Ce légume est communément connu sous le nom d'artichaut chinois, et de sa forme particulière, il est également appelé spirales. Il existe une grande divergence d'opinions quant à sa valeur, mais on peut affirmer en sa faveur que les tubercules sont souvent exposés dans les plus belles collections de légumes mises en compétition.

Le moment de la plantation est au début du printemps, en rangées espacées de dix-huit pouces, permettant une distance de neuf pouces dans les rangées. La profondeur appropriée est de quatre pouces. Les racines sont assez robustes et la récolte ne pose aucun problème. Après la plantation, il suffit de garder la parcelle exempte de mauvaises herbes.

Les tubercules ne mûrissent qu'à la fin de l'automne et, dans la mesure du possible, il est conseillé de les soulever quand on en a besoin. Devrait-il être nécessaire pour une raison quelconque de défricher le sol, les Stachys doivent être recouverts de terre. Lorsqu'ils sont exposés à la lumière et à l'air, ils se décolorent rapidement et sont alors impropres à la cuisson. Il est habituel de les faire bouillir de la même manière que les pommes de terre, mais la finition doit se faire uniquement à la vapeur. Une variante agréable consiste à faire frire les racines bouillies avec du beurre jusqu'à ce qu'elles soient légèrement dorées, lorsque le plat est considéré par de nombreux connaisseurs comme très délicieux et adapté pour être servi avec de la volaille ou du rôti.

FRAISE

Fragaria

Probablement la première pensée sera que la fraise est un fruit, et que la considération de son traitement est hors de propos dans une série d'articles sur la culture des légumes. La réponse est que la plante forme une caractéristique essentielle dans tout bon potager, et la routine générale du travail doit être organisée en tenant dûment compte de cette culture, de sorte que nous n'avons pas besoin de nous excuser pour y faire allusion ici.

Quand planter.—La fraise est le plus certain de tous nos fruits rustiques et est très appréciée à la fois pour être consommée fraîche comme luxe d'été et comme conserve pour l'hiver. Bien qu'elle mérite le meilleur de la culture, ses demandes sont peu nombreuses, car sous le système de gestion le plus pauvre, elle est souvent extrêmement prolifique, et pas rarement la culture la plus rentable du jardin. Nous avons le choix des graines, des divisions et des coureurs pour faire une plantation de fraises. Le moyen universel est le meilleur moyen, et il consiste à planter des coureurs enracinés de sortes nommées dans un endroit ensoleillé ouvert dans un sol bien préparé à tout moment au printemps ou en automne, lorsque des coureurs frais et bons sont disponibles; mais une plantation tardive n'est pas souhaitable, car lorsque les plantes n'ont pas le temps de s'établir avant que l'hiver ne se couche, beaucoup sont perdues. Si, par conséquent, la plantation ne peut être effectuée au plus tard début octobre, il vaut mieux reporter la tâche au printemps. Les plantes mises en place à ce dernier moment devraient avoir les tiges florales enlevées, et donneront alors une récolte abondante dans la saison suivante.

Traitement du sol. - Le meilleur sol pour les fraises est un terreau sableux riche et humide, mais un sol lourd répondra parfaitement s'il est bien préparé. Le sol doit être tranchée et généreusement enrichi de fumier pourri placé entre les flèches du haut et du bas, là où les plantes l'atteindront au moment où elles en auront le plus besoin. Dans un nouveau sol c'est plutôt raide, il sera conseillé, lorsque le creusement de tranchées sera terminé, de poser la ligne et de couper des tranchées peu profondes, qui devraient être remplies de toute substance aimable assez fine qui pourrait être à portée de main, comme un vieux sol chaud, la moisissure des feuilles, ou un mélange de matériaux sortis de pots, avec du bon fumier pourri. En cela, les jeunes plantes s'enracineront librement et rapidement sans devenir grossières, car elles doivent atteindre un certain degré de vigueur; mais une croissance excessive des feuilles peut entraîner des pertes pendant l'hiver et une petite récolte de fruits l'année suivante. Les sols bien cultivés n'ont pas besoin d'une telle préparation spéciale, mais dans tous les cas, un bon creusement et un fumage généreux sont absolument nécessaires. Et ici, il peut être bon d'affirmer qu'après que les plantes ont obtenu une prise ferme sur le sol, peu importe la dureté du sol. La pratique de certains producteurs de faire fonctionner une charrue légèrement entre les rangées soit pour un paillis, soit pour donner aux plantes le plein bénéfice de la pluie, ne bouleverse en rien cette conclusion, car cela ne crée qu'une surface meuble et friable, et l'opération est gérée de telle sorte que le sol près des racines reste intact. Il peut être accepté comme un secret de la culture réussie de la fraise que le lit doit être ferme et compact, et, en forçant, ce principe est jusqu'à présent reconnu que le sol est positivement enfoncé dans les pots.

Méthode de plantation.—Si les plants de fraises sont quelque peu secs, déballez-les rapidement, étalez-les en petits lots dans un endroit frais et ombragé, et arrosez-les légèrement d'eau pour les rafraîchir. Un déluge d'eau n'est pas nécessaire, et en fait fera du mal, mais suffisamment pour les humidifier les mettra en état de commencer à pousser dès qu'ils seront correctement localisés. Lors de la plantation, un peu de soin supplémentaire dans la disposition des racines dans le sol sera bien récompensé, car les plantes simplement enfoncées dans le sol ne peuvent pas développer cette croissance racinaire robuste dont dépend en grande partie l'avenir de la culture. Lors de la préparation des positions, c'est un excellent plan de construire au centre de chaque excavation un monticule de terre sur lequel étendre les racines fibreuses. Ensuite, retournez le sol et pédalez fermement. En finition, donnez à chaque plante un arrosage abondant. En aucun cas la plante ne doit être profondément enterrée, mais la couronne doit être laissée juste à l'écart du niveau de la surface. Les distances de plantation devront être déterminées par la vigueur relative des variétés et la nature du sol. En règle générale, les rangées doivent être espacées de deux pieds et les plantes de dix-huit pouces dans les rangées, mais certaines variétés nécessitent au moins deux pieds et demi entre les rangées. Il est bon de laisser un espace de trois pieds entre toutes les deux rangées pour le trafic nécessaire. Une modification du plan consiste à planter un pied d'écart dans chaque sens; et immédiatement la première récolte de fruits est supprimée, chaque rangée alternée est supprimée, puis chaque plante alternative de chaque rangée est également retirée. Cela place le reste à deux pieds dans tous les sens. Le sol est alors légèrement fourchu et une épaisse couche de fumier est appliquée.

La direction générale comprend l'élimination des mauvaises herbes, l'approvisionnement en eau en abondance par temps sec, en particulier lorsque les baies gonflent, et l'élimination des coureurs aussi vite qu'ils apparaissent, car leur permettre de prendre de l'avance est très préjudiciable, et toute négligence grave de cette règle est susceptible de ruiner la plantation. Le fraisier ne fait pas de bon retour sur un sol sec et grumeleux. Les grandes plantations qui ne peuvent pas être arrosées doivent être aidées au plus fort de la saison en recouvrant le sol de tout matériau léger qui empêchera l'évaporation. Pour ce qui est d'obtenir des coureurs, c'est assez facile, mais il y a un bon et un mauvais chemin. Leur permettre de se propager et de s'enraciner de façon promiscue est la mauvaise voie; il blesse les plantes, rend le lit désordonné et ne produit pas de bons coureurs. Au moment où les coureurs commencent à pousser, creuser et fumier les espaces environnants, et permettre à un certain nombre de coureurs de sortir de chaque côté des rangées. À mesure qu'ils approchent de la maturité et sont disposés à faire des racines, posez des carreaux ou des pierres sur les coureurs près des jeunes plantes pour favoriser le processus, mais une manière plus soignée sera de les accrocher. Ou ils peuvent être fixés par de courtes chevilles dans de petits pots, remplis de terre riche en lumière et plongés dans le sol.

Pour garder la culture propre, de nombreux plans sont adoptés, et la plante tire probablement son nom de la vieille coutume de couvrir le sol avec de la paille à cet effet. Le cultivateur doit être laissé à lui-même, en raison de la difficulté dans de nombreux endroits d'obtenir du matériel approprié. Mais il faut mettre en garde le débutant dans la culture de la fraise contre la tonte de l'herbe comme plus ou moins répréhensible. Ils répondent parfois parfaitement, et à d'autres moments ils encouragent les limaces et les escargots à gâcher la récolte, et s'ils sont partiellement pourris par temps humide, ils communiquent au fruit une mauvaise saveur. Il existe un moyen très simple de nourrir la récolte et de faire un lit propre pour les fruits. Cela consiste à mettre une bonne couche de fumier long et solide en février, et ce faisant, il n'y a pas grand mal si les plantes sont couvertes à un certain degré. Ils vont bientôt pousser et se montrer, et au moment où le fruit apparaîtra, la paille sera lavée, et la récolte ainsi aidée sera excellente, si le temps le permet. En ce qui concerne la coupe des feuilles, nous conseillons l'élimination des vieilles grandes feuilles dès la récolte. Mais cela devrait être fait avec un couteau; utiliser un faux parmi les fraises, c'est ruiner la plantation. Le but de l'élimination des vieilles feuilles est d'admettre de la lumière et de l'air aux jeunes feuilles, car de leur libre croissance dépend la formation de bonnes couronnes pour l'utilisation de l'année suivante. En encourageant les jeunes feuilles à pousser, l'action des racines est favorisée et les bourgeons embryonnaires se forment qui, l'été prochain, se développeront en fraises.

Certains jardiniers recommandent la suppression de la plantation de fraises tous les trois ans. C'est un meilleur plan de faire une petite plantation chaque année, et en même temps de détruire une vieille plantation qui a fait son tour. Mais nous sommes tenus de dire que les plantations de fraises, bien faites et bien entretenues, dureront souvent et s'avéreront rentables pendant six ans, voire plus. Mais ce ne sera jamais le cas là où il y a un manque de fumier ou d'eau, ou lorsque les coureurs sont autorisés à courir à leur manière pour faire un tapis de fraises et une confiture du mauvais type. L'amateur de fraises ne souhaite pas garder une plantation très longtemps, et il doit planter chaque année pour goûter les nouvelles espèces. Pour beaucoup de gens, c'est l'un des principaux plaisirs du jardin, et il a certainement ses attraits.

Fraises forcées. - Le prix élevé réalisé sur le marché pour la première offre de fraises forcées est une preuve suffisante que la société est prête à payer généreusement pour ce luxe rafraîchissant. Au fur et à mesure que la saison avance et que la concurrence s'intensifie, le chiffre diminue rapidement, mais «des fraises à une guinée l'once» est apparu plus d'une fois comme un titre sensationnel dans la presse quotidienne.

La fructification des fraises en pot fait partie de la routine annuelle de presque tous les grands établissements, mais même avec les appareils les plus parfaits, il faut admettre que pour produire des baies qui gagnent en appréciation pour leur taille, leur couleur et leur saveur, il faut à la fois compétence et patience, surtout la patience.

Des plantes solides et bien enracinées sont essentielles au succès, et aucun problème ne doit être épargné pour les protéger de stocks robustes à fructification libre. Les premiers coureurs doivent être posés sur des morceaux carrés de gazon moelleux ou sur des pots de pouce remplis d'un bon compost riche. Lorsque les

190

coureurs sont assez enracinés dans les couches de gazon ou les pots de pouce, ils doivent être transférés dans des pots de la taille de la fructification. Le n ° 32 est généralement utilisé à cette fin. Une fois que les pots ont été creusés, certains cultivateurs ajoutent une couche d'os d'un demi-pouce, ce qui aide les plantes et assure un drainage gratuit. Le sol le plus satisfaisant est un terreau fibreux riche, avec l'ajout d'un quart de fumier bien décomposé et d'une petite proportion de sable, et le compost doit être bien raffermi dans les pots avec le bâton de bélier.

Le meilleur endroit pour garder les plantes est une situation ouverte et aérée, facilement accessible, où les pots peuvent reposer sur un lit de cendres. À l'approche du gel, ils peuvent être transférés dans un cadre froid, en les gardant près du verre, ou ils peuvent être plongés dans les cendres dans une position abritée.

Quand vient le temps du forçage, il est habituel de commencer par plonger les pots dans un lit de feuilles chaudes ou dans un lit chaud doux à moitié épuisé. Immédiatement, les plantes montrent des signes de floraison, elles doivent être déplacées dans des quartiers plus chauds. Une étagère à l'arrière d'une cave ou d'une Peach-house, tout près du verre, est une position appropriée. La température au départ doit être de 55 ° Fahr., Augmentant progressivement jusqu'à 60 ° au moment où le feuillage est complètement développé.

L'apparence des fermes de fleurs est une période critique. Le fumier liquide doit alors être donné librement, et en même temps les plantes doivent avoir une abondance de lumière et une atmosphère chaude et sèche. Les fleurs doivent être artificiellement fertilisées avec un crayon en poil de chameau, en choisissant midi comme meilleur moment pour cette opération.

Lorsque la récolte a pris, elle doit être éclaircie à environ neuf baies sur chaque plante, et en temps voulu, les fruits doivent avoir le support de bâtons fourchus. Des précautions seront nécessaires pour éviter de blesser les tiges, ou le flux de sève vers les baies peut être arrêté. Seringue deux fois par jour par temps sec; et au premier spectacle de couleur, arrêtez le fumier-eau et utilisez uniquement de l'eau douce pure. A ce stade, une température nocturne de 65 ° doit être maintenue, donnant tout l'air et la lumière possible.

Plus d'échecs dans la culture en pot des fraises sont attribuables à la négligence dans l'arrosage qu'à toute autre cause. Le sol ne doit jamais se dessécher. Si les feuilles tombent une fois, elles récupèrent rarement. Au moins deux fois par jour, les plantes auront besoin d'attention et il est important que l'eau soit à la même température que l'atmosphère. Laissez toujours les bidons pleins prêts pour la prochaine visite.

Les fraises des Alpes sont très largement cultivées en France, probablement plus que les variétés à gros fruits qui sont appréciées dans ce pays. La meilleure méthode est de semer les graines en janvier, dans des casseroles remplies d'un compost léger et riche et placées à feu doux. Piquez les plantes sur un lit de terre légère dans un cadre, ou sur un lit chaud presque épuisé, d'où elles doivent être emmenées en pleine terre. De ces semis, de beaux fruits peuvent généralement être récoltés en septembre suivant. Les graines peuvent également être semées à l'extérieur au printemps ou en septembre dans des semoirs peu profonds, six pouces à part, sur un lit de sol léger. Transplanter le moment venu pour la fructification de la saison des fraises suivante. Lorsqu'une récolte complète a été récoltée, les plantes doivent être détruites, une succession étant maintenue en semant chaque année. En cultivant lentement les plantes à partir de graines semées au printemps et en les rempotant à l'automne, il n'est pas difficile d'avoir des Alpines en fruits sous verre à Noël.

TOURNESOL

Helianthus annuus

Bien que le tournesol ne soit pas utilisé comme nourriture pour l'homme, la plante est fréquemment cultivée dans le potager, en partie comme ornement, et aussi pour la production de graines qui sont données à la volaille.

En ce qui concerne la culture, semer en casserole en avril, et mettre sur un lit chaud doux, ou enfermer de près dans un cadre ensoleillé. Les plantes vont bientôt apparaître. Donnez-leur de la lumière et de l'air, et plantez-les quand ils ont deux ou trois pouces de hauteur. Mais les tournesols peuvent être cultivés sans aucune aide artificielle. Une méthode simple et efficace consiste à rendre l'endroit qui leur est destiné très riche et à tremper la graine d'un pouce de profondeur le premier jour de mai.

TOMATE

Lycopersicum esculentum

Le goût des tomates commence souvent par un peu d'antipathie, mais il est vite acquis et se transforme souvent en un goût prononcé pour le fruit à la fois cuit et dans son état naturel. En tant qu'aliment nécessaire, l'appel pour ce produit dans ce pays ne se limite plus à un cercle restreint d'épicures, car la valeur de ses propriétés rafraîchissantes, appétissantes et correctrices est maintenant largement reconnue et son avance en faveur du public s'est accélérée. Par la qualité améliorée, la beauté améliorée et la variété accrue effectuée par des éleveurs experts.

La tomate est une plante tendre, mais pas tropicale, et elle nécessite une température modérément élevée, un accès libre à l'air et surtout un plein flot de lumière solaire pour l'amener à la perfection. La chaleur nécessaire est facilement gérée dans n'importe quel jardin équipé d'appareils de forçage ordinaires; il en va de même pour un courant d'air dans des bâtiments correctement construits; mais le manque de lumière pendant les mois les plus sombres rend la tâche de produire des fruits au milieu de l'hiver moins facile qu'aux autres saisons. Par l'introduction de variétés, la difficulté de la fructification hivernale a été largement surmontée, de sorte qu'avec une gestion efficace, il est maintenant possible d'envoyer des tomates sur la table tout au long de l'année.

Presque toutes les structures de verre imaginables peuvent être utilisées pour la culture des tomates, de la petite serre de banlieue au vaste toit à travée, de plusieurs centaines de mètres de long, consacré à leur culture dans les îles anglo-normandes. Et il n'est pas essentiel que la culture soit cultivée seule. Les pommes de terre, les haricots verts, les fraises et les vignes peuvent être forcés dans le même bâtiment, à condition qu'il n'y ait aucune obstruction à la lumière et à l'air, ni aucune interférence avec les conditions dont l'expérience s'est avérée impérative pour maintenir les plantes en bonne santé. Pour les rassemblements d'hiver et de printemps, il doit y avoir un service de conduites d'eau chaude, mais à mesure que la saison avance, il est facile de faire mûrir les fruits dans des maisons fraîches, et plus tard les plantes à l'extérieur donneront aux saisons favorables un rendement abondant sans protection artificielle d'aucune sorte. .

CULTURE INTÉRIEURE — Semis et repiquage.—Les semences peuvent être semées à presque n'importe quel moment de l'année, mais les mois les plus importants sont de janvier à mars, août et septembre. Dans les jardins favorablement situés au sud de l'Angleterre et pourvus des appareils les plus parfaits, la graine est semée pendant tous ces mois, et dans d'autres aussi; mais dans les petits jardins, les semis sont généralement limités à février et mars. Chaque fois qu'un départ est fait, semez finement et environ un demi-pouce de profondeur, dans des casseroles ou des boîtes, et ne laissez pas les semis y rester pendant une journée inutile. Immédiatement, deux ou au plus quatre feuilles sont formées, soit par piquage dans d'autres casseroles ou boîtes, soit transférées individuellement dans des pots à pouces, et en règle générale, les pots seront jugés préférables. La terre pour ces casseroles ou pots doit être stockée dans la serre quelques jours avant le transfert, afin que le compost puisse acquérir la bonne température et sauver les plantes d'un contrôle intempestif. Dans les petites maisons, placez les plantes près du verre afin qu'elles puissent rester courtes dans l'articulation, mais les nuits froides, elles doivent être enlevées pour éviter les blessures causées par les fluctuations de température. Dans les grandes maisons, où la lumière est bien diffusée, il n'y a pas lieu d'encourir ce problème, car les semis se porteront tout aussi bien au rez-de-chaussée. En temps voulu, passez dans des pots de six pouces, à partir desquels ils peuvent aller directement aux bordures, ou dans une taille plus grande s'ils doivent être fructifiés dans des pots. Environ quatorze semaines seront nécessaires pour préparer les plantes pour les bordures en hiver, mais une période plus courte suffira au printemps et en été. Les plantes d'un semis d'août ou de septembre ne mûriront pas Dans les petites maisons, placez les plantes près du verre afin qu'elles puissent rester courtes dans l'articulation, mais les nuits froides, elles doivent être enlevées pour éviter les blessures causées par les fluctuations de température. Dans les grandes maisons, où la lumière est bien diffusée, il n'y a pas lieu d'encourir ce problème, car les semis se porteront tout aussi bien au rez-de-chaussée. En temps voulu, passez dans des pots de six pouces, à partir desquels ils peuvent aller directement aux bordures, ou dans une taille plus grande s'ils doivent être fructifiés dans des pots. Environ quatorze semaines seront nécessaires pour préparer les plantes pour les bordures en hiver, mais une période plus courte suffira au printemps et en été. Les plantes d'un semis d'août ou de septembre ne mûriront pas Dans les petites maisons, placez les plantes près du verre afin qu'elles puissent rester courtes dans l'articulation, mais les nuits froides, elles doivent être enlevées pour éviter les blessures causées par les fluctuations de température. Dans les grandes maisons, où la lumière est bien diffusée, il n'y a pas lieu d'encourir ce problème, car les semis se porteront tout aussi bien au rez-de-chaussée. En temps voulu, passez dans des pots de six pouces, à partir desquels ils peuvent aller directement aux bordures, ou dans une taille plus grande s'ils doivent être fructifiés dans des pots. Environ quatorze semaines seront nécessaires pour préparer les plantes pour les bordures en hiver, mais une période plus courte suffira au printemps et en été. Les plantes d'un semis d'août ou de septembre ne mûriront pas là où la lumière est bien diffusée, il n'y a pas lieu d'encourir ce problème, car les semis feront tout aussi bien au niveau du sol. En temps voulu, passez dans des pots de six pouces, à partir desquels ils peuvent aller directement aux bordures, ou dans une taille plus grande s'ils doivent être fructifiés dans des pots. Environ quatorze semaines seront nécessaires pour préparer les plantes pour les bordures en hiver, mais une période plus courte suffira au printemps et en été. Les plantes d'un semis d'août ou de septembre ne mûriront pas là où la lumière est bien diffusée, il n'y a pas lieu d'encourir ce problème, car les semis feront tout aussi bien au niveau du sol. En temps voulu, passez dans des pots de six pouces, à partir desquels ils peuvent aller directement aux bordures, ou dans une taille plus grande s'ils doivent être fructifiés dans des pots. Environ quatorze semaines seront nécessaires pour préparer les plantes pour les bordures en hiver, mais une période plus courte suffira au printemps et en été. Les plantes d'un semis d'août ou de septembre ne mûriront pas mais une période plus courte suffira au printemps et en été. Les plantes d'un semis d'août ou de septembre ne mûriront pas mais une période plus courte suffira au printemps et en été. Les plantes d'un semis d'août ou de septembre ne mûriront pas beaucoup moins de six mois, tandis qu'un semis de mars donnera un rendement en quatre mois ou moins. Cela dépend beaucoup du caractère de la saison, et plus encore des compétences et de l'attention. Ceux qui sèment en janvier ou février doivent semer à nouveau quinze jours plus tard, et ensuite jusqu'à la fin avril, selon les besoins. Pour les approvisionnements d'hiver, un premier semis peut être effectué en juin, dans un châssis froid, et préparé pour le transfert dans des pots à fruits en septembre.

Traitement du sol.- Dans un premier temps, il n'y a pas besoin de s'inquiéter du sol. Tout terreau sableux assez bon répondra aux semis de semis, et s'il est trop raide, il peut être mélangé librement avec du sable pointu ou les balayages tamisés des routes et des allées de gravier. Un terreau fibreux, coupé dans un pâturage riche, et mis en tas pendant douze mois, fera, avec l'ajout de cendres de bois et de gravier, un sol idéal pour les pots ou les bordures. Au fur et à mesure que les plantes avancent, la moisissure des feuilles ou le fumier complètement décomposé en quantité modérée doivent être fournis; mais, au lieu de l'incorporer au limon de la manière habituelle, il sera avantageux de placer le fumier immédiatement au-dessus des pots, et les racines le trouveront au bon moment. Mais la quantité de fumier ne doit pas être exagérée, en particulier dans les premiers stades de croissance, car une luxuriance excessive ne favorise ni la fécondité ni ne conduit à une maturation précoce. Une fois les fruits noués, un paillis de fumier pourri aidera les plantes à terminer une récolte abondante. Le fumier qui n'est que partiellement fermenté ne fera pas du tout. L'ammoniac qu'elle dégage exerce un pouvoir si mortel que les plantes sont rapidement brûlées.

Dans sa demande de potasse, la tomate ressemble beaucoup à la pomme de terre, et des deux la première est la plus exigeante. Cette récolte épuise si rapidement le sol que, dans les petites maisons, il est habituel de retirer la terre à une profondeur de quinze ou dix-huit pouces tous les deux ou trois ans et de la remplacer par du terreau vierge. D'autres cultivent les tomates en alternance dans le lit et dans des pots, mais ce n'est qu'un remède partiel. Des pansements constants de fumier de ferme ou d'étable entraînent la formation d'humus qui, à mesure qu'il devient acide, doit être adouci par l'influence dissolvante de la chaux. La principale objection à l'utilisation de fumier stable, cependant, même lorsqu'il est bien pourri, est qu'il induit une croissance libre du feuillage au lieu de favoriser un développement précoce des fruits. La méthode la plus durable est celle qui repose sur la connaissance chimique des constituants du sol, et la relation que la plante lui entretient. L'un des producteurs les plus prospères pour le marché de Londres évite presque entièrement l'utilisation de fumier stable, et il est capable, par des applications de nitrate de potasse, d'os dissous, et l'utilisation occasionnelle de chaux, pour faire pousser de splendides récoltes dans les mêmes maisons année après année.

Toutes les conditions qui répondent au travail aux frontières sont applicables aux pots, et un nombre limité de plantes mises en avant successivement répondra aux besoins d'un petit ménage du début du printemps jusqu'à Noël. Le système de pots est propice à une prise libre et à une maturation précoce, et pour ces raisons, il mérite une attention particulière. Les plantes doivent être maintenues courtes dans le joint par des déplacements fréquents jusqu'à ce que le pot de douze pouces soit atteint, et cette taille pourra accueillir deux cordons ou une plante ayant deux branches, dont chacune nécessitera un piquet séparé pour son support. La plongée des pots peut être adoptée pour économiser du travail dans l'arrosage.

Températures. «Il n'y a aucun avantage à essayer de forcer les tomates à une température plus élevée que ce qui est compatible avec un progrès sain, bien qu'en hiver, il y ait une grande tentation dans le sens de la surchauffe. Le plein temps pour le développement dans une chaleur modérée apportera des articulations robustes et donnera une constitution vigoureuse qui aide matériellement les plantes à résister aux attaques insidieuses de la maladie. L'automne décroissant et les jours d'hiver maussades sont les périodes de gestion les plus pénibles, et il est remarquable que de deux jours égaux en durée et apparemment dans d'autres conditions, l'automne semble moins favorable que le printemps. Mais si, d'une part, une température élevée est nuisible, une température basse doit être évitée; bien que pendant un certain temps, cela ne semble pas être nocif. Une température de 60 ° ou 65 ° convient aux bacs à graines, et après le transfert dans des pots et les racines établies, le thermomètre ne doit pas enregistrer moins de 55 ° pendant la nuit. Il peut augmenter de 10 ° au moyen de la chaleur du feu pendant la journée, et pendant les éclats de soleil, un autre 10 ° ou 15 ° sera tout à fait sûr, en supposant toujours que les racines ne sont pas sèches et que les plantes ont une ventilation libre.

Arrosage. —L'administration judicieuse de l'eau constitue une caractéristique importante de la culture de la tomate. La plante est trop succulente pour endurer la sécheresse en toute impunité, et ce n'est que de la folie de jouer avec le bidon d'eau. Saturez jusqu'aux racines, puis laissez les plantes tranquilles jusqu'à ce que vous ayez besoin de plus d'eau. Aucune règle absolue ne peut être énoncée quant à la fréquence. Cela dépend de l'état du sol, de la période de l'année et de l'âge des plantes. Les bordures et le sol pour les pots doivent être suffisamment humides à l'avance, de sorte qu'un arrosage ne soit pas nécessaire immédiatement après le transfert des plantes. L'opinion répandue selon laquelle un arrosage excessif génère des maladies n'est pas confirmée par notre expérience. Bien sûr l'arrosage ne doit pas être excessif pour de nombreuses raisons, mais les maladies souvent attribuées à un arrosage excessif sont le résultat d'une mauvaise gestion atmosphérique.

Traitement général. —Les autorités ne sont pas d'accord sur la question de savoir si les plantes ramifiées ou les simples cordons donnent les meilleurs résultats. À notre avis, la tige unique mérite la préférence, et elle est maintenant plus largement cultivée que toute autre forme, bien que les plantes à deux branches soient presque également populaires. Certes, le cordon peut être géré avec une extrême facilité; il est certes le premier producteur, et il y a un consensus général sur le fait que le fruit qu'il produit est inégalé en taille et en qualité. Le point douteux est la quantité, mais même ici, la différence, le cas échéant, est trop insignifiante pour valoir la peine des cultivateurs privés. Les cordons sont formés en enlevant les latéraux aussi vite qu'ils apparaissent, et lorsque le fruit a mis, ou que la hauteur requise est atteinte, le sommet est également pincé.

L'espace alloué pour chaque plante varie considérablement, en particulier parmi les producteurs pour le marché. Sous verre, chaque tomate ramifiée doit avoir au moins trois pieds dans chaque sens. Pour les cordons, nous préconisons une distance entre les rangées de trois pieds, et un espace de deux pieds dans la rangée n'est pas de trop. Les tiges nécessitent un support quelconque, et les piquets sont préférables à la ficelle; mais bien sûr, les tiges peuvent être fixées à des fils chaque fois qu'il est commode de faire passer les plantes immédiatement sous le verre.

Un autre point sur lequel les autorités divergent est la mesure dans laquelle les tomates doivent être dénudées de leur feuillage. Certains producteurs condamnent entièrement la procédure; d'autres réduisent leurs plantes en squelettes. Les deux extrêmes sont répréhensibles, car lorsque toutes les feuilles sont autorisées à rester, il y a un retard ou un échec partiel dans la coloration du fruit, et l'enlèvement presque entier du feuillage vérifie l'action des racines de manière préjudiciable. En pratique, il répond bien d'attendre que le fruit soit mis, puis en pinçant le point d'attaque de chaque feuille, en commençant par le bas, la maturation et la coloration sont favorisées, et la santé de la plante reste intacte.

Par temps maussade, et surtout les jours courts, une difficulté est parfois rencontrée pour la mise en fruits, en particulier la première grappe. Une fois que les fruits ont commencé à gonfler sur une grappe, le reste a pris une relative facilité. Une température un peu plus élevée que d'habitude combinée à la libre circulation de l'atmosphère est généralement suffisante pour assurer la fertilisation. Si une aide est toutefois nécessaire, arrosez les plantes tôt dans l'après-midi et fermez la maison plutôt avant l'heure habituelle. L'atmosphère chaleureuse développera beaucoup de pollen, et un secouer doucement les grappes de fleurs avec une légère touche d'une brindille de noisetier libérera des nuages visibles, qui donneront effectivement le fruit. Une autre méthode consiste à soulever une étiquette plate ou un coupe-papier contre les fleurs. L'étiquette se couvre de pollen et en touchant doucement chaque fleur avec une légère pression vers le haut, un grand nombre peut être fertilisé en quelques minutes. Une brosse douce passée quotidiennement sur les fleurs a le même effet. Les plantes en pleine terre n'ont pas besoin d'une telle attention si elles sont en bonne santé et que la saison est du tout agréable. Lorsqu'un bouquet de fleurs en contient une qui est fasciée ou confuse, la fleur doit être pincée pour éviter la formation de gros fruits laids. Le reste du bouquet sera le plus fin pour son absence.

CULTURE EN PLEIN AIR.—Pour la pleine terre, il est important de choisir une variété qui mûrit tôt. Les plantes doivent être vigoureuses et doivent être soigneusement durcies avant d'être éteints. Semez les graines en chaleur en février ou mars, et quand elles sont suffisamment grandes, transférez les plants dans des pots individuels jusqu'à ce que vous en ayez envie. Tous les efforts doivent être faits pour éviter de donner un contrôle aux plantes, et si de la place est disponible, elles peuvent être mises en pot à la taille de six pouces et autorisées à former une botte de fleurs avant la plantation, ce qui permet de gagner un temps précieux. La fin du mois de mai est généralement le bon moment pour le transfert à l'air libre, mais les tomates ne supporteront pas un vent d'est violent ou un gel étouffant. Pendant la prévalence de conditions météorologiques défavorables, il est conseillé d'attendre une semaine ou plus plutôt que de risquer la destruction des plantes. Lorsque la température semble assez fiable, mettez-les dans des trous d'un pied de profondeur et de dix-huit pouces de diamètre, remplis d'un sol léger pas trop riche. Pendant quelques nuits jusqu'à ce que les racines prennent racine, une légère protection doit être à portée de main pour assurer la sécurité; Les pots Sea Kale répondent admirablement et se mettent facilement en place. En plus des plates-bandes, toutes sortes d'endroits conviennent pour les tomates, comme sous des palissades ou des murs chauds, sur des rives en pente et dans des recoins abrités, où elles prospéreront et donneront des fruits précieux. Des piquets robustes sont requis et doivent être fournis rapidement. Pincez les pousses latérales et dès que les fruits commencent à se colorer, certaines des plus grandes feuilles peuvent être partiellement enlevées. Au début du mois d'août, extrayez les pourboires des chefs afin d'encourager la maturation. Ainsi, dans le jardin ouvert, un approvisionnement de cette friandise peut être assuré pendant une partie de l'année de qualité égale aux fruits cultivés sous verre. (*Voir également page 181.*)

Les maladies de la tomate sont traitées dans le chapitre sur les champignons ravageurs de certaines plantes de jardin.

NAVET

Brassica Rapa

Le navet n'est pas une culture de jardin difficile; en effet, la gestion la plus simple produira une offre abondante, et tout terrain assez bon y suffira. Mais tout ce qui vaut la peine de le faire vaut bien le faire, et un jardinier peut être pardonné de prendre une fierté particulière à produire une quantité suffisante de navets beaux et tendres. L'important est d'assurer une succession sur une longue saison, ou, disons, toute l'année, car les navets sont toujours en demande et à certaines périodes de l'année, les jeunes racines délicates sont très appréciées pour la table.

Les navets les plus fins sont cultivés dans un terreau sableux profond, maintenu dans un état élevé de culture. Les navets utiles peuvent être cultivés sur n'importe quel sol, mais un bel échantillon de la meilleure qualité ne peut pas être produit sur de l'argile lourde ou du calcaire mince. Comme d'autres plantes à croissance rapide de l'ordre des crucifères, les navets doivent avoir de la chaux sous une forme ou une autre, et dans de nombreux jardins, il sera parfois nécessaire de donner un pansement à la chaux en plus du fumier ordinaire. Le superphosphate, l'os et le vieux plâtre ou mortier de bâtiments détruits sont tous précieux pour préparer le sol pour cette culture.

Temps de semis. -Une récolte précoce de petits bulbes peut être cultivée en semant en janvier sur un lit chaud très doux comme prescrit pour les radis précoces, et il peut être bon d'ajouter, qu'en cas d'urgence, les radis de navet blanc peuvent être faits pour prendre la place de Les navets, à la fois pour parfumer les soupes et pour apparaître comme un plat de la manière habituelle. Les navets à croissance rapide peuvent être semés sur une bordure chaude et abritée en février et mars, pour être soigneusement surveillés et protégés en cas de mauvais temps. En avril et en mai, les semis doivent être faits conformément aux besoins probables du ménage, mais les semis de mai devraient comprendre deux ou trois espèces en cas de temps chaud et sec en gâchant certaines d'entre elles.

Les principaux semis pour les approvisionnements d'automne et d'hiver se font en juin et juillet, mais les graines peuvent également être semées en août. Le sol dont une récolte, comme les pois, vient d'être défrichée, nécessite généralement peu de préparation au-delà de la rupture de la surface avec une houe, suivie d'un bon ratissage. Éclaircissez les plantes tôt et laissez-les reposer enfin à six à neuf pouces de distance dans les rangées. Pour les cultures tardives, les graines sont souvent semées à la volée, les racines étant arrachées à mesure qu'elles mûrissent.

Culture générale.-Il est conseillé de semer les navets dans des semoirs sur un fin tilth, et c'est un avantage d'avoir une quantité suffisante de fumier stimulant près de la surface pour accélérer la croissance de la jeune plante, car le danger de la mouche appartient à la feuille de semence organisé. D'une manière générale, la mouche du navet fait peu de mal dans les jardins; mais là où c'est très redouté, la graine doit être semée dans des semoirs préparés pour favoriser une croissance rapide. Écartez les forêts de douze à quinze pouces, de trois pouces de profondeur et à peu près de la même largeur, et remplissez-les presque de fumier pourri, ou d'un mélange de terre et de guano ou de cendres de bois; recouvrez-le d'un peu de terre fine pour éviter d'endommager la graine; puis semez et dissimulez légèrement la graine avec de la terre en guise de finition. Si le sol est suffisamment humide, la croissance commencera presque immédiatement, et la plante montera forte, et produit très rapidement des feuilles rugueuses. Dans la direction générale, dépend davantage d'un éclaircissage opportun et judicieux que de tout autre point. Si les navets ne sont pas bien éclaircis, afin que chaque plante puisse étendre sa tête verte sans être gênée par les feuilles d'un voisin, on ne peut pas s'attendre à une bonne croissance; et l'éclaircissage à la houe doit être commencé dès que les feuilles rugueuses apparaissent. L'opération doit être répétée jusqu'à ce que les plantes soient à une distance convenable, puis vient le processus de sélection, qui doit être fait à la main. On constatera que dans de nombreux cas, deux ou trois petites plantes se tiennent ensemble en ressemblant à une seule. Il ne doit en rester qu'un à chaque station, et ce devrait être le plus court. Les distances peuvent varier de quatre à dix pouces, selon la vigueur de la variété et le type de navets requis.

Le navet aime les sols légers, mais supporte mal la sécheresse occasionnelle à laquelle sont soumis les sols légers. Ce fait explique de nombreux échecs de la récolte pendant une saison chaude et sèche, car l'ensoleillement convient au navet, mais il doit avoir de l'humidité ou subir une détérioration d'une manière ou d'une autre. Si, par conséquent, le sol devient sec et qu'il n'y a pas de perspective de pluie, les navets devraient avoir de l'eau, non seulement pour humidifier la surface, mais pour aller jusqu'aux racines, car un arrosage fréquent n'est pas bon pour la culture, car il a tendance pour gâcher la beauté des bulbes, et favorise une croissance des feuilles de rang qui n'est pas souhaitée. Un arrosage abondant occasionnel par temps sec fera également beaucoup pour la répression des nombreux ennemis qui assaillent cette racine utile - les cavaliers, les vers blancs, les charançons et le reste de la vermine seront acheminés hors de leur confort. cachettes dans le sol poussiéreux lorsque l'arrosage a lieu, et la mort de beaucoup suivra. Mais tant que le sol est assez humide à la profondeur des racines, il n'est pas nécessaire d'arroser et le temps qu'il consommerait peut être utilisé pour d'autres travaux.

Levage et stockage.—À l'approche de l'hiver, une certaine partie de la récolte de navets devrait être soulevée et stockée. En faisant cela, les sommets doivent être coupés, pas trop près, mais en laissant juste un cou légèrement vert, et les racines doivent être plutôt raccourcies que enlevées; en tout cas, couper les racines de près est une mauvaise pratique: les bulbes ainsi traités ne se conservent pas bien. Tout stockage approximatif répond aux navets, l'objectif étant de les garder dodus en excluant l'atmosphère, et en même temps de les protéger contre le gel. La partie de la récolte laissée dans le sol peut être soulevée à volonté de la même manière que le panais, mais cela doit être fait systématiquement, afin que le sol défriché puisse être creusé et billonné avant l'hiver. Ceux qui restent seront en un seul morceau, et donneront une bonne récolte de verts de printemps,

Certains des ennemis cette guerre contre la récolte de navets sera évoquée plus en détail plus tard. Heureusement, le jardinier a de nombreux amis qui ne sont pas suffisamment connus du fermier, les étourneaux, les oiseaux chanteurs et parfois (mais pas souvent) les moineaux. Là où la culture est bonne et que les petits oiseaux abondent, la récolte de navets est assez sûre, et la routine générale de culture esquissée ci-dessus favorisera certainement, si elle ne garantit pas absolument sa sécurité. Les pires ennemis du navet dans le champ sont la mouche et la chenille; mais dans le jardin, et surtout dans l'ancien jardin, anbury est le plus à craindre. Lorsque cela se produit, le cultivateur peut être convaincu que le sol est défectueux, ce qui peut être dû à une mauvaise routine de culture. Partout où l'anbury apparaît, que ce soit sur des choux ou des navets ou sur toute autre plante crucifère, il devrait y avoir un changement complet dans l'ordre de culture, en prenant soin de ne pas mettre de plantes brassicacées sur les parcelles où la maladie est survenue pendant deux ou trois saisons, et en laissant passer au moins une année entière sans faire pousser aucun des ordre crucifère sur eux. En attendant, pour les autres cultures, la terre doit être bien tranchée et chaulée, et généreusement labourée. Il en résultera des récoltes rentables d'autres types de légumes et un rafraîchissement du sol qui lui permettra de porter à nouveau des plants de brassicacées, avec peu de risque de récidive d'Anbury. Une bonne culture est la seule panacée connue contre les fléaux qui assaillent nos cultures. Ce en prenant soin de ne pas mettre de plantes brassicacées sur les parcelles où la maladie est survenue pendant deux ou trois saisons, et en laissant passer au moins une année entière sans y cultiver aucun élément de l'ordre des crucifères. En attendant, pour les autres cultures, la terre doit être bien tranchée et chaulée, et généreusement labourée. Il en résultera des récoltes rentables d'autres types de légumes et un rafraîchissement du sol qui lui permettra de porter à nouveau des plants de brassicacées, avec peu de risque de récidive d'Anbury. Une bonne culture est la seule panacée connue contre les fléaux qui assaillent nos cultures. Ce en prenant soin de ne pas mettre de plantes brassicacées sur les parcelles où la maladie est survenue pendant deux ou trois saisons, et en laissant passer au moins une année entière sans y cultiver aucun élément de l'ordre des crucifères. En attendant, pour les autres cultures, la terre doit être bien tranchée et chaulée, et généreusement labourée. Il en résultera des récoltes rentables d'autres types de légumes et un rafraîchissement du sol qui lui permettra de porter à nouveau des plants de brassicacées, avec peu de risque de récidive d'Anbury. Une bonne culture est la seule panacée connue contre les fléaux qui assaillent nos cultures. Ce Il en résultera des récoltes rentables d'autres types de légumes et un rafraîchissement du sol qui lui permettra de porter à nouveau des plants de brassicacées, avec peu de risque de récidive d'Anbury. Une bonne culture est la seule panacée connue contre les fléaux qui assaillent nos cultures. Ce Il en résultera des récoltes rentables d'autres types de légumes et un rafraîchissement du sol qui lui permettra de porter à nouveau des plants de brassicacées, avec peu de risque de récidive d'Anbury. Une bonne culture est la seule panacée connue contre les fléaux qui assaillent nos cultures. Ce ne les sécurise pas sûrement, car les éléments sont capricieux et hors de notre contrôle; mais là où une bonne culture prévaut, les échecs sont rares, et même les saisons défavorables n'effacent pas complètement les bénéfices du travail passé.

Suédois. «Il y a plusieurs avantages à cultiver des Suédois comme l'une des cultures maraîchères. Ils sont robustes dans la constitution et prolongent la fourniture d'un légume sain. Dans les districts où les navets ne sont pas satisfaisants, les Suédois réussissent et sont appréciés pour leur délicatesse de saveur lorsqu'ils sont cultivés à partir de souches soigneusement sélectionnées à cet effet. La culture est à tous égards la même que celle du navet. La date de semis dépend du district. Dans le nord, il est prudent de semer au début de mai, mais dans les Midlands et les comtés du sud de l'Angleterre, la fin de mai ou le début de juin est assez tôt.

MOELLE VÉGÉTALE

Cucurbita Pepo ovifera

La moelle végétale n'obtient pas, d'une manière générale, le bon type d'attention dans les jardins. Il est cultivé de manière très générale et est très apprécié comme légume d'été. Mais trop souvent le but du cultivateur est d'obtenir de grosses courges, qui au mieux sont grossières et gênantes pour le cuisinier et manquent toujours de substance et de saveur, au lieu de petites courges, qui sont faciles à habiller, élégantes sur la table, et combinez avec une pulpe substantielle et quelque peu gluante une saveur des plus délicieuses. Deux craintes assaillent le jardinier moyen: il a peur de cultiver de petites espèces et il a peur de les couper quand il est assez jeune. Quand il pourra surmonter ces craintes, il appréciera les petites courges qui ont été sécurisées ces dernières années par un travail patient lors de croisements, car bien qu'elles soient de la plus haute qualité, elles sont également précoces et productives, dépassant de loin toutes les plus grandes Marrows en termes de rapidité et d'utilité. Nous n'avons pas la prétention de conseiller le producteur du marché, car il doit cultiver ce qu'il peut vendre; et si les petites courges sont insuffisamment appréciées dans les jardins, on ne peut espérer les voir en vente dans les magasins.

La moelle végétale poussera dans n'importe quel bon sol, et bien qu'une plante tendre, elle est si accommodante que si la graine est semée sur un morceau de terre d'argile nouvellement creusée dans la dernière partie de mai, ou au début de juin, les plantes prospéreront et produire une récolte abondante la même saison. Nous mettons cela comme un cas extrême, mais nous ne recommandons pas un mode si insouciant de cultiver ce précieux légume. Le fait est qu'il vaut mieux la cultiver correctement que de la cultiver malade; et dans un pays où la terre et la main-d'oeuvre coûtent cher, et l'été très incertain, il vaut mieux prendre une telle chose en main scientifiquement et y pourvoir autant de conditions favorables que possible. Trois conditions sont impératives: une chaleur de fond modérée du matériau en fermentation; un sol doux, limoneux, assez moelleux, dans lequel les racines peuvent couler librement; et une quantité d'eau suffisante, car c'est une plante assoiffée. Mais l'utilisation excessive de fumier n'est pas souhaitable, car cela ne fait que forcer une croissance importante du feuillage au détriment du fruit.

Culture du cadre est d'une certaine importance, car les marrows précoces sont très appréciés aux bonnes tables. Pour cette entreprise, les espèces à petits fruits à croissance soignée doivent être choisies, car elles donnent une bonne récolte dans une petite boussole. Le meilleur endroit pour une récolte précoce de courges est une fosse en briques, avec des tuyaux d'eau chaude pour la chaleur supérieure et un lit de matériaux de fermentation pour la chaleur inférieure. Il n'est pas difficile d'obtenir un approvisionnement dans une maison avec des concombres, mais il est préférable de cultiver les courges à part, car elles nécessitent moins de chaleur et moins d'humidité que les concombres. Pour préparer le lit, il est bon d'employer des feuilles en grande partie, disons à hauteur de la moitié, le reste étant du fumier stable qui a été retourné deux fois. Un tel lit donnera une chaleur douce pendant une longue période de temps, et les plantes peuvent y être déposées dans les trois jours suivant sa constitution. Lorsqu'il est cultivé dans un cadre commun, les dispositions sont à peu près les mêmes que celles conseillées pour la culture sur cadre du concombre, le principal point de différence étant que les courges devraient avoir moins de chaleur et plus d'air. La température des marrows sous abri peut varier de 55 ° au minimum à 80 ° au maximum; le milieu sécuritaire étant d'environ 65 ° lorsque le temps est froid et terne; fonctionnant à 80 ° en cas de fort ensoleillement, et les plantes poussent librement avec beaucoup d'air. Quant à la gestion générale, un lit de neuf pouces de profondeur de bon terreau fibreux est nécessaire, avec des approvisionnements réguliers en eau de la même température que les fosses, de sorte que le lit soit toujours raisonnablement humide, et chaque soir une légère seringue sur les feuilles et les murs avant de se taire. La formation est une question très simple. Laissez les vignes courir à leur manière jusqu'à ce qu'elles aient fait des pousses de dix-huit pouces de long, puis pincez les points. Après cela, il ne doit plus y avoir d'arrêt, mais parfois les latéraux doivent être supprimés pour éviter l'encombrement. Donnez de l'air librement à chaque occasion et veillez à ne pas administrer trop d'eau, sinon la bévue entraînera une carence en fruits.

Pour faire pousser des courges en plein air, la meilleure procédure consiste à retirer une partie de la terre végétale, pour former une tranchée peu profonde de quatre pieds de large. Dans celui-ci, portez un pied à dix-huit pouces de profondeur de fumier à moitié pourri, ou un mélange de parties égales de fumier et de feuilles, et couvrez avec le sol qui a été retiré. Cela produira un lit chaud très doux qui durera jusqu'à ce que la chaleur naturelle du sol soit suffisante pour maintenir les plantes en bonne santé. La mi-mai est assez tôt pour combler le lit et au bout de deux ou trois jours, les plantes peuvent être éteintes. Couvrir avec des lampes à main ou de petits cadres, qui le jour suivant doivent être inclinés vers le bas pour laisser passer un peu d'air, et en cas de fort ensoleillement, une feuille de rhubarbe peut être posée pour atténuer les reflets sur les jeunes plantes. Nous supposerons que ces plantes ont été élevées dans un cadre de concombre à partir de graines semées en avril. Si les plantes ne sont pas disponibles, semez les graines par parcelles de deux ou trois sur le lit, et couvrez-les de grands pots de fleurs inversés et d'un morceau de tuile pour boucher le trou. Ce plan accélère la germination. Les pots peuvent également être utilisés comme protecteurs si les cadres en verre ne sont pas à la commande, étant enlevés pendant la journée et mis en place la nuit, le trou étant laissé ouvert pour donner un peu d'air. Par mauvais temps, les pots doivent rester toute la journée sur les plantes, mais dès que possible doivent être à nouveau enlevés pour garder la croissance courte, verte et vigoureuse. Les plantes doivent être placées séparément au centre du lit, à trois pieds de distance, et bien sûr, les graines doivent être semées à la même distance, et chaque touffe de deux ou trois devrait être réduite à un lorsque les plantes sont un peu en avant. Il est conseillé de ne pas être pressé d'éclaircir les plantes, car les limaces obligeront probablement à modifier les arrangements, de sorte qu'il sera parfois nécessaire de soulever une touffe, et de diviser les plantes, pour combler les lacunes où les limaces ont fait un dégagement. Une inspection occasionnelle dans l'après-midi de la journée, et de nouveau tôt le matin, sera le meilleur moyen de repousser les limaces, car elles peuvent alors être capturées et éliminées; mais un saupoudrage de suie autour de chaque touffe fera beaucoup pour protéger les plantes contre les maraudeurs silencieux. En ce qui concerne l'après-gestion, il n'y a aucune raison de s'arrêter ou de s'entraîner, mais de temps en temps, une cheville robuste peut être placée pour garder une vigne solide en ordre. La nécessité de l'humidité ne doit pas être négligée. Si le sol devient sec, les plantes en souffriront, mais avec une humidité suffisante, elles continueront à pousser et à porter jusqu'à ce que le gel les détruise. Coupez les courges lorsqu'elles sont assez jeunes, car non seulement elles sont plus utiles sur la table lorsqu'elles sont petites et tendres, mais les plantes en porteront cinq fois autant que lorsque quelques-uns sont autorisés à atteindre leur pleine taille. L'explication du cas est très simple. La production des jeunes fruits n'épuise pas à un degré appréciable les plantes; mais quand on laisse les fruits se développer, la plante est trop sévèrement taxée, et une succession est assez bien arrêtée. Les courges les plus délicatement aromatisées, en règle générale, sont les plus petites; ceux-ci, une fois cuits, doivent être servis entiers, ou tout au plus coupés en deux, et bien sûr il n'y a pas lieu de retirer les graines.

UN AN DE TRAVAIL AU JARDIN DE LÉGUMES

Les notes mensuelles suivantes ne sont pas destinées à remplacer les instructions détaillées sur les différents types de légumes qui apparaissent dans les pages précédentes. Le présent objet est d'attirer l'attention sur les travaux à effectuer et sur les travaux à préparer, selon les changements de saison et l'état de la météo le permettent; pourtant, une certaine quantité de détails est incluse. Le simple fait d'offrir des rappels reviendrait à exclure la grande masse des amateurs, et les moins expérimentés des jardiniers pratiques, de la participation aux avantages de ces notes mensuelles, et à restreindre leur utilisation à quelques hommes pratiques qui sont maîtres de chaque détail de l'entreprise de jardinage. La routine sous chaque mois est généralement en harmonie avec celle déjà recommandée,

Un ouvrage sur le jardinage demande au lecteur l'exercice du jugement. S'il est suivi aveuglément, il peut s'avérer aussi souvent faux que juste; car il n'appartient pas aux auteurs d'influencer le temps en faveur de leurs directions, ou d'assurer à ceux qui peuvent suivre leurs conseils une seule parmi les nombreuses conditions nécessaires au succès. Quoique les temps nommés pour certaines opérations soient les meilleurs comme moyenne, les particularités de climat et de saison exigeront quelques modifications, que chacun devra découvrir par lui-même; et une fois que la graine d'un légume a été semée, il n'est pas toujours nécessaire de rappeler ultérieurement les semis successifs. Ceux-ci suivent naturellement en fonction des exigences de chaque jardin particulier. Avec ces allocations dûment faites, ces notes seront, ilest espérée, se révèle parfaitement pratique, et tend matériellement à aider le cultivateur à obtenir du potager une abondance de tout en sa saison, et d'une qualité dont il n'a pas besoin d'avoir honte.

JANVIER

Le travail dans le jardin pendant le premier mois de l'année dépend entièrement de la météo, et il est vain d'entrer dans un vain conflit avec la nature. En cas de fortes pluies, éloignez-vous du sol, mais immédiatement il supportera le trafic sans braconnage, soyez prêt à profiter de chaque heure favorable. Beaucoup peut être fait en janvier pour se préparer au printemps chargé, et chaque moment utilement utilisé soulagera la pression plus tard. Examinez le stock de bâtonnets de pois, sortez tous les déchets de la cour et faites un «étouffement» des déchets d'élagage et des tas de secousses et autres choses pour lesquelles il n'y a pas d'utilisation décidée. Si cela est bien fait, le résultat sera une cendre noire de la nature la plus fertilisante, comme un simple feu ne produira pas. Si le sol est gelé, évacuez le fumier et déposez-le en tas prêts à être épandus et creusés là où les lits de semence doivent être faits. Si le temps est ouvert et sec, tranchez les parcelles de rechange et préparez des parcelles bien fertilisées pour semer les pois et les haricots. Dans la mesure du possible, tous les travaux préparatoires doivent être poursuivis avec vigueur et tous les efforts doivent être faits pour amasser autant de terres que possible à l'état brut; car plus elle sera gelée, plus sa fertilité sera grande, et plus les récoltes seront belles et abondantes.

Il est de la prudence la plus ordinaire de se préparer à résister au choc d'un gel violent. Lorsque cet événement se produit, beaucoup subissent des pertes parce qu'ils n'y sont pas préparés. De bons murs de briques et des toits substantiels sont nécessaires pour conserver les fruits et les racines les plus précieuses; mais quand on recourt à des méthodes grossières, telles que le serrage et le piqûre, il devrait y avoir un grand corps de matière utilisé, car un gel prolongé trouvera son chemin à travers n'importe quel revêtement mince, quel que soit le matériau. Comme il n'y a pas grand-chose à faire maintenant à l'extérieur, c'est le bon moment pour examiner les notes qui ont été faites concernant diverses cultures au cours de la dernière saison et pour s'occuper de la liste des semences.

Les semis doivent être pratiqués avec une extrême prudence; mais de grandes choses peuvent être faites là où il y a chaud, abrité, sec bordures et appareils appropriés pour le criblage et la transmission des premières récoltes. Dans ces conditions favorables, nous conseillons le semis de petites largeurs de quelques sujets de choix vers la fin du mois; et, ceci étant fait, tous les soins devraient être pris pour nourrir les semis à travers les temps difficiles qui les attendent. Des choses telles que les jeunes radis tendres, les oignons, les petites salades, les épinards, le chou et les carottes ne viennent jamais trop tôt; le problème est souvent qu'ils sont vus sur le marché alors qu'ils sont encore invisibles dans le jardin. Les haies de charme, de laurier ou de houx, pour briser la force du vent, sont précieuses pour abriter les premières frontières, et les murs sont de grandes aides à la précocité par la chaleur qu'ils reflètent et la sécheresse qu'ils favorisent.

Le sol de ces premières cultures doit être léger et riche, et la position très bien drainée, pour éviter la moindre accumulation d'eau lors de fortes pluies. En supposant que vous ayez une telle bordure, semez dessus, dès que le temps le permettra, n'importe laquelle des plus petites sortes de laitue au chou, d'oignon, de radis long écarlate, d'épinard rond, de chou et de carotte. Toutes ces cultures peuvent être cultivées dans des cadres avec une plus grande sécurité, et dans de nombreux endroits exposés, la bordure chaude est presque impossible. Les haies de roseau et la litière sèche en vrac doivent toujours être prêtes lorsque la culture précoce est en cours; et de vieilles lumières, et même de vieilles portes, et n'importe quel type d'écran peut être utilisé parfois pour protéger les premiers lits de semence de la neige, du gel sévère et du souffle sec d'un vent d'est.

Forcer est l'un des beaux-arts du jardin anglais. C'est un art facilement acquis jusqu'à un certain point, mais au-delà plein de difficultés. Chaque étape de cette entreprise est un conflit avec la nature, et dans un tel conflit, les dispositifs de l'homme doivent parfois échouer. Une règle d'or se trouve dans le proverbe «Plus il y a de hâte, moins il y a de vitesse». Quelle que soit la source de chaleur, elle doit être modérée au début et doit être augmentée lentement. Plus les articles forcés sont nécessaires tôt, plus leur préparation doit être soignée et plus la température est modérée dans un premier temps. Il doit y avoir à la commande une température constante et suffisante: lorsqu'une culture forcée a fait des progrès, un contrôle sera fatal au succès. Le débutant doit acquérir de l'expérience avec la rhubarbe et le chou de mer,

Les artichauts, Globe , ne sont pas tout à fait rustiques et doivent être protégés avec de la litière.

Les lits d' asperges doivent être fortement fumés, si ce n'est déjà fait, mais les lits n'ont pas besoin d'être creusés. Contentez-vous de déposer le fumier, et les pluies laveront le stimulant jusqu'aux racines en temps voulu. Dans les jardins près de la côte, les algues sont le meilleur fumier pour les asperges, et l'utilisation du sel peut alors être supprimée.

Les haricots, larges , peuvent être semés dans des cadres et vers la fin du mois dans des quartiers ouverts. Pour les cultures précoces, sélectionnez les variétés Longpod. Semez sur un sol profondément creusé et bien fertilisé.

Le chou peut être planté à tout moment lorsque le temps le permet, à condition que vous possédiez ou puissiez obtenir les plantes; et il est de la plus haute importance de les sécuriser d'une source fiable, ou des variétés peuvent être plantées qui, dans quelques semaines, enverront des tiges de fleurs au lieu de former des cœurs tendres. À chaque saison de l'année, les parcelles vacantes doivent être maintenues avec quelques largeurs de chou. Avec notre climat variable, ils peuvent être acceptables, même au plus fort de l'été, s'il y a eu une course difficile avec d'autres légumes, ou si une récolte importante a échoué.

Le chou - fleur peut être semé sur un lit chaud doux, ou dans une casserole dans la serre, ou même dans un cadre, pour commencer à planter en mars ou avril.

Le cresson , pour être apprécié, doit être produit à partir d'une succession constante de semis petits mais fréquents. Toutes les sortes sont bonnes, mais de saveur différente, et elles ne doivent être utilisées que jeunes et tendres. Semez à intervalles de quelques jours dans des casseroles, comme dans le cas de la moutarde, jusqu'à ce qu'il soit possible de cultiver en plein air, puis donnez une position ombragée pendant l'été sur un sol moelleux et plutôt humide.

Concombres ne sont jamais prêts trop tôt pour répondre à la demande au début du printemps. Ils sont cultivés dans des maisons plus ou moins adaptées à leurs besoins, ainsi que dans des cadres sur lits chauds. À cette période de l'année, cependant, les cadres sont quelque peu difficiles à gérer et, par temps difficile, ils sont un peu dangereux, bien que plus tard dans la saison, ils ne rencontrent aucune difficulté. Pour le moment, nous limiterons donc nos remarques à la culture de la maison. Presque toutes les serres peuvent être amenées à répondre, mais le travail peut être mené avec le plus de succès et avec la plus grande économie dans des maisons expressément construites pour les concombres. Pour les travaux d'hiver, un appentis, exposé au sud, présente des avantages particuliers. Mais pour l'utilité générale, si nous devions ériger un bâtiment sur un sol bien drainé, il devrait être nain, enfoncé à trois pieds dans le sol, avec des murs de briques jusqu'à l'avant-toit, et éclairé uniquement par le toit. Une telle structure est moins influencée par les changements atmosphériques qu'un bâtiment entièrement hors sol. Lela taille, bien sûr, est facultative; et une maison assez petite fournira des concombres à une famille ordinaire. Mais une petite maison n'est économique ni en carburant ni en main-d'œuvre. Un bâtiment de trente pieds de long sur douze pieds de large, six pieds de haut sur les côtés et huit pieds et demi de haut à la crête, non seulement fera pousser des concombres et des melons, mais sera également d'un immense service pour de nombreuses autres plantes. Une division en son milieu par un mur s'élevant de quatre pieds, surmonté d'un écran de verre monté sur le toit, et terminé par une porte partiellement vitrée, augmentera considérablement son utilité. Il devrait y avoir une allée au centre de quatre ou cinq pieds de large, délimitée par des murs atteignant quatre pieds au-dessus du sol. Ces murs doivent avoir neuf pouces d'épaisseur pour deux pieds six pouces de hauteur, mais pour les parties supérieures, la maçonnerie n'a besoin que de quatre pouces et demi d'épaisseur. Cet agencement fournira un rebord sur le côté intérieur de chaque mur, et les murs principaux devraient également avoir des rebords correspondant en hauteur, sur lesquels poser des ardoises pour porter le sol. Pour assurer le drainage, laissez un espace d'environ un pouce entre les ardoises et placez des carreaux ou un gazon inversé sur chaque ouverture pour éviter que le sol ne soit emporté. Les conduites d'eau chaude se trouveront dans des chambres immédiatement sous les plantes. Les ouvertures dans les murs de l'allée, équipées de portes coulissantes, permettront d'admettre la chaleur directement dans la maison chaque fois que cela sera souhaitable. Une ventilation doit être prévue sous le faîte à chaque extrémité, ainsi que dans le toit. Dans une telle maison, il est facile de cultiver des concombres toute l'année, sauf peut-être en plein hiver, lorsque les jours courts et sombres rendent la tâche difficile, peu importe la perfection des appareils à commande. La division au centre sera jugée utile à tout moment, et en particulier lorsqu'un ensemble de plantes tombe en panne; pour un autre ensemble peut être mis en place exactement quand on le souhaite. Mais quelle que soit la structure, le mode de culture reste sensiblement le même dans tous les cas. Maintenant, en ce qui concerne le sol, un compost fait de terreau moelleux et de moisissure des feuilles à parts égales sera efficace et sucré. En l'absence de moisissure des feuilles, utilisez deux parties de terreau et une de fumier complètement décomposé avec quelques morceaux de charbon de bois ajoutés. La douceur n'est pas absolument nécessaire pour réussir, mais néanmoins nous aimons l'avoir, pour qu'une visite au concombre soit une source de plaisir. Cela ne peut pas être le cas si du fumier de qualité a été utilisé. Soulevez la graine une à une dans de petits pots de 60 et semez suffisamment, car quelle que soit la qualité de la semence, une proportion échouera presque certainement pour une raison quelconque à cette période critique. Donnez aux plantes un passage dans la taille 48, pour les maintenir en vie jusqu'à ce qu'elles soient prêtes à être placées dans les plates-bandes. Les concombres poussent avec une grande rapidité et ne devraient jamais connaître de contrôle, encore moins par la famine. Sur les ardoises, faites autant de tas de terre que nécessaire, et au centre de chaque tas, mettez une plante. Au fur et à mesure que les racines s'étendent, ajoutez plus de terre jusqu'à ce que les tas se rencontrent et atteignent finalement le niveau du dessus de la maçonnerie. Ce traitement fournira de la nourriture au fur et à mesure du développement des racines et aidera à maintenir les plantes en activité pendant une longue période. Des fils robustes parallèles à la longueur de la maison, un pied sous le verre, porteront les vignes. La température ne doit jamais descendre en dessous de 60 ° la nuit; mais à mesure que la saison avance, si le thermomètre enregistre 90 ° les jours ensoleillés, aucun mal ne sera fait, pourvu que les racines ne soient pas sèches et que l'air soit maintenu correctement humide en agitant la seringue. Les jours maussades, une bonne saupoudrage sur le feuillage suffira, et cela devrait être fait le matin. Par temps chaud et ensoleillé, cependant, deux ou trois seringues seront bénéfiques; mais le travail ne doit pas être fait trop tard pour risquer que le feuillage soit mouillé quand la nuit vient. Il y aura des occasions où il peut être conseillé d'éviter de toucher les feuilles avec de l'eau, s'il n'y a pas de probabilité qu'elles sèchent avant la tombée de la nuit. Dans un tel cas, l'humidité peut être maintenue en saupoudrant librement le sol et les murs. Les concombres ne peuvent pas prospérer s'ils sont secs à la racine, mais bien qu'il ne devrait pas y avoir de passage d'eau, il doit être administré avec jugement; et il est de la plus haute importance que le drainage soit efficace, car l'eau stagnante est encore plus nuisible qu'un sol sec. Quelques bâtons placés dans différentes parties du lit, descendant jusqu'aux ardoises, serviront d'indicateurs. Dessinez-les et inspectez-les de temps en temps, et une idée assez correcte de l'état du sol sera obtenue. L'eau doit être à la même température que la maison; si elles sont appliquées à froid, les plantes subiront un contrôle sérieux. Dans le cas où le lit tombe quelque peu en dessous de la température appropriée, l'eau peut être avantageusement de quelques degrés plus élevée que d'habitude.

Le raifort doit être planté tôt, pour assurer de fines racines pour le prochain bœuf de Noël.

Poireau . - Ceux qui souhaitent produire des tiges de superbe grosseur et de belle texture doivent semer à chaud pendant ce mois ou au début de février, car une période de croissance plus longue est nécessaire que pour les cultures ordinaires. Une fois que la croissance des racines est suffisante, transplanter dans des pots plus grands et, le moment venu, les transférer dans un cadre où les plantes peuvent être progressivement durcies pour être placées dans des tranchées spécialement préparées en avril.

Les laitues seront bientôt en demande et les premiers cœurs seront particulièrement précieux. Semez quelques sortes dans des casseroles, dans des cadres ou sur des lits chauds doux, pour être prêt pour la plantation de temps en temps.

Melon. — Bien que le Melon soit un fruit, sa culture fait naturellement partie de la routine d'un potager. Jusqu'à un certain point, il peut être cultivé dans la même maison que les concombres; mais une fois ce point atteint, les deux usines nécessitent un traitement très différent. Les concombres sont coupés jeunes et doivent être cultivés dans une atmosphère chaude et humide du début à la fin. Les melons ont besoin de chaleur et, au début, d'humidité aussi; mais le fruit doit être mûri, et après sa prise, un traitement à sec devient essentiel pour la production d'une saveur riche avec beaucoup d'arôme. Dans les grands jardins, trois cultures de melons sont généralement cultivées dans la même maison en une saison. Un sol léger est conseillé au début de l'année, mais plus tard dans la saison, un compost plus lourd peut être utilisé. Pour le premier semis, sélectionnez une variété précoce, et au début de ce mois, mettez la graine dans des pots séparés. Remettez les plantes en pot une fois, et elles seront prêtes pour les plates-bandes d'ici la première semaine de février. Les melons de ce semis devraient être prêts pour la table en mai, ce qui est assez tôt car ils peuvent être produits avec du sucre en eux. Jusqu'à ce que les fruits commencent à gonfler, le traitement conseillé pour les concombres conviendra également aux melons. Ensuite, l'arrosage devra être géré avec soin. Ce serait un avantage si les fruits pouvaient être finis sans une goutte d'eau à partir du moment où ils ont environ deux pouces de diamètre, mais les tuyaux chauds le rendent presque impossible. Cependant, l'eau ne doit pas être donnée plus fréquemment que ce qui est réellement nécessaire pour maintenir les plantes en vie, et quand elle est appliquée, laisser tremper complètement. Dans le même temps, la ventilation exigera une attention constante, et, pourvu que la température puisse être maintenue, il n'est guère possible de donner de l'air trop librement. Au début de la croissance, et par temps doux, si le thermomètre indique 65 ° à 21 heures, le cultivateur peut dormir paisiblement en ce qui concerne les melons. Au fur et à mesure que la saison avance, la température peut être augmentée à 70 ° la nuit et 75 ° à 90 ° le jour. En ce qui concerne l'arrêt, il peut suffire de dire que c'est un gaspillage d'énergie pour permettre à la plante de faire une grande quantité de vigne, qui doit ensuite être coupée. En pinçant judicieusement les pousses, la plante peut être répartie également sur l'espace alloué. Les fleurs doivent être fertilisées, et à cet égard le traitement diffère de celui conseillé pour les concombres. La pratique a l'avantage de permettre aux fruits d'être uniformément répartis sur la vigne, et de quatre à six,

Moutarde . - Ceux qui s'occupent des salades ont besoin d'un approvisionnement en moutarde presque toute l'année, et pour assurer une succession, ce sera nécessaire de semer à intervalles réguliers. C'est un bon plan de garder quelques boîtes en service à cet effet dans une usine ou une fosse, en semant une ou deux à la fois selon les besoins, et en prenant soin de ne pas semer inutilement. La graine peut être semée à l'extérieur tout l'été, sur une bordure ombragée, mais rien ne surpasse les boîtes ou les grandes casseroles sous verre. La moutarde et le cresson ne doivent jamais être semés dans la même rangée ou dans la même casserole, mais séparément, car ils ne poussent pas au même rythme et le premier peut être apte à être utilisé une semaine environ avant le second. Ne vous contentez pas d'utiliser du viol ou de tout autre substitut, mais semez l'article authentique.

Oignon. —La pratique moderne de semer des graines d'oignon dans des boîtes sous verre est à saluer pour plusieurs raisons. Il assure une longue saison de croissance et donne de beaux bulbes bien au-dessus de la moyenne en taille. Le repiquage offre la possibilité de sélectionner les plants les plus solides et de les placer à des intervalles précis dans le lit. Comme un avantage suprême, ce système, dans une large mesure, empêche l'attaque de la mouche à oignon. Semez dans des boîtes remplies de terre riche et assurez-vous que les plantes ont suffisamment d'eau, bien que très peu soit nécessaire avant le transfert dans d'autres boîtes.

Pois de la classe à graines rondes peuvent être semées dans des quartiers ouverts, et les endroits les plus secs et les plus chauds doivent être sélectionnés. Il est pratiquement impossible de les cultiver trop bien; car si le foin monte plus haut que d'habitude, le produit sera le plus fin. Rappelez-vous aussi que si des tranchées profondes sont creusées et que beaucoup de fumier est mis pour les pois, le sol est jusqu'ici préparé pour que le brocoli, le céleri et les choux-fleurs tardifs suivent; car les pois semés tôt seront lancés à temps pour une autre récolte payante. Comme tout le monde veut un plat précoce de pois, semez l'une des variétés de graisse à moelle avant dans des pots, ou sur des bandes de gazon posées côté herbe vers le bas dans des boîtes à fond mobile qui peuvent être retirées par une main adroite lorsque le transfert est effectué des cadres à le terrain ouvert. Les auges pour les pois peuvent être fabriquées en très peu de temps à partir de déchets de bois qui peuvent être trouvés dans la cour; ou quelques longueurs d'anciens jets en zinc bloqués aux extrémités répondront admirablement. En l'absence de telles aides, des pots de fleurs peuvent être utilisés. La graine doit avoir l'abri d'un cadre ou d'une fosse, mais doit avoir le moins de stimulus possible de la chaleur artificielle, sauf dans les cas où il y a toutes les compétences nécessaires pour favoriser une production très précoce.

Les pommes de terre sont prisées lorsqu'elles arrivent tôt et peuvent être acheminées sur des lits de feuilles et des lits chauds épuisés en les recouvrant d'un sol léger et riche et en utilisant de vieux cadres de protection, avec de la litière pratique en cas de gel. Pour ces premiers travaux, sélectionnez les premiers reins et rondes; les variétés principales ne sont pas assez rapides.

Les radis sont plus ou moins demandés pendant la plus grande partie de l'année. Les premières récoltes sont cependant particulièrement appréciées, et il n'est pas nécessaire que la moindre difficulté se produise pour produire un approvisionnement. Un lit chaud à moitié épuisé, ou, en fait, toute position qui offre un abri et de la chaleur, répondra admirablement pour élever cette récolte jusqu'à ce qu'elle puisse être confiée à une position appropriée à l'air libre.

Sea Kale peut être recouvert de pots ou d'une bonne profondeur de litière, ou d'une combinaison de pots et de litière. Cela devrait être fait tôt, car au premier mouvement de végétation, ce délicieux légume entrera en service et sera généralement de meilleure qualité que s'il était forcé. Cependant, il se trouve que c'est la chose la plus facile à forcer, et donc, partout où elle est entretenue, un approvisionnement abondant peut être maintenu de Noël (ou plus tôt) jusqu'en mai. Comme les tiges des feuilles doivent être soigneusement blanchies, il est nécessaire de les couvrir dans tous les cas.

Les épinards peuvent être semés dans des quartiers ouverts. Si le gel détruit la plante, semez à nouveau. Un certain risque doit être rencontré pour un plat précoce de ce légume très prisé. Gardez les épinards semés en automne à l'abri des mauvaises herbes et, lors de la cueillette (si cela s'avère apte à fournir une récolte), cueillez les feuilles séparément avec un peu de soin.

Fraises . - Les graines des variétés alpines semées en casserole ce mois-ci, pour être transférées plus tard en pleine terre, produisent généralement de beaux fruits en septembre.

Tomate.- Sur l'immense valeur de la tomate en tant qu'article de régime, nous n'avons rien à dire, mais nous pouvons affirmer avec certitude que ses mérites à des fins décoratives n'ont pas encore été pleinement reconnus. De longues grappes de fruits brillants et brillants sont parfois employées avec un effet saisissant dans les épergnes, et il est naturel de les utiliser pour décorer la table du dîner. Toutes les tomates peuvent être cultivées et mûries sous verre de presque toutes les manières qui conviennent à la convenance du cultivateur. Les fosses, les cadres, les vignobles et les maisons de pêcher apporteront le fruit à la perfection, en pot ou en plantation. De magnifiques cultures sont également cultivées de la manière habituelle avec les concombres, mais à une température plus basse; et ceux qui ont une première maison de concombre en liberté pendant l'été peuvent en tirer profit pour les tomates. Le sol doit être préparé et posé à l'automne. Il ne doit pas être trop riche, sinon il y aura beaucoup de feuillage et peu de fruits, et la floraison sera également tardive. Un compost de la moisissure des feuilles et du terreau avec un ajout de sable convient admirablement aux tomates; mais le fumier brut doit être considéré comme un poison. Semez finement dans des pots bien drainés et fermement remplis de terre, et placez à une température de 60 ° ou 65 °. Lorsqu'elles sont assez grandes pour être manipulées, transférez les plants dans de petits pots et, si nécessaire, ombragez-les pendant quelques jours. Gardez-les près du verre jusqu'à ce que les racines soient bien établies et ne leur permettez pas de subir un contrôle du premier au dernier.

FÉVRIER

Le travail de ce mois-ci doit être poursuivi lorsque le temps le permet, mais avec une plus grande activité et plus de confiance, car le soleil prend rapidement de la puissance. Le creusement sérieux, le fumage libéral et le nettoyage scrupuleux sont les tâches qui revêtent une importance primordiale. De nombreuses mauvaises herbes, en particulier le séneçon, vont maintenant fleurir, et si elles sont autorisées à semer, elles feront un travail énorme plus tard. Il est bon, cependant, de se rappeler- ce que peu de gens se souviennent, parce que le fait n'a pas été pressé sur leur attention - que les mauvaises herbes de toutes sortes, tant qu'elles ne sont pas en fleur, sont vraiment utiles comme fumier lorsqu'elles sont creusées dans le sol. sol. Par conséquent, un champ de mauvaises herbes ne va pas nécessairement se ruiner; mais si les mauvaises herbes ne sont pas arrêtées à temps, elles se répandent par leurs graines et brisent l'ordre du jardin. Creusez-les et leur décomposition nourrira la prochaine récolte. Si un semis précoce est pratiqué et que le produit le plus précoce possible de tout est visé, il doit toujours y avoir à portée de main les moyens de protection, tels que litière, branches d'épinette, nattes ou autre matériel, selon les circonstances. Le jardinier vigilant n'est pas surpris par la météo, mais est toujours armé en cas d'urgence. Lisez les notes de janvier avant de continuer; et en ce qui concerne ce qui reste à faire, épargnez ici la nécessité de rappels.

Frame Ground doit être maintenu scrupuleusement propre et ordonné. Beaucoup de choses nécessiteront un arrosage maintenant, mais l'eau ne doit pas être donnée sans précaution, car l'humidité est nuisible par temps glacial. Veillez à ce que les plantes ne se pressent pas et ne meurent pas de faim, sinon elles ne serviront à rien.

Artichaut, Globe. - Les plantes issues d'un semis fait maintenant dans un cadre, et transférées à l'air libre à la fin du mois d'avril, produiront généralement des têtes en août, septembre et octobre suivants.

Des artichauts, Jérusalem, peuvent être plantés ce mois-ci où il a été possible de préparer le terrain. Utilisez des ensembles entiers si cela vous convient, ou des ensembles de plantes coupées avec environ trois yeux chacun.

Les haricots, larges , peuvent être semés à la fois pour les cultures précoces et principales, et avec peu de risques de dommages par les gelées printanières. La situation la plus sèche et la plus chaude devrait être choisie pour les espèces précoces et la terre la plus solide pour les espèces tardives. Si les semis ont été réalisés en châssis le mois dernier, veillez à faire durcir les plants avec précaution en prévision de la plantation; s'il est attrapé par un gel violent, tout le monde périra.

Haricots, français. - Pour précéder les cultures en extérieur, faire un semis de Haricots Nains en châssis, et des Variétés Françaises Grimpantes en verger ou autres espaces disponibles sous verre.

Betterave. - Les semis de la variété Globe peuvent être faits ce mois-ci et en mars, sur un lit chaud doux sous les cadres, pour fournir des racines avant les approvisionnements extérieurs.

Brocoli. —Semez sur une bordure chaude et abritée, ainsi que dans un cadre. Avec une récolte aussi importante à cette période de l'année, il devrait y avoir au moins deux cordes à l'archet.

Choux de Bruxelles. - Pour un rassemblement précoce de gros boutons, un semis doit être fait maintenant sur la bordure chaude. Ce légume nécessite une longue période de croissance pour atteindre la perfection, et ceux qui sèment tard obtiennent rarement des boutons aussi fins que la plante est capable de produire.

Le chou peut être semé dans des casseroles ou des boîtes placées dans un cadre, pour être planté en temps voulu pour une utilisation estivale, et à partir d'une variété à croissance rapide, les cœurs tendres peuvent être coupés presque aussitôt que sur les plantes semées en automne. Là où les plantations sont assez épaisses, tirez aussi vite que possible parmi elles toutes les plantes alternatives, pour laisser au reste suffisamment d'espace pour le cœur. Il est bon de se rappeler que les petits cœurs lâches des choux immatures font un plat plus délicat que les cœurs blancs les plus complets; mais lorsqu'il est cultivé pour le marché ou pour répondre à une forte demande, il doit y avoir du volume et de la substance. Les choux sont en demande constante pour se raccommoder et pour faire des récoltes volées, ou pour remplacer tout ce qui échoue après la récupération.

Le capsicum et le chili doivent être semés maintenant ou en mars sur un lit chaud et mis en pot jusqu'à ce que les plantes soient aptes à être placées dans la serre ou la véranda.

Chou-fleur. - Un autre semis doit être fait sous verre pour alimenter une succession de plantes.

La salade de maïs se développe bien dans n'importe quel sol pas particulièrement lourd, le meilleur étant un limon sableux fertile. Semez dans des forets espacés de six pouces; garder la houe bien au travail, et lorsque vous êtes prêt, éclaircissez les plantes à six pouces l'une de l'autre. Ils doivent être consommés jeunes.

Couve Tronchuda produit deux plats distincts. Le dessus forme un chou de la saveur et de la couleur les plus délicates, et fournit le meilleur plat possible de légumes verts en automne; et les nervures médianes des plus grandes feuilles peuvent être cuites à la manière du chou marin, et seront trouvées excellentes. Ce délicieux légume peut être assuré pour une utilisation en été et en automne et loin en hiver par des semis successifs en février, mars et avril; les premiers semis à être assistés par la chaleur. Les plantes doivent être mises le plus tôt possible sur un sol riche à une distance de deux à trois pieds dans chaque sens; ils doivent avoir beaucoup d'eau pendant un été sec. La saison du chou du Portugal peut être prolongée en prenant ce qui reste des plantes avant que le gel sévère ne se produise, et en les plaçant dans une banque de terre sèche dans un hangar ou une dépendance.

Aubergine. - Les fruits des aubergines jouent un rôle plus important dans la cuisine des Français et des Italiens que chez nous, et ils font un plat délicieux lorsqu'ils sont bien cuits. Les graines peuvent être soulevées en chaleur, mais lorsque l'été arrive, les plantes poussent dans un sol riche au pied d'un mur exposé au sud. Les variétés blanches et violettes sont cultivées pour l'ornement ainsi que pour la cuisine. Semez maintenant ou en mars dans la chaleur, et en juin, les plantes devraient être prêtes à être transférées dans un sol riche dans un endroit abrité, en laissant à chacune un espace de deux pieds.

L'ail doit être planté en rangées, espacées de neuf pouces dans chaque sens et deux pouces de profondeur dans un sol riche et moelleux.

Salade. —Semez à nouveau sur une bordure chaude et dans des cadres. Plantez par temps doux ceux qui sont en forme de cadres et de lits chauds, en vous assurant d'abord qu'ils sont bien durcis.

Moutarde. —Il est facile de travailler avec un cadre pour avoir de la moutarde à tout moment; et beaucoup de petits semis valent mieux que les gros, qui ne font que gaspiller aujourd'hui et veulent demain.

Oignon . - Il est encore temps de semer dans des caisses préparatoires à la plantation en avril.

Persil à semer dans la dernière partie du mois.

Le panais doit être semé le plus tôt possible, sur le sol le plus profond et le meilleur en termes de texture; mais il n'est pas nécessaire que ce soit sur le plus riche, car si les racines peuvent pousser vers le bas, elles obtiendront ce qu'elles veulent du sous-sol, et il est donc d'une grande importance de mettre cette culture sur un sol qui a été creusé deux fois à l'automne.

Pois . - Semez les premières espèces en quantité maintenant, selon les besoins probables; mais il y aura une perte plutôt qu'un gain de temps s'ils sont semés sur un sol pâteux ou par mauvais temps. Là il y a maintenant beaucoup d'excellentes sortes de hauteur modérée, et ce sont celles-ci qui posent le moins de problèmes dans leur gestion; mais quelques-unes des variétés les plus hautes restent encore en faveur, à cause de leur belle qualité. Cependant, il est encore temps de semer des pois de mi- saison et tardifs; mais le plus tôt certains des premiers comtes sont arrivés, mieux ce sera. Il est de coutume de semer plusieurs rangées dans une parcelle assez rapprochée, mais il est préférable de les séparer suffisamment pour admettre deux ou trois rangées de pommes de terre primeurs entre deux rangées de pois. Cela assure une abondance de lumière et d'air aux pois, et ces derniers sont d'une grande valeur pour protéger les pommes de terre des gelées de mai qui tuent souvent les châles qui se lèvent. Un sol chaud, sec et fertile est nécessaire pour les premiers pois. Ceux qui sont déjà en place et en mauvaise posture devraient être creusés et les rangs semés à nouveau. Il est intéressant de noter que si les pois sont complètement pincés et affamés par les intempéries, ils s'avèrent rarement un succès; donc, s'ils vont mal, sacrifiez-les sans hésitation et recommencez. Là où les premières rangées se portent bien, mettez-y des bâtons immédiatement, car les bâtons offrent une protection considérable, et l'effet peut être augmenté en répandant sur le côté au vent de petites coupures de haies et d'autres matières légèrement sèches.

Les radis, pour être doux, tendres et beaux, doivent être cultivés rapidement. Si elles sont vérifiées, elles deviennent chaudes, résistantes et sans valeur. Beaucoup peut être fait pour acheminer une culture au moyen de litière sèche et de nattes pour protéger les plantes du gel, en supprimant la protection par temps favorable pour donner à la culture le meilleur bénéfice possible de l'air et du soleil. Les vieilles montures usées qui ne tiendront guère ensemble paieront à nouveau leur premier prix, à l'aide d'un peu d'adresse, pour la culture des radis.

La rhubarbe doit être reprise et divisée, et replantée dans un sol riche et humide, chaque morceau séparé n'ayant qu'un seul bon œil. Ne cueillez pas cette saison dans la nouvelle plantation, mais ayez toujours un morceau d'un an pour alimenter la cuisine. Cette méthode garantira que les bâtonnets seront fiers, non seulement pour leur taille, mais aussi pour leur couleur et leur saveur.

Les savoyards sont appréciés par certains lorsqu'ils sont petits, et par d'autres, ils sont appréciés autant pour leur taille que pour leur excellente saveur lorsqu'ils sont bien givrés. Les grandes Savoie doivent avoir une longue saison de croissance; semez donc le plus tôt possible, soit dans un cadre, soit sur un lit de semence riche et moelleux, et soyez prêt à les piquer avant qu'ils ne deviennent encombrés.

Sea Kale. - Les plantations réservées aux derniers approvisionnements ne doivent être couvertes que lorsqu'elles commencent à pousser naturellement, puis les revêtements doivent être revêtus pour blanchir efficacement la pousse. Le chou de mer à ciel ouvert peut être découvert dès la coupe, mais un peu de litière devrait être laissé pour donner une protection et aider les jeunes pousses à se lever, car après le blanchiment, la bouture est une taxe sévère pour la plante, et elle doit recommencer la vie et se préparer au travail de la saison suivante.

Échalote. - Lorsqu'elles sont bien développées, les touffes sont plus grosses que le poing d'un homme et chaque bulbe séparé est plus épais qu'une noix. Pour bien les cultiver, ils doivent avoir le temps; plantez donc tôt, sur un sol riche, en rangées espacées d'un pied et les bulbes à environ neuf pouces de distance. Poussez-les dans la terre assez profondément pour les maintenir fermement, mais ils ne doivent pas être complètement enterrés.

Épinard. —Semez abondamment le Round-seed; si elle est exagérée, la récolte supplémentaire peut être extraite sous forme de fumier, et de cette manière sera payante.

Tomate. - Dans de nombreux jardins, les premiers semis ont lieu ce mois-ci et, lorsqu'ils sont traités équitablement, les plantes entrent en production en quatre mois environ. Utilisez un bon sol poreux pour les semoirs. Semez très finement à une température de 60 ° ou 65 °, et mettez les plantes dans des pots à pouces alors qu'elles sont assez petites.

Le navet peut être semé sur des bordures chaudes, mais il est trop tôt pour de grandes largeurs dans des quartiers ouverts.

MARS

C'est la grande saison pour les travaux de jardinage, et le jardinier doit être debout avec l'alouette et se coucher avec le merle, qui est le dernier des oiseaux à faire ses adieux à une journée ensoleillée. Le premier soin doit être de régler tous les arriérés, en particulier dans la préparation des lits de semence et le nettoyage des parcelles qui sont en quelque sorte désordonnées. Là où les récoltes précoces ont manifestement échoué, semez à nouveau sans vous plaindre; les semences coûtent peu et une bonne plante est le gage d'une bonne récolte; une mauvaise usine ne paiera probablement jamais le loyer du terrain qu'elle occupe. Les vents forts d'est peuvent causer d'immenses dégâts, mais un peu de protection fournie à temps fera des merveilles pour conjurer leurs effets, et les journées ensoleillées qui sont maintenant si bienvenues, et que nous sommes presque sûrs d'avoir, nous donneront l'occasion de donner de l'air à plantes dans des cadres, pour éliminer les déchets,

Les graines de presque tous les légumes cultivés dans le jardin peuvent être semées au mois de mars. Faire des semis successifs de tout ce qu'il convient de mettre à l'abri ou à la chaleur, puis procéder aux semis en pleine terre si le temps et les circonstances le permettent. Le temps est le maître du travail en plein air. Il vaut mieux attendre la fin du mois, voire même loin dans le suivant, avant de semer une graine que de semer sur un sol pâteux. Mais peu importe à quel point le sol peut être sec, et si le vent souffle vivement, cela ne devrait être qu'une incitation à une action vive; car les graines bien semées ont tout en leur faveur si elles ne sont pas trop tôt pour le quartier. Très important en effet, il est maintenant de sécuriser un **Hot-bed.**- En faire un est assez facile, mais il ne sert à rien de le faire à moitié; car les demi-acres de ce département ne portent pas de bon maïs. En premier lieu, sécurisez une grande quantité de fumier, et s'il est long et vert, retournez-le deux ou trois fois, en veillant à ce qu'il soit toujours modérément humide, mais jamais réellement mouillé. Si la substance est trop sèche, saupoudrez-la d'eau à chaque tour et laissez-la s'évaporer pour en éliminer le feu le plus grave. Puis composez-le si nécessaire en un tas carré, lui permettant de s'installer à sa manière sans marcher ni battre. Mettez sur une profondeur de pied de sol léger et riche une fois que les cadres sont à leur place, et attendez quelques jours pour semer la graine en cas de forte augmentation de la chaleur. Lorsque la température est stable et confortable, semez les graines dans des pots et des casseroles, au besoin, la quantité requise de chaque culture séparée, et placez-les sur des briques au-dessus du lit, et la chaleur ne sera alors pas trop pour eux. En quelques jours, terminez le travail en plaçant une masse de terre. N'essayez pas de hâter la croissance de quoi que ce soit de trop, car une hâte excessive produira une plante faible; donnez plutôt de l'air et de la lumière en abondance, mais avec soin pour éviter tout contrôle préjudiciable, et les plantes seront courtes et saines dès le début.

Les artichauts, Globe , seront débarrassés du matériel de protection dès que le temps le permettra, et les plantations fraîches préparées pour les drageons le mois prochain. Une nouvelle plantation peut également être formée en semant des graines; en fait, un semis doit être fait chaque année. Lorsque des produits précoces sont nécessaires, les plantes doivent être protégées pendant l'hiver pour fournir des drageons au printemps; mais, si des approvisionnements tardifs suffisent, le semis de quelques rangs chaque année réduira le travail et rendra la production des Globe Artichauts une affaire très simple.

Les artichauts de Jérusalem peuvent être plantés maintenant avantageusement. Un sol solide et profond produit la meilleure récolte, et les grosses racines sont toujours préférées par le cuisinier, en raison du gaspillage inévitable dans la préparation de ce légume. Le topinambour n'est certainement pas bien apprécié, et une des raisons est qu'il est souvent cultivé sans précaution dans n'importe quel coin de faim à l'écart, alors qu'il a besoin d'un endroit ensoleillé et ouvert, d'un sol solide et profond et de beaucoup de salle. Pour cacher une vilaine clôture pendant l'été, aucune plante plus utile n'est cultivée.

Asperges . - Peu d'attention est encore requise, sauf pour enlever toutes les mauvaises herbes dès qu'elles peuvent être vues. Si les lits sont secs et qu'il n'y a aucune indication de pluie à venir, un bon trempage d'eau ou des eaux usées faibles seront très bénéfiques. Marquez et faites des lits pour semer les graines le mois prochain.

Haricot, large . - Plantez ceux qui sont élevés dans des cadres, et mettez en terre ceux des semis précoces qui sont suffisamment avancés. Semez pour les cultures principales et les approvisionnements tardifs. Dans les districts tardifs, quelques-unes des espèces les plus anciennes peuvent être semées avant la section de Windsor.

Betterave . - Semez un peu de graines pour un approvisionnement précoce, dans un sol moelleux bien creusé. La culture aura besoin de protection en cas de gel.

Le brocoli d'automne doit être semé tôt; et à la fin du mois, semez à nouveau en quantité pour les approvisionnements d'hiver. Par temps doux, éteignez les plants des semis précédents réalisés dans des cadres dès qu'ils sont en forme et bien durcis.

Choux de Bruxelles . - Soignez le lit semé le mois dernier et semez à nouveau pour la culture principale. Le meilleur lit de semence possible est recherché et un sol riche et bien labouré pour les plantes une fois éteintes.

Des choux de deux ou trois types devraient être semés maintenant pour fournir des plantes à remplir au fur et à mesure du décollage des cultures, et aussi pour réparer et réparer là où les échecs se produisent. Là où le propriétaire d'un jardin a la possibilité d'aider ses voisins les plus pauvres, il peut leur conférer un réel avantage en leur fournissant du chou et des verts d'hiver à planter dans leurs parcelles de jardin. Les propriétaires de chalets commencent trop souvent avec de mauvais stocks - en grande partie à leur découragement dans le jardinage, et à la perte de nourriture saine que le jardin devrait fournir. Le fumier le plus noble peut être utilisé pour préparer le terrain pour le chou, en réservant le fumier bien décomposé pour les lits de semence et à d'autres fins pour lesquelles il sera nécessaire. Un semis de chou rouge assurera maintenant les têtes pour le marinage en automne.

Carotte . - Semez une des variétés à croissance rapide à la première occasion, mais attendez les signes d'un temps printanier stable pour semer les principales cultures de grandes espèces.

Chou - fleur . - Plantez lorsque le temps le permet à l'aide de lampes à main et de cadres, en choisissant le meilleur sol pour ce légume. En préparant une parcelle pour le chou-fleur, utilisez beaucoup de fumier; et s'il n'est qu'à moitié pourri, ce sera mieux que s'il était vieux et moelleux.

Céleri - rave . - En ce qui concerne les semis, le céleri-rave peut être traité de la même manière que le céleri.

Céleri . - Pour l'approvisionnement le plus précoce, semez le premier du mois une pincée de graines d'une ou plusieurs des plus petites espèces rouges ou blanches surun lit chaud doux, ou dans un vignoble précoce. Dès que les plantes sont assez grandes pour être manipulées, piquez-les à trois pouces de distance sur un joli lit moelleux de terre riche sur un lit chaud à moitié épuisé; donnez-leur beaucoup de lumière, avec une ventilation gratuite selon les conditions météorologiques et un approvisionnement constant en eau. Vers le milieu du mois, semez à nouveau et piquez comme avant; mais si aucun lit chaud n'est disponible, un lit bien préparé dans un cadre dans une position ensoleillée répondra; ou, si la saison est un peu avancée, un lit de fumier pourri, de deux ou trois pouces de profondeur, sur un morceau de sol dur, suffira, si les plantes sont régulièrement arrosées. De ce lit, ils se soulèveront avec de belles racines pour la plantation, ne sentant presque pas l'enlèvement du tout.

La ciboulette doit être divisée et replantée à un endroit qui n'a pas été auparavant occupé par la récolte.

Concombre. - Les vignes devraient maintenant être dans un état florissant, mais il faut attendre avec impatience le jour où elles tomberont dans la feuille sere et jaune. Plus de graines semées individuellement dans des pots donneront une succession de plantes. Remettez-les en pot une ou deux fois si vous le souhaitez, et quand ils sont assez grands, retournez-les entre le premier lot. Au fur et à mesure que les anciennes usines échoueront, les nouveaux arrivants fourniront leurs places. Définir la floraison, comme on l'appelle, est non seulement inutile, mais c'est une procédure malicieuse. Il en résulte un agrandissement d'une extrémité du fruit et en ruine l'apparence. Si la semence est l'objet, bien sûr, le processus est justifiable; mais pour la table, un «nez de bouteille» ne peut être considéré comme un ornement. En outre, la maturation de la graine dans un seul fruit diminuera matériellement l'utilité de la plante et mettra peut-être complètement fin à sa carrière. Arrêter la vigne est une nécessité, mais cela ne doit pas être fait trop tôt. Au début de la croissance, il réduit la vigueur de la plante et retarde sa fructification; mais lorsque le fruit est visible, l'arrêt facilite son développement et tend en même temps à réguler et à égaliser la croissance.

La culture sur cadre des concombres commence généralement en mars. Il y a des hommes qui peuvent produire des fruits à partir de lits chauds toute l'année, mais c'est une tâche difficile et, en règle générale, il ne faut pas s'y attendre. À cette époque de l'année, cependant, le succès est assez à la portée des compétences ordinaires. Au début du mois, mettez les graines une à une dans des pots qui doivent être conservés dans un endroit chaud et humide. Les plantes seront alors prêtes pour les cadres à la fin du mois. L'activité la plus importante est la préparation du lit, et en cela, comme dans tout le reste, il y a une bonne et une mauvaise façon de faire le travail. Définissez avec précision l'espace sur lequel il doit être réalisé. S'il y a beaucoup de fumier, faites le lit assez grand pour projeter dix-huit pouces au-delà des lumières tout autour. Mais si le fumier est rare, coupez la marge plus près et faites confiance à une doublure chaude lorsque la chaleur commence à faiblir. Commencez par l'extérieur du lit, en utilisant le   long étoffe dans sa construction; et gardez cette partie du travail un peu avant le centre jusqu'à ce que la hauteur totale soit atteinte. Un lit ainsi fabriqué ne tombera pas en morceaux et la chaleur sera durable en proportion de sa taille et de son épaisseur. Là où les feuilles tombées sont abondantes, elles doivent être utilisées au milieu du lit, et elles donneront une chaleur plus durable que le fumier court. Lorsque le lit s'est stabilisé à une température constante, ajoutez six ou neuf pouces de terreau moelleux sur toute la surface, sur laquelle placer les cadres. Pour assurer le drainage, c'est un excellent plan pour poser des haies de flocons communs sur le dessus du tas avant d'ajouter le sol. Celles-ci n'interfèrent nullement avec la libre circulation des racines. Il est habituel d'avoir deux plantes sous chaque lumière, mais là où la gestion est bonne, une seule suffit amplement. Le travail ultérieur consiste à ombrager et à mettre à l'abri, pour éviter tout contrôle sérieux des intempéries, et à donner juste assez d'eau et pas plus. Le matériau en fermentation doit maintenir la température du cadre, même pendant les nuits glaciales, et les nattes protégeront le soleil ainsi que les vents froids. Les plantes devront s'arrêter plus tôt que celles cultivées dans les maisons, et comme il n'y a pas de tuyaux chauds pour dissiper l'humidité, il faudra plutôt moins d'eau, à la fois dans le sol et dans la seringue. Mais l'eau employée doit toujours être à la même température que le lit. Ceci est facilement géré en gardant une boîte pleine debout avec les plantes. Dans de grands cadres, là où il y a une bonne masse de fumier et que le limon est moelleux et gazon, des morceaux de frai de champignons peuvent être insérés partout dans le lit. Les champignons peuvent apparaître pendant que le lit est en pleine charge; mais s'ils ne le font pas, ils viendront quand les plantes seront débarrassées, et paieront bien pour garder les lumières en service pendant un mois environ.

L'ail peut encore être planté, mais il n'y a pas de temps à perdre.

Des herbes de toutes sortes peuvent être semées ou divisées, et il sera nécessaire de regarder par-dessus le quartier des herbes et de voir comment les choses se présentent pour les fournitures qui seront nécessaires. Un peu plus tard, un excès de travail peut empêcher l'attention voulue à ce département.

Raifort à planter, si ce n'est déjà fait.

Kohl Rabi , ou Knol Kohl , à semer en petite quantité à la fin du mois, puis jusqu'en août, selon les besoins. S'ils sont cuits jeunes, les bulbes sont un excellent substitut aux navets en saison chaude et sèche.

Poireau . - Semez la culture principale dans un sol très riche et bien préparé, et assez épais, car les semis devront être plantés. Avec un peu de gestion ce semis donnera une succession de poireaux.

Laitue . - Planter et semer à nouveau en quantité. Tous les types peuvent être semés maintenant, mais assurez-vous d'avoir suffisamment de Cos et de variétés de chou plus petites. Dans les sols chauds et secs, où les laitues commencent généralement à semer tôt, essayez certains des types à feuilles rouges, car bien que moins délicats que le vert et le blanc, ils seront utiles en cas d'été torride. Les laitues nécessitent un sol libre profond avec beaucoup de fumier.

Melon . - Faites pousser quelques graines une par une dans des pots, en vue de les mettre sous des cadres sur des lits chauds le mois prochain. Remettez les plantes en pot et répétez le processus si les plates-bandes ne sont pas prêtes, car les melons ne doivent pas être affamés, en particulier au début de la croissance. Certains cultivateurs composent les lits en mars et y sèment lorsque la chaleur se stabilise, mais la pratique est quelque peu précaire. Dans un printemps froid et tardif, la chaleur peut ne pas durer suffisamment de temps pour transporter les plantes en toute sécurité par temps chaud. Par conséquent, il est plus fiable de les élever maintenant dans une maison chaude et de faire le lit au début du mois d'avril.

Oignon . - Les plantes déjà élevées dans des caisses pour être transportées dans des cadres froids. Si nécessaire, ils doivent être piqués dans d'autres boîtes afin d'éviter le surpeuplement. Gardez les cadres proches au début, mais donnez de l'air avec de plus en plus de liberté à mesure que le temps approche pour le transfert vers le sol ouvert. Semez la culture principale dans des forets espacés de neuf pouces et foulez ou battez le sol fermement. Cette culture nécessite un sol riche dans un état parfaitement propre et moelleux, et elle apporte une finition capitale au lit de semence pour lui donner une bonne couche de détritus carbonisés ou d'étouffer les cendres avant de semer la graine.

Panais . — Semer la culture principale dans des semoirs peu profonds espacés de dix-huit pouces dans un bon sol profondément creusé. La graine doit être légèrement couverte et une nouvelle graine est indispensable.

Pois . - Semez les plus belles sortes de la classe Marrowfat. Prenez soin de les placer sur le meilleur lit de semence qui puisse être fabriqué et laissez suffisamment d'espace entre les variétés les plus hautes pour quelques rangées de chou, de brocoli ou de pommes de terre. Un quart bondé de pois n'est jamais satisfaisant; les rangs s'étouffent les uns les autres et les parties ombragées des fanes ne produisent presque rien.

Pomme de terre . - Une petite quantité pour une utilisation précoce doit être plantée à l'ouverture du mois lorsque le sol est sec et que le temps est doux. Si elles sont plantées lorsque le gel ou les vents froids prédominent, les plantes peuvent devenir quelque peu ratatinées avant d'être couvertes, et tout doit être pris pour éviter un tel contrôle de la vigueur initiale de la plante. Les premières espèces précoces auront nécessairement l'attention principale maintenant, et des endroits chauds et protégés devraient être choisis pour eux. Tout sol assez bon produira une récolte passable de pommes de terre; mais pour obtenir un échantillon de première classe de toute sorte précoce, le sol doit être constitué à l'aide de sol gazonné et de carbonisations de haies coupées et d'autres matériaux légers, chauds et nourrissants. Des engrais forts ne sont pas à désirer, mais un sol moelleux, gentil et fertile est vraiment nécessaire, et il sera toujours bon de prendre des soins supplémentaires dans sa préparation, car tous les déchets légers qui s'accumulent dans les cours et les dépendances peuvent être mis à profit. avec seulement une quantité modérée de travail, et le résultat d'une appropriation prudente de ces déchets sera tout à fait satisfaisant. Brûlez tous les chips et les bâtons et autres trucs tenaces, et déposez le mélange dans les tranchées lors de la plantation, afin que les racines puissent le trouver dès leur premier départ. Comme la maladie de la pomme de terre n'apparaît généralement qu'à la fin de l'été, une plantation précoce est une précaution sûre, car elle assure une maturation précoce de la culture. Les semis des principales cultures peuvent commencer vers la fin mars et s'achever en avril, selon la localité et l'état du sol.

Radis . - De mars à septembre, faites des semis successifs dans l'endroit le plus frais que l'on puisse trouver pour eux.

Scorzonera doit être traité de la même manière que Salsify. Voir note sur ce dernier sous avril.

Sea Kale à semer dans des lits bien préparés; ou les plantations peuvent être faites des racines plus petites de l'épaisseur d'un crayon de plomb et d'environ quatre pouces de longueur. Plantez-les le plus haut et suffisamment profond pour être juste recouverts.

Épinards . - Semez en abondance. La betterave perpétuelle ou épinard ne doit pas être oubliée. C'est l'un des légumes les plus utiles connus, car il supporte la chaleur et le froid en toute impunité, et lorsque l'épinard commun court pour semer la variété Perpetual reste verte et succulente, et apte à fournir la table tout l'été.

L'épinard, de Nouvelle-Zélande , est un autre excellent légume en plein été lorsque la variété à graines rondes est sans valeur. La plante est plutôt tendre, et pour un approvisionnement précoce, la graine doit être semée à chaleur modérée, soit ce mois-ci, soit en avril. Lorsqu'elles sont assez grandes, mettez les plants dans de petits pots et durcissez-les progressivement avant de les planter à l'air libre vers la fin du mois de mai.

Fraises . - Le printemps est sans aucun doute préférable à l'automne pour la plantation, et il en résulte une récolte plus fine de fruits l'année suivante. Au moment où la croissance commence, c'est le moment le plus favorable, et cela dépend bien sûr du caractère de la saison. Alpin Les fraises peuvent être semées à l'extérieur ce mois-ci ou en septembre pour fructifier l'année suivante.

Tomate.- En saison ordinaire et dans les comtés du sud, il n'y a pas de difficulté à produire de belles tomates en pleine frontière; mais pour mûrir le fruit avec certitude, il est impératif de choisir une variété précoce. Avec l'élévation de la latitude, cependant, la récolte devient de plus en plus précaire, jusqu'à ce que dans le Nord, il soit impossible de finir les tomates sans l'aide du verre. Pour les plantes qui doivent faire mûrir leurs fruits en plein air, un semis doit être effectué au début du mois, de la manière conseillée en janvier. Les plantes prêtes doivent être transférées dans de petits pots à pouces. Mettez-les de manière à ce que les premières feuilles touchent le bord du pot et placez-les dans un cadre fermé ou dans une partie chaude de la serre pendant quelques jours jusqu'à ce que les racines prennent racine. Pour éviter qu'elles ne deviennent trop longues, donnez à chaque plante suffisamment d'espace et évitez une température forcée. Une étagère dans une serre est une bonne position, et les plantes sur une seule rangée deviendront robustes et à articulations courtes. Les thrips et les pucerons sont extrêmement friands de tomates. Des arrosages fréquents par temps clair aideront à réduire le premier et profiteront en même temps aux plantes. Les deux ravageurs peuvent être détruits par fumigation avec du tabac, et lorsque le remède doit être appliqué, l'eau doit être refusée ce jour-là. Une quantité modérée de fumée le soir et une autre application le matin seront plus destructrices pour la vermine, et moins nocives pour les plantes, qu'une dose forte. La seringue habituelle doit suivre. Les plantes destinées à la pleine terre ne doivent pas être affamées lorsqu'elles sont en pot; ils auront besoin de rempotage jusqu'à ce que la taille de 4-1 / 2 ou 6 pouces soit atteinte, et il est important qu'ils ne soient jamais secs à la racine. L'ombrage ne sera nécessaire qu'en cas de soleil intense; tôt le matin et tard dans l'après-midi, ils iront mieux sans cela.

Cresson. - C'est une erreur de supposer qu'un ruisseau est nécessaire pour faire pousser cette plante, et c'est également une erreur de supposer que la saveur appropriée peut être obtenue sans l'utilisation constante d'eau. Semez dans une tranchée, arrosez régulièrement et abondamment, et le cresson d'eau doux et tendre récompensera le travail.

Verts d'hiver de toutes sortes à semer en abondance et en grande variété; car en cas d'un hiver rigoureux, certaines espèces s'avéreront plus résistantes que d'autres.

AVRIL

La végétation est maintenant en pleine activité, la température augmente rapidement, les gelées sont moins fréquentes et les averses et le soleil alternent dans leurs efforts mutuels pour revêtir la terre de verdure et de fleurs. Le jardinier est obligé d'être vigilant maintenant pour aider la nature dans ses efforts pour lui profiter; il doit favoriser la croissance de ses récoltes par tous les moyens en son pouvoir; en agitant la houe pour arrêter les mauvaises herbes et ouvrir le sol au soleil et aux averses; en éclaircissant et en régulant ses plantations, pour que l'air et la lumière aient libre accès aux plantes laissées pour arriver à maturité; en continuant à s'abriter au besoin; et en administrant de l'eau par temps sec, cette végétation peut profiter au maximum de l'heureuse avènement de la lumière croissante du soleil.

Artichaut, Globe . - Les ventouses seront placées dans les plantations préparées pour eux le mois dernier, en rangées espacées de trois à quatre pieds dans chaque sens.

Asperges.—- Enlevez dans les allées les restes de fumier de la vinaigrette d'automne, et dès que le temps est favorable, donnez aux lits une légère application de sel. Si de nouveaux lits sont nécessaires, il ne doit pas y avoir de temps perdu pour semer ou pénétrer dans les plantes. Notre conseil à ceux qui n'ont besoin que d'une petite plantation est de la former en plantant des racines solides; mais ceux qui ont l'intention de cultiver des asperges en grande partie peuvent semer un lit chaque année, jusqu'à ce qu'ils en aient assez, puis se laisser tranquilles; car un lit bien fait durera au moins dix ans, s'il est pris en charge. Il a été clairement démontré que ce légume très estimé peut être cultivé à la perfection dans n'importe quel jardin avec un peu plus de frais que pour d'autres cultures, à condition seulement qu'une quantité raisonnable d'habileté soit apportée à l'entreprise. Un limon sableux profond et riche lui convient. Creusez dans un bon corps de fumier et fournissez un lit de semence moelleux. Ceci étant fait, il faut prendre soin de semer finement, et, le moment venu, d'éclaircir sévèrement; car une plante surpeuplée ne fournira jamais de gros bâtons. Les lits peuvent être faits en plantant des racines au lieu de semer des graines, mais les racines doivent être fraîches, sinon elles ne prospéreront pas. L'avantage d'utiliser des plantes est que «l'herbe» peut être coupée plus tôt que lorsqu'elle est produite à partir de graines.

Haricot, large .—- Les semis peuvent être faits jusqu'au milieu de ce mois, après quoi ils ne paieront probablement pas, surtout sur les sols chauds. Il est de coutume de garnir les Haricots en fleur, et la pratique a ses avantages. Au cas où la mouche noire prend possession, la garniture est une nécessité, car l'insecte ne peut subsister que sur les plus jeunes feuilles au sommet de la plante, et le processus les élimine assez bien.

Les haricots, nains français, peuvent être semés en extérieur à la fin du mois, mais pas en quantité, à cause du risque de destruction par le gel. Beaucoup peut être fait, cependant, pour accélérer l'approvisionnement de ce légume populaire, et les semis dans des caisses placées à chaleur douce ou sous la protection d'un cadre fourniront des plantes qui pourront être progressivement durcies pour être transférées à l'air libre en mai. En proportion des moyens dont on dispose, les semis précoces en extérieur vivront ou mourront, selon la météo, bien qu'une très petite protection soit suffisante pour porter les jeunes plants à travers une mauvaise période en cas de gel et d'orages tardifs. Mais les semis faits à la fin du mois prospéreront probablement.

Bean, escalade française. - Les semis du haricot grimpant français peuvent être faits ce mois-ci comme indiqué pour la classe de français nain: le plus tôt dans une chaleur douce pour le repiquage, et plus tard dans des quartiers ouverts pour les cultures de succession.

Betterave. - À la fin du mois, semez en semoir, à un pied ou quinze pouces d'intervalle, sur un sol profond et bien creusé, sans fumier. Les grosses betteraves ne sont pas souhaitées pour la cuisine; mais les racines assez petites, profondément colorées et belles sont toujours appréciées, et celles-ci ne peuvent être cultivées que dans un sol qui a été remué à une bonne profondeur, et est tout à fait exempt de fumier récent.

Brocoli. - Réaliser un autre semis de plusieurs sortes, en privilégiant encore les variétés précoces. Dans les districts particulièrement tardifs, et peut-être assez généralement dans le Nord, le Brocoli tardif devrait être semé maintenant, mais dans les Midlands et le Sud, il y a du temps à perdre pour les semis. Soyez particulier d'avoir un bon lit de semence, que les plantes poussent bien dès le début; si la croissance précoce est affamée, les plantes deviennent les victimes de la massue et d'autres maladies ruineuses.

Choux de Bruxelles. «Dans de nombreux ménages, les approvisionnements tardifs en choux de Bruxelles sont très appréciés, et comme la récolte est capable de supporter des intempéries, un semis supplémentaire devrait toujours être effectué au cours de ce mois. Un sol riche et beaucoup d'espace sont essentiels.

Choux. —Semez les espèces les plus grandes pour l'automne, et une ou deux rangées des espèces plus petites pour les planter dans des endroits impairs lorsque les premières récoltes sont défrichées. Les vaches, les porcs et les volailles disposeront toujours du chou excédentaire de manière avantageuse, il ne peut donc y avoir aucune objection sérieuse à maintenir une succession constante. Plantez des lits de semence aussi viteà mesure que les plantes deviennent suffisamment fortes, l'étouffement et la faim ont tendance à se masser, à moisir et à cécité. Là où le chou rouge est demandé pour être utilisé avec du gibier en automne, les graines doivent être semées maintenant.

Les cardons doivent être semés sur des terres fortement fumées en rangées espacées de trois ou quatre pieds, les graines en touffes de trois chacune, distantes de dix-huit pouces. Ils sont parfois semés dans des tranchées, mais nous n'approuvons pas ce système, car ils ne nécessitent pas d'humidité à la mesure du céleri, et le blanchiment peut être efficacement accompli sans lui. Notre conseil est de planter de plain-pied, à moins que le sol ne soit particulièrement sec et chaud, et alors les tranchées seront d'un grand service pour favoriser la croissance libre. Pour assurer leur bonne saveur, les cardons doivent être gros et gras.

Carotte . — Semez les principales récoltes et mettez-les sur un sol profondément creusé sans fumier.

Des choux-fleurs à planter à chaque occasion, le temps chaud et pluvieux étant le plus favorable. Si le temps froid devait suivre, une grande partie des plantes seront détruites à moins d'être protégées, et il n'y a pas de protection moins chère que des pots de fleurs vides, qui peuvent rester allumés toute la journée, ainsi que toute la nuit, dans les cas extrêmes lors d'un meurtre. le vent d'est souffle. Semez maintenant pour une utilisation à la fin de l'été et à l'automne, piquez les plantes tôt pour éviter de boutonner, et elles feront un retour rapide.

Céleri . - Semez dans un coin chaud du terrain dégagé sur un lit constitué en grande partie de fumier pourri. Il peut arriver que dans une bonne saison, ce semis en extérieur s'avérera le plus réussi, car il n'aura aucun contrôle du premier au dernier, et sera juste dans le bon état pour la plantation lorsque le sol sera prêt pour cela après les pois et autres. récoltes précoces. Si le céleri subit un contrôle sérieux à tout moment, il est susceptible de faire des tiges creuses, et la qualité est alors médiocre, quelle que soit la taille que les bâtonnets peuvent atteindre. Piquez les plantes des bacs à graines sur un lit de fumier pourri, reposant sur un fond dur, dans des cadres ou dans des recoins abrités, et soignez-les avec un soin

236

particulier pendant une semaine ou deux. Le bon céleri ne peut pas être cultivé par le jardinier au hasard.

Endive . - Semez une petite quantité à chaleur modérée pour le premier apport, dans des forets espacés de six pouces, et quand un pouce de haut pique sur un lit de terre riche et légère.

Herbes . - Le cerfeuil, le fenouil, l'hysope et d'autres herbes aromatisantes et médicinales peuvent être semés maintenant mieux qu'à tout autre moment, car ils commenceront aussitôt leur pleine croissance et nécessiteront peu de soins après éclaircissement et désherbage. Un sol riche n'est pas nécessaire, mais la position doit être sèche et ensoleillée.

Poireau à semer à nouveau si le semis précédent est insuffisant ou a échoué.

Laitue à semer pour la succession, les espèces à croissance rapide et au cœur tendre étant les meilleures à semer maintenant. Plantez à partir de cadres et de bacs à graines. Quelques plantes avant peuvent être liées, mais en règle générale, la liaison est moins souhaitable que la plupart des gens ne le supposent. Certes, après avoir noué, les cœurs pourrissent bientôt s'ils ne sont pas rapidement mangés; et des laitues aussi fines que l'on peut désirer peuvent maintenant être cultivées sans nouage, les sortes à cœur fermé étant très améliorées à cet égard.

Melon. — Semez à nouveau pour une deuxième récolte dans les maisons, et faites pousser les plantes en pots jusqu'à ce qu'elles atteignent un pied de haut. La récolte précoce sera alors mûre et la maison pourra être nettoyée et seringuée pour un nouveau départ. De ce semis, les fruits devraient être prêts vers le début du mois de juillet. La culture cadre conseillée pour les concombres sera correcte pour les melons, jusqu'à ce que les fruits atteignent la taille d'une petite orange. Ensuite, un trempage complet doit être effectué, et sous une gestion appropriée, plus d'eau ne devrait être nécessaire. Une atmosphère sèche et une ventilation libre sont essentielles pour porter le fruit à la perfection. L'arrêt doit être commencé tôt en pinçant le chef, et un seul œil doit être autorisé au-delà du fruit qui doit rester. Six suffiront pour une plante à porter, et ils devraient être presque d'une taille, car si l'un obtient une bonne avance, il sera impossible de faire mûrir les autres. Le reste doit être éliminé progressivement pendant sa jeunesse. Le pire ennemi du Melon est l'araignée rouge, et il est difficile d'appliquer un remède sans faire de mal. L'eau le détruira, mais cela peut avoir des résultats désastreux sur le fruit. Le préventif le plus sûr est de grosses plantes bien cultivées. Les spécimens semblent faiblement inviter à l'attaque et sont incapables de lutter contre elle. Là où les plantes sont parfois perdues à cause de la pourriture au collet, de petits morceaux de charbon de bois disposés en cercle autour de la tige se sont révélés un antidote simple et efficace. Les spécimens semblent faiblement inviter à l'attaque et sont incapables de lutter contre elle. Là où les plantes sont parfois perdues à cause de la pourriture au collet, de petits morceaux de charbon de bois disposés en cercle autour de la tige se sont révélés un antidote simple et efficace. Les spécimens semblent faiblement inviter à l'attaque et sont incapables de lutter contre elle. Là où les plantes sont parfois perdues à cause de la pourriture au collet, de petits morceaux de charbon de bois disposés en cercle autour de la tige se sont révélés un antidote simple et efficace.

Oignon . - Les plants élevés sous verre en janvier ou février devraient être prêts à être plantés un jour favorable vers la mi-avril. Si un accident est survenu lors des semis faits en plein air en mars, il ne doit y avoir aucun retard pour le réensemencement au début du mois en cours, car les oignons devraient bien tenir le sol avant que le temps chaud ne vienne. Les oignons à mariner doivent être cultivés en épaisseur sur un sol pauvre et ferme. Les plantes ne doivent pas être éclaircies, mais peuvent rester aussi épaisses que des cailloux sur le bord de la mer. Le système affamé produit une abondance de petits bulbes beaux qui mûrissent tôt, ce qui est exactement ce qu'il faut pour le décapage. Le Queen et Paris Silver-skin sont adaptés à cet effet.

Persil à semer en quantité pour l'approvisionnement d'été et d'automne; éclaircissez dès que possible, pour donner à chaque plante beaucoup d'espace.

Pois à semer à nouveau pour la succession.

Pomme de terre . - Saisissez la première occasion d'achever les semis des principales cultures.

Salsifis . - Cette délicieuse racine, qui est parfois désignée par le terme `` huître végétale '', nécessite un morceau de terre profondément tranchée, avec une épaisse couche de fumier au fond de la tranchée, et non une particule de fumier dans le corps du sol au-dessus il. Les racines s'enfoncent dans le fumier et atteignent une bonne taille combinée à une belle qualité. S'ils sont cultivés négligemment, ils deviennent fourchus et fibreux, et sont beaucoup gaspillés dans la cuisine, en plus d'être de saveur inférieure. Semez en rangs espacés de 15 pouces, à tout moment de la fin mars au début mai. Deux semis suffiront généralement.

Épinards . - Semez la variété Longue Durée, qui ne coule pas aussi tôt que l'espèce ordinaire. Si une plantation de betteraves épinards n'a pas été sécurisée, semez immédiatement, car il reste encore suffisamment de temps pour une croissance libre et une plante précieuse.

Navet à semer en quantité.

Moelle végétale . - Un semis précoce à faire en pot, prêt à être semé aussitôt que le temps l'admet. Trois plantes en pot suffisent et elles ne doivent pas être fragilisées par une chaleur excessive.

Verts d'hiver . - Un semis de Borécole doit être fait, et si un approvisionnement est nécessaire au printemps, il sera bon de semer à nouveau dans la première semaine de mai.

PEUT

Les temps de haute pression continuent, car la chaleur augmente chaque jour, et la saison de production est déjà raccourcie de deux mois. L'affaire la plus urgente est de réparer toutes les pertes, car même maintenant, si les choses ont mal tourné, il est possible de se constituer un stock de Verts d'hiver et de semer toutes les sortes de graines qui auraient dû être semées en mars et avril, avec une chance raisonnable de résultats rentables. Il ne faut cependant pas s'attendre à ce que les plus vifs et les plus habiles puissent dépasser ceux qui se débrouillent bien depuis la première aube du printemps, et qui n'ont pas omis de semer une seule graine au bon moment à partir du jour du semis. est devenu nécessaire. La chaleur de la terre est maintenant suffisante pour lancer de nombreuses graines habituellement semées en chaleur un mois ou deux plus tôt; et, par conséquent, ceux qui ne peuvent pas faire de lits chauds peuvent cultiver beaucoup de choses de choix s'ils se contentent de les avoir une semaine ou deux plus tard que leurs voisins plus chanceux. En semant les graines des sujets les plus tendres, tels que les capsicums, les courges et les concombres, il vaudra mieux perdre quelques jours, afin de s'assurer du résultat souhaité, plutôt que d'être dans une hâte excessive et de faire détruire la graine. Par de fortes pluies, ou les jeunes plants arrachés par le gel. Ne semez donc aucune de ces graines en pleine terre jusqu'à ce que le temps soit un peu calme et ensoleillé, car si elles rencontrent un problème sérieux, elles ne récupéreront guère pendant toute la saison.

Asperges dans les lits de semence à éclaircir le plus tôt possible, de sorte que partout où deux ou trois plantes poussent ensemble, le nombre doit être réduit à un. Mais il est encore temps pour les semis d'apparaître. Les lits porteurs sont plus attrayants, car ils montrent leurs sommets appétissants. La découpe doit être effectuée de manière systématique, et si possible toujours par la même personne. Il est préférable de couper toutes les pousses aussi vite qu'elles atteignent une taille appropriée, et de les trier pour une utilisation en fonction de la qualité, plutôt que de cueillir et de choisir les pousses grasses et de mettre toute la plantation en désordre. Les asperges vertes sont en faveur dans ce pays; mais ceux qui la préfèrent blanchie doivent simplement la terrer suffisamment et la couper sous la surface, en prenant soin de ne pas blesser les jeunes pousses qui n'ont pas poussé. Il ne nous appartient pas de décider sur une question de goût individuel, mais nous donnerons un mot de conseils pratiques qui peuvent être utiles à beaucoup. Ce n'est pas la coutume de protéger les asperges dans des lits ouverts, mais cela devrait l'être; car les fortes gelées qui surviennent souvent lorsque les bâtons se soulèvent en détruisent un grand nombre. Ceci peut être évité en recouvrant avec n'importe quelle sorte de litière légère et sèche, qui n'interférera pas du tout avec ce verdissement complet des sommets que les Anglais préfèrent généralement, parce que la lumière et l'air atteindront la plante; mais le bord du gel sera émoussé par la litière. S'il n'y a rien à portée de main à cet effet, laissez un homme faire le tour avec la faucille et couper beaucoup d'herbe longue des parties rugueuses des arbustes, et en mettre une poignée légère sur chaque couronne du lit. Les bâtons se lèveront avec la litière sur eux comme des bonnets de nuit, et seront dodus et verts et indemnes par le gel.

Haricot, nain français . - Les principales récoltes devraient avoir lieu ce mois-ci, et des semis successifs peuvent être faits jusqu'au début de juillet. Les haricots nains ont rarement autant d'espace qu'ils en ont besoin, et les rangées doivent donc être éclaircies tôt, pour les plantes surpeuplées ne portent jamais aussi bien que celles qui apprécient la lumière et l'air de tous les côtés. Dans la cuisine continentale, un bon plat est fait de haricots décortiqués à moitié mûrs. Ceux-ci étant servis dans une sauce riche, sont à la fois savoureux et sains. Presque toutes les variétés des sections nain et grimpant peuvent être utilisées de cette manière, et les haricots doivent être récoltés à maturité, mais pas encore mûrs. Les variétés unies sont également cultivées pour être utilisées comme Haricots secs, auquel cas les gousses ne doivent pas être enlevées avant d'être parfaitement mûres.

Haricot, grimpant français . - Semez ce mois-ci pour la récolte principale, et par la suite jusqu'en juin selon les besoins. De manière générale, le traitement habituel des coureurs répondra bien aux cultures en extérieur du haricot grimpant.

Haricot, coureur . - En pleine terre, les semis peuvent être faits dès que les conditions semblent bonnes, mais il est bon de semer à nouveau à la fin du mois ou en juin.

Betterave . - La culture principale doit être semée au début du mois. Éclaircissez et désherbez le semis précoce, et si le sol a été convenablement préparé, il sera inutile de donner de l'eau à cette culture. Comme la betterave ne se veut pas grosse, il n'est pas conseillé de semer une grande largeur avant le début du mois de mai, sinon elle risque de devenir grossière.

Brocoli à semer pour la succession. Plantez à partir des cadres et des lits de semence en avant à chaque occasion. Vers le milieu du mois, semez pour la coupe en mai et juin de l'année prochaine.

Choux de Bruxelles . - Pour quelques bons boutons dans les premiers jours de ruissellement de l'automne, quand les pois, les coureurs et les courges ont disparu, étalez dès que possible quelques-unes des plantes les plus avancées, leur donnant un sol riche et une position ensoleillée. .

Chou . - Planter des lits de semence à chaque occasion, en choisissant, si possible, l'avènement des pluies. Semez les espèces plus petites et les coleworts, en particulier dans les districts favorisés où il n'y a généralement pas de contrôle de la végétation jusqu'au début de l'année.

Capsicum peut être semé à l'extérieur vers le milieu du mois, et de belles gousses vertes pour le marinage peuvent être sécurisées à l'automne.

Carotte . - Éclaircissez tôt les principales récoltes et semez quelques rangées de corne de champion ou intermédiaire, à utiliser en petit état à la fin de l'été, lorsqu'elles font un plat élégant et délicat.

Les choux-fleurs doivent avoir de l'eau par temps sec; ce sont les plantes les plus affamées et les plus assoiffées du jardin, mais elles paient bien pour de bonvie. Plantez des cadres aussi vite que prêt, car ils ne servent à rien de se tenir surpeuplés et affamés.

Céleri les tranchées doivent être préparées à temps, bien que, étrange à dire, cette tâche soit généralement reportée jusqu'à ce que les plantes soient vraiment devenues faibles en raison du surpeuplement. Dans un petit jardin, il n'est jamais conseillé d'avoir du céleri très avancé, pour la simple raison que des tranchées ne peuvent pas être faites pour lui jusqu'à ce que les pois se détachent et que d'autres cultures précoces soient terminées. Pour assurer un céleri fin, le cultivateur doit être en avance sur les événements plutôt que derrière eux. Il faut utiliser beaucoup de fumier; il n'est guère possible, en effet, d'en employer trop, et la libéralité n'est pas du gaspillage, car le terrain sera en condition capitale pour la prochaine récolte. Il existe de nombreux modes de plantation du céleri, mais le plus simple est de faire des tranchées distantes de quatre pieds et d'un pied et demi de large, et de séparer les plantes de six à neuf pouces, selon les sortes. Ce travail doit être fait avec soin, avec une finition artistique. En plantant, enlevez les drageons, et si l'une des feuilles est boursouflée, pincez les cloques et terminez en saupoudrant la plantation de suie. Comme le céleri aime l'humidité, donnez-lui de l'eau librement par temps sec.

Concombres d'excellente qualité peuvent être cultivées sur des crêtes ou des collines, si la saison est favorable. Supposons que le cultivateur ait les moyens d'obtenir beaucoup de fumier, les billons, qui doivent courir à l'est et à l'ouest, sont préférables aux collines. Le sol doit être jeté de trois pieds de large et deux pieds de profondeur, et être posé du côté nord. Ensuite, mettez trois pieds de fumier chaud dans la tranchée, et couvrez avec le sol qui a été retiré, de manière à former une pente facile vers le sud, et avec une pente raide sur le côté nord soigneusement fini pour empêcher son effritement avant le la saison se termine. Les plantes doivent être placées sur la pente le plus tôt possible après la préparation des crêtes, sous la protection des lampes à main, jusqu'à ce qu'il y ait une croissance libre et que le temps soit devenu assez estival. C'est un bon plan de faire pousser une ou deux rangées de haricots communs à une courte distance de la crête du côté nord pour donner un abri, et en cas de mauvais temps après que les plantes sont en roulement, des bâtonnets de pois ou de la litière sèche sont déposés autour d'eux. légèrement les aidera à traverser une période critique, mais le fumier stable ne doit pas être utilisé. Dans le cas où le fumier n'est pas abondant, faites quelques petites collines dans un endroit abrité et ensoleillé, avec tout le matériel disponible comme le gazon, le fumier pourri ou la moisissure des feuilles, en veillant à ce que rien de nuisible à la végétation n'y soit mélangé. Mettez plusieurs pouces d'un mélange de bon terreau et de fumier pourri sur les collines, et plantez et protégez comme dans le cas des billons. Si les plantes ne sont pas à portée de main, semez les graines; il y aura encore une chance de concombres en juillet, et en cas de mauvais temps après que les plantes soient en production, des bâtonnets de pois ou de la litière sèche déposés autour d'eux les aideront à traverser une période critique, mais il ne faut pas utiliser de fumier stable. Dans le cas où le fumier n'est pas abondant, faites quelques petites collines dans un endroit abrité et ensoleillé, avec tout le matériel disponible comme le gazon, le fumier pourri ou la moisissure des feuilles, en veillant à ce que rien de nuisible à la végétation n'y soit mélangé. Mettez plusieurs pouces d'un mélange de bon terreau et de fumier pourri sur les collines, et plantez et protégez comme dans le cas des billons. Si les plantes ne sont pas à portée de main, semez les graines; il y aura encore une chance de concombres en juillet, et en cas de mauvais temps après que les plantes soient en production, des bâtonnets de pois ou de la litière sèche déposés autour d'eux les aideront à traverser une période critique, mais il ne faut pas utiliser de fumier stable. Dans le cas où le fumier n'est pas abondant, faites quelques petites collines dans un endroit abrité et ensoleillé, avec tout le matériel disponible comme le gazon, le fumier pourri ou la moisissure des feuilles, en veillant à ce que rien de nuisible à la végétation n'y soit mélangé. Mettez plusieurs pouces d'un mélange de bon terreau et de fumier pourri sur les collines, et plantez et protégez comme dans le cas des billons. Si les plantes ne sont pas à portée de main, semez les graines; il y aura encore une chance de concombres en juillet, avec n'importe quel matériau disponible, comme le gazon, le fumier pourri ou la moisissure des feuilles, en veillant à ce que rien de nuisible à la végétation n'y soit mélangé. Mettez plusieurs pouces d'un mélange de bon terreau et de fumier pourri sur les collines, et plantez et protégez comme dans le cas des billons. Si les plantes ne sont pas à portée de main, semez les graines; il y aura encore une chance de concombres en juillet, avec n'importe quel matériau disponible, comme le gazon, le fumier pourri ou la moisissure des feuilles, en veillant à ce que rien de nuisible à la végétation n'y soit mélangé. Mettez plusieurs pouces d'un mélange de bon terreau et de fumier pourri sur les collines, et plantez et protégez comme dans le cas des billons. Si les plantes ne sont pas à portée de main, semez les graines; il y aura encore une chance de concombres en juillet, Août et septembre; car s'ils prospèrent du tout, ils sont assez vifs dans leurs mouvements. Trois observations restent à faire à ce sujet. En premier lieu, seuls les concombres connus sous le nom de «Ridge» doivent être cultivés en plein air; les grandes espèces cultivées dans les maisons sont impropres. En second lieu, les plantes ne doivent être pincées qu'une seule fois, et il n'y a pas lieu de se livrer à cette activité insignifiante que les jardiniers appellent «la floraison». Fournissez à leurs racines un bon lit, puis laissez-les pousser à leur guise. En troisième lieu, à titre d'encouragement, nous nous sentons obligés de dire que, comme les concombres sont cultivés pour être mangés aussi bien que pour être regardés, ceux des crêtes sont moins beaux que les concombres maison, mais leur sont tout à fait égaux en saveur.

Le pissenlit ressemble un peu à l'endive et est l'un des ajouts les plus précoces et les plus sains au saladier. Semez de temps en temps en juin, dans des semoirs séparés d'un pied, et éclaircissez les plants à un pied l'un de l'autre dans les rangées. Ceux-ci seront prêts à être utilisés l'hiver et le printemps suivants.

Courge et potiron . - Une exposition précoce de fruits nécessite de faire pousser des graines sous verre pour les planter sur des plates-bandes préparées, et les plantes doivent être protégées au moyen de lumières ou de tout autre arrangement qui peut être improvisé comme défense contre les gelées tardives. Bien sûr, les graines peuvent être semées sur le lit, mais c'est une perte de temps. La rapidité avec laquelle les plantes poussent est une indication suffisante qu'une alimentation généreuse et des approvisionnements abondants en eau par temps sec sont impératifs.

Laitue . - Semez pour la succession là où les plantes doivent rester, et semez les premiers semis à chaque occasion. Pour assurer une croissance rapide et éviter que les plantes ne se transforment en graines, des précautions supplémentaires seront nécessaires pour donner de l'eau et de l'ombre après le repiquage. Les plus grosses laitues au chou s'avéreront utiles si elles sont semées maintenant.

Le maïs et le maïs à sucre peuvent être cultivés dans ce pays comme ornement du jardin, ainsi que pour les épis verts qui sont utilisés comme légume. Semez tôt dans le mois sur un sol riche et léger, et en saison chaude, surtout lorsqu'elle est accompagnée d'humidité, il y aura une croissance rapide. Les épis doivent être rassemblés pour la cuisson lorsqu'ils sont de taille normale, mais tout à fait verts.

Melon . - Il n'est pas trop tard pour faire pousser des melons dans des cadres, à condition que l'on puisse commencer avec des plantes fortes.

Pois . - Semez à nouveau des pois s'il y a une perspective de rupture de l'offre. C'est un bon plan de préparer des tranchées comme pour le céleri, mais moins profondes, et d'y semer des pois, car les tranchées peuvent être rapidement remplies avec de l'eau en cas de temps sec, et la croissance vigoureuse sera à l'épreuve de la moisissure.

La Savoie semée maintenant produira de petits cœurs utiles pour l'hiver. Par beaucoup, ces petits cœurs seront préférés aux grands, car plus délicats, et donc un semis de Tom Thumb peut être conseillé.

Les épinards, de Nouvelle-Zélande , peuvent être semés en pleine terre au début de ce mois et devraient être éclaircis à environ un mètre l'un de l'autre. La croissance ressemble quelque peu à celle de l'usine de glace. Les jeunes têtes tendres sont pincées pour la cuisson et donnent un élégant épinard, sans amertume, et donc acceptable pour de nombreuses personnes qui s'opposent à la saveur de suie des épinards ordinaires.

Tomate. - À la troisième semaine de mai, les plantes de la bordure ouverte devraient être durcies. Dans une fosse froide ou un cadre, ils peuvent être progressivement exposés jusqu'à ce que les lumières puissent être complètement éteintes, même la nuit. Une épaisse couche de cendres au bas du cadre assurera le drainage et éloignera la vermine. Si les plantes ont beaucoup d'espace et sont bien gérées, elles posséderont un feuillage sombre et sain, ne nécessitant aucun support de bâtons jusqu'à ce qu'elles soient dans les derniers quartiers. Ne les sortez pas avant la fin du mois ou début juin et choisissez une journée tranquille pour le travail. Si possible, offrez-leur un endroit ensoleillé à l'abri d'un mur ayant un aspect sud ou ouest. Sur un sol raide, il est conseillé de planter sur des billons, et pas trop profondément; car la plantation profonde encourage une forte croissance et une forte croissance retarde la production de fruits. Les tomates sont parfois cultivées dans des lits, puis il est nécessaire de leur donner beaucoup de place. Pour les plantes ramifiées, trois pieds entre les plantes dans les rangées et les rangées distantes de quatre pieds, offriront de l'espace pour attacher et arroser. Chaque plante doit avoir le support d'un gros pieu fermement fixé dans le sol et s'élevant à quatre pieds au-dessus de lui; et une fois par semaine, au moins, le nouage doit être effectué. En ce qui concerne l'arrêt, la tige centrale doit pouvoir pousser jusqu'à ce que les premières fleurs soient fixées. C'est à partir de ces premières fleurs que les tomates d'extérieur peuvent mûrir avec succès, et l'élimination de la pousse principale retarde leur production. Mais après quinze ou vingt fruits sont visibles, le sommet de la tige principale peut être raccourci à la longueur du tuteur. Les branches fructifères doivent également être courtes au-delà du fruit, et les grandes feuilles doivent être raccourcies pour permettre un libre accès au soleil. Si le système à tige unique est adopté, trois pieds entre les rangées et deux pieds entre les plantes dans les rangées suffiront. Sur une lumière le sol et par temps sec le fumier liquide faible peut, avec avantage, être alterné avec de l'eau pure, mais cette pratique ne doit pas être poussée assez loin pour rendre les plantes grossières, sinon la maturation sera retardée. Les fruits destinés à être exposés doivent être sélectionnés avec discernement et, à cette fin, quatre à six spécimens de toute grande variété suffiront pour qu'une plante atteigne la perfection.

Navet à semer pour la succession. Il est bon maintenant de s'en tenir aux petites espèces blanches primitives.

Moelle végétale . - Dans les jardins de chalets, on peut voir chaque année des vignes luxuriantes traînant sur les flancs de tas de gazon ou de fumier pourris. Tous les légumes avant sont prisés et les courges ne font pas exception à la règle. Un approvisionnement précoce en pleine terre est le plus facilement assuré en élevant des plantes solides dans des pots et en les plaçant sur de riches lits chauds dès que la saison et le district le permettront. Les gelées tardives doivent être protégées par une sorte de protection et les limaces doivent être dissuadées de manger les plantes.

JUIN

Dans une certaine mesure, les récoltes vont maintenant prendre soin d'elles-mêmes, et nous pouvons considérer que les principales inquiétudes et activités de la saison sont terminées. Nos notes seront donc plus brèves. Nous ne conseillons pas au pratiquant de «se reposer et d'être reconnaissant». Il vaut mieux pour lui de travailler, mais il doit tout de même être reconnaissant s'il serait heureux dans son travail sain et divertissant. L'arrosage et le désherbage sont les principaux travaux de ce mois, et tous deux doivent être poursuivis avec diligence. Mais un arrosage ordinaire, où chaque goutte doit être trempée et transportée, est souvent préjudiciable plutôt que bénéfique, pour la simple raison qu'il n'est qu'à moitié fait. Dans de tels cas, il est conseillé de retenir l'eau le plus longtemps possible, puis de la donner en abondance, en arrosant seulement une petite parcelle chaque jour afin de saturer le sol,

Les asperges doivent être en quantité complète et peuvent être coupées jusqu'au milieu ou à la fin du mois. Le moment où la coupe doit cesser dépend du district. Dans le sud de l'Angleterre, le 14 est à peu près le moment propice pour effectuer la dernière coupe; au nord du Trent, le 20 sera peut-être assez tôt; et plus au nord, la coupe peut se poursuivre jusqu'en juillet. Le point à garder à l'esprit est que la plante doit avoir le temps de se développer librement sans autre contrôle, afin d'emmagasiner de l'énergie pour réaliser des pousses robustes l'année prochaine. C'est un bon plan d'insérer des piquets, tels que ceux utilisés pour les pois, dans les lits d'asperges, pour soutenir la croissance verte contre les coups de vent; car quand les tiges sont cassées par les tempêtes, comme elles le sont souvent, les racines perdent leur aide et sont affaiblies pour leur travail futur.

Les haricots , tant nains que coureurs, peuvent être semés vers le milieu du mois, pour fournir des gousses tendres lorsque celles des semis précoces sont passées. Une récolte tardive de coureurs paiera bien presque n'importe où, car ils supportent jusqu'à ce que le gel les coupe, ce qui ne se produira peut-être que bien en novembre.

Brocoli .—- Profitez des averses pour continuer à planter.

Chou . — Vers la fin du mois, semez une bonne quantité de petits choux et de choux. Ils seront extrêmement précieux à planter au fur et à mesure que les récoltes d'été seront défrichées.

Les capsicums peuvent être plantés dans un endroit ensoleillé et abrité.

Les choux - fleurs qui sont transférés maintenant des lits de semence doivent avoir des réserves d'eau abondantes et être ombragés à midi pendant une semaine. Lorsque les têtes sont visibles, il est courant d'enclencher l'une des feuilles intérieures par-dessus pour les protéger.

Céleri à planter sans perte de temps, par temps pluvieux si possible; mais si le temps est chaud et sec, ombragez les plantes et donnez-leur de l'eau. Le travail doit être bien fait, il est donc conseillé de ne pas soulever plus de plantes que ce qui peut être rapidement traité, car l'exposition tend à s'épuiser, et le céleri ne devrait jamais subir un contrôle, même le moindre degré. Une fois planté, saupoudrer légèrement de suie ou de cendre de bois. Des bâtonnets de pois posés à travers les tranchées donneront suffisamment d'ombre avec très peu de problèmes.

Chicorée . - Cette essence saine est utilisée de diverses manières et est très appréciée dans certains ménages. Les têtes blanchies constituent un accompagnement acceptable du fromage et sont très appréciées pour la salade; ils peuvent également être cuits et servis avec du beurre fondu de la même manière que Sea Kale. Pour faire pousser de grandes racines propres, un sol riche et profond est nécessaire. Si du fumier doit être ajouté, utilisez celui qui est bien décomposé et enterrez-le à au moins douze pouces, car près de la surface, il produira des racines à crocs. Préparez le lit de semence comme pour les panais, semez dans des semoirs distants de douze pouces et éclaircissez les plantes à neuf pouces dans les rangées. En octobre, les racines seront prêtes à être soulevées, préparatoires à être emballées dans des quartiers sombres pour être blanchies.

Les concombres pour le marinage peuvent être semés sur des billons.

L'endive n'est généralement pas recherchée alors que les bonnes laitues abondent, mais elle prend la place de la laitue en automne et en hiver, quand plusles légumes délicats sont rares. Semez dans des semoirs peu profonds espacés de six pouces. Éclaircissez les plantes et transférez les éclaircies dans un sol riche et léger. Ils doivent être généreusement cultivés sur des terres bien fertilisées, à l'aide d'eau par temps sec.

Laitue à semer et à planter à chaque occasion. Quelques rangées de grandes variétés Cos doivent être semées dans des tranchées préparées comme pour le céleri, là pour être éclaircies et laissées au repos. Ils formeront de beaux cœurs et seront appréciés à une époque où les laitues se font rares.

Melon. - Pour une récolte finale dans les maisons, semez comme indiqué précédemment et faites pousser les plantes dans des pots, jusqu'à ce que la maison puisse être débarrassée de l'ancien ensemble pour leur réception. La croissance devrait être poussée en avant pour assurer des fruits mûrs avant la fin septembre. En cas de temps maussade à l'arrivée, il y aura d'autant plus besoin d'une ventilation abondante mais judicieuse, et d'une atmosphère chaude et sèche la nuit. Avant qu'ils ne deviennent lourds, tous les fruits doivent avoir le support de filets ou de minces morceaux de planche suspendus par des fils aux coins.

Champignons peut être préparé pour le moment. La première étape vers le succès consiste à accumuler un long tas de crottes de cheval avec le moins de litière possible. Laisser fermenter modérément et tourner deux ou trois fois, en en faisant toujours un long tas, ce qui ralentit la fermentation. Lorsque le feu en est un peu éteint, compléter le lit avec un mélange d'environ quatre parties de fumier fermenté et une partie de terreau gazonné, bien incorporé. Battez le truc avec le plat de la pelle au fur et à mesure que le travail avance, en façonnant le lit sous la forme d'une crête d'environ trois pieds de large à la base et de toute longueur qui peut être pratique. Donnez une finition soignée au travail, sinon les champignons ne vous rembourseront certainement pas. Mettez de gros morceaux de frai lorsque le lit est bien chaud, couvrez d'une fine couche de terre fine et protégez avec des nattes ou de la paille propre. C'est un moyen rapide et facile de cultiver des champignons, et en commençant maintenant, la saison est avant un. Neuf fois sur dix, les gens commencent les préparatifs pour la culture des champignons environ un mois trop tard, car le frai coule pendant les fortes chaleurs et la récolte augmente lorsque la température automnale modérée s'installe.

Oignons à semer pour la salade. Avancer les lits de grandes sortes à éclaircir à temps. Les meilleurs oignons à garder sont ceux de taille moyenne, parfaitement mûrs; par conséquent, l'amincissement ne doit pas être trop sévère.

Les pois peuvent encore être semés et, à mesure que la saison avance, la préférence devrait être donnée aux variétés précoces à croissance rapide.

Les navets peuvent être semés en variété et en quantité après la Saint-Jean. Semez sur un sol bien préparé et versez une pincée de fumier artificiel dans les semoirs avec la graine. En accélérant la croissance précoce de la plante, la mouche est maîtrisée.

JUILLET

Pour les jardiniers, juillet est à un certain point comme janvier; tout dépend de la météo. Il peut faire chaud, avec de fortes pluies fréquentes et une végétation dans la végétation la plus luxuriante; ou la terre peut être de fer et les cieux d'airain, avec à peine une lame verte à voir. Les légères averses volantes qui se produisent habituellement en juillet ne rendent pas l'arrosage inutile; en fait, un fort trempage d'une récolte après une pluviométrie modérée est une aide précieuse à sa croissance, car il nécessite une averse abondante et prolongée pour pénétrer jusqu'aux racines.

Légumes semés en été pour une utilisation en automne et en hiver. Au fur et à mesure que le mois avance, les premières récoltes seront terminées et de nombreuses parcelles deviendront vacantes. Dans de nombreux jardins, il est maintenant courant de semer en juillet et en août des graines de variétés à croissance rapide de légumes et de salades pour fournir des fournitures pendant les mois d'automne et au début de l'hiver, et ce système est vivement recommandé. Ces semis augmentent non seulement la capacité de culture du jardin, mais ils prolongent l'utilisation de nombreux légumes préférés qui, des semis de printemps, cessent habituellement à la fin de l'été. Deux choses sont essentielles au succès. *Seules les variétés à maturation précoce doivent être semées et les plantes doivent être éclaircies dès leur apparition (évitant ainsi le repiquage), afin qu'elles ne reçoivent aucun contrôle de croissance.*Les matières suivantes sont particulièrement adaptées à cet effet: Haricots français nains (semer début juillet), Betterave, Chou, Carotte, Chou-fleur (semer début juillet), Salade de maïs italienne, Cresson, Endive, Kohl Rabi, Laitue, Oignon, Persil , Pois, radis, épinards et navet. Les pommes de terre peuvent également être plantées en juillet, mais seuls les tubercules des variétés précoces conservées l'année précédente doivent être utilisés.

Les ordures de jardin sont susceptibles de s'accumuler dans les coins impairs et de devenir offensantes. Les souches de choux et de choux-fleurs dégagent les odeurs les plus désagréables, et les voisins ne devraient pas être ennuyés par le manque de réflexion dans un jardin en particulier. Le moyen le plus court et facile avec tous les déchets en décomposition est de les mettre au fond d'une tranchée lors de la préparation du terrain pour la plantation. Là, il cesse d'être une nuisance et devient un fumier précieux.

Haricots. - Quelques haricots français nains peuvent encore être semés pour prolonger les cultures en extérieur jusqu'à la dernière date possible. Pour les approvisionnements d'automne et d'hiver, les semis des classes de nain et d'escalade peuvent être effectués de mi-juillet à mi-septembre, les nains dans des cadres froids et les grimpeurs sur des bordures étroites dans n'importe quelle maison qui peut être épargnée à cet effet.

Brocoli à planter comme avant; la plupart des plantes laissées par d'anciennes plantations seront désormais robustes et solides, et feront d'utiles successions.

Choux.- Le semis de graines de chou à cette période de l'année entraîne des conséquences d'une telle importance qu'elles méritent d'être reconsidérées. Lorsque la récolte a passé l'hiver, il y a un risque que les plantes s'envolent au lieu de former des cœurs. Dans la grande majorité de ces cas, la perte est imputable à une sélection imprudente de certaines sortes. Pour les semis au printemps, il existe une liste assez longue de variétés, dont beaucoup possèdent des qualités distinctives qui répondent à diverses exigences. Il en est autrement maintenant. Les choux sur lesquels on peut compter pour bien finir au printemps sont relativement peu nombreux. Mais des expériences répétées ont démontré que la perte et la déception peuvent être évitées en ne semant que les variétés qui ne montrent aucune tendance à s'enfler. Le semis prématuré est une autre cause, mais mineure, des choux qui commencent à tiges de graines. La date exacte de tout district doit être déterminée par la latitude et l'aspect du lieu. Dans le Nord, les semis seront nécessairement plus précoces que dans les Midlands ou dans le Sud. En supposant cependant que des variétés appropriées soient choisies, toute la difficulté peut être éliminée, même sur des sols où les choux montrent une tendance inhabituelle à envoyer prématurément les tiges de graines, en semant en août au lieu de juillet. Le lit de semence doit être bien préparé et tout vieux plâtre ou autre détritus contenant de la chaux doit être creusé. Semez finement, car un semis épais rend une plante faible, aussi sévère qu'elle puisse être éclaircie par la suite. Même sur les sols où les choux montrent une tendance inhabituelle à envoyer prématurément les tiges de graines, en semant en août au lieu de juillet. Le lit de semence doit être bien préparé et tout vieux plâtre ou autre détritus contenant de la chaux doit être creusé. Semez finement, car un semis épais rend une plante faible, aussi sévère qu'elle puisse être éclaircie par la suite. Même sur les sols où les choux montrent une tendance inhabituelle à envoyer prématurément les tiges de graines, en semant en août au lieu de juillet. Le lit de semence doit être bien préparé, et tout vieux plâtre ou autre détritus contenant de la chaux doit être creusé. Semez finement, car un semis épais rend une plante faible, aussi sévère qu'elle puisse être éclaircie par la suite.

Les cardons à éclaircir à une plante dans chaque station, et cela, bien sûr, le plus fort.

Carotte. - La culture en cadre de petites espèces devrait commencer, pour produire une succession de jeunes carottes destinées à la table.

Céleri à planter par temps pluvieux. Il est trop tard pour semer maintenant, sauf pour les soupes, et à cette fin, il ne faut faire qu'un petit semis, car cela peut ne rien aboutir.

Chards. - Ceux qui s'occupent des blettes doivent abattre un certain nombre d'artichauts Globe à environ six pouces au-dessus du sol et, si nécessaire, gardez les plantes bien arrosées pour induire une nouvelle croissance, qui sera prête pour le blanchiment en septembre.

Les concombres sur les billons se débrouillent généralement bien sans eau, mais ils ne doivent pas souffrir de la sécheresse. Si l'arrosage doit être utilisé, assurez-vous d'abord de l'eau douce bien réchauffée par l'exposition au soleil, et arrosez généreusement trois ou quatre soirs de suite, puis n'en donnez plus pendant une semaine environ.

Endive à semer pour l'hiver. Ce sera bien de faire deux semis, disons le premier et le dernier jour du mois.

L'ail et les échalotes doivent être prélevés par temps convenable, et il peut être nécessaire de terminer la maturation sous abri.

Poireaux à planter; et sur sols secs, dans des tranchées préparées comme pour le céleri.

Persil à semer pour l'hiver. C'est une question très importante, même dans le plus petit jardin, d'avoir un approvisionnement constant.

Pois. —Seules les variétés précoces à croissance rapide devraient être semées maintenant.

Pommes de terre. - Là où il y a une bonne récolte d'une variété précoce, elle doit être soulevée sans attendre que les châles meurent. Les peaux tendres subiront des dommages si le travail est effectué grossièrement, mais durciront bientôt et le stock mûrira aussi parfaitement dans le magasin que dans le sol. Il faut un peu de courage pour soulever des pommes de terre alors que les sommets sont encore verts et vigoureux, et cela ne devrait pas être fait tant que les racines ne sont pas complètement développées et commencent à mûrir. Des espèces à croissance rapide peuvent être plantées pour creuser en tant que pommes de terre nouvelles plus tard dans l'année.

Un radis. —Semez les espèces à grande croissance pour l'hiver.

Épinard. —Semez les épineux pour qu'ils supportent l'hiver, en sélectionnant le sol de semis haut et sec qui a été au moins deux fois creusé et n'a pas eu de fumier récent. Le double creusement a pour but de favoriser la destruction de la larve du «papillon de l'épinard», que les merles et les grives dévorent lorsqu'ils sont exposés en creusant. Ces larves mettent fin à bien des épinards d'hiver chaque année, et sont d'autant plus redoutées par le cultivateur imprudent.

Navets à semer en quantité au début du mois; amincissez les cultures qui avancent et gardez la houe en action parmi elles.

Winter Greens de toutes sortes à planter librement dans le meilleur terrain possible, après un bon creusement, et à être aidés en eau pendant une semaine environ si le temps est sec.

AOÛT

L'importance des légumes et des salades semés en été est traitée en juillet, et les graines de la plupart des sujets qui y sont nommés peuvent encore être mises en place lorsque le terrain devient vacant. L'approvisionnement du jardin au cours de l'hiver et du printemps prochains dépendra en grande partie d'une bonne gestion actuelle, et il faudra tirer le meilleur parti des quelques semaines de temps de croissance qui restent. Une grande difficulté liée au semis à cette période de l'année est la probabilité que le sol soit trop sec; cependant, il est très imprudent d'arroser les graines, et il vaut toujours mieux qu'elles puissent être levées avec l'humidité naturelle du sol seule. Cependant, dans un cas extrême, le sol doit être bien trempé avant de semer la graine et après le semis recouvert de haies, de bâtons de pois ou de nattes jusqu'à ce que les graines commencent à germer.

Artichauts, Globe , à couper dès que les têtes sont utilisées.

Brocoli à planter. Comme le brocoli en germination, qui appartient à la classe des «Winter Greens», ne paie pas bien au printemps à moins qu'il ne pousse librement maintenant, plantez-le assez loin l'un de l'autre; s'il y a beaucoup de monde là où il est déjà planté pour résister à l'hiver, retirez chaque autre plante et faites une autre plantation.

Choux.- Dans de nombreux petits jardins, les semis d'août des choux suffisent pour toute l'année, et dans les plus grands établissements, on sème maintenant de plus grandes largeurs qu'à toute autre période. Mais que le jardin soit petit ou grand, il n'est pas sage de compter exclusivement sur le semis d'un type quelconque. Au moins deux variétés doivent être choisies et, par mesure de précaution, chaque variété peut être semée à deux dates, avec un intervalle d'environ quinze jours entre elles. La sagesse de cet arrangement sera évidente dans neuf saisons sur dix. Il tient compte des imprévus, prolonge la saison d'approvisionnement et propose deux plats distincts d'un seul légume: les cœurs mûrs et les plantes partiellement développées, qui diffèrent, lorsqu'elles sont servies, à la fois en apparence et en saveur. Là où la demande est importante ou si une grande diversité est requise, trois ou quatre espèces doivent être semées,

Cardon. —Commencez à blanchir si les plantes sont prêtes.

Chou-fleur. —Les semences semées maintenant produiront des épis plus fins au printemps et au début de l'été que ceux généralement obtenus à partir d'un semis de janvier ou février. Le temps de semis doit être déterminé par le climat du quartier. Dans les localités froides et tardives, la première semaine n'est pas trop tôt; du 15 au 25 est un bon moment pour tous les districts de Midland; et la fin du mois, ou la première semaine de septembre, est assez tôt dans le Sud. Dans le Devon et Cornwall, les semailles sont encore plus tardives. Mais quelle que soit la date qui convient au district, la graine doit être semée avec soin, afin qu'une croissance saine puisse être favorisée dès le début. Hivernez les plantes dans des cadres ou par d'autres moyens pratiques, mais il est important de les garder rustiques en donnant de l'air à chaque occasion favorable.

Le céleri doit être soigneusement mis à la terre au besoin. Il faut cinq semaines ou plus pour bien blanchir le céleri, et comme la mise à la terre vérifie la croissance, l'opération ne doit pas être commencée un jour trop tôt. Veillez à ce que la terre ne pénètre pas dans les cœurs.

La salade de maïs devrait être semée pendant ce mois et en septembre pour produire des plantes aptes à être utilisées au début du printemps. En été, la plante entière est comestible, mais en hiver ou au printemps, seules les feuilles extérieures doivent être utilisées.

Concombre.- Pour un approvisionnement en concombres pendant les mois d'hiver, les principes généraux de gestion sont identiques à ceux donnés en janvier et mars, à une exception importante près. Au début de l'année, on peut compter sur une augmentation continue de la lumière et de la chaleur. Maintenant, il y aura une diminution constante de ces forces vitales. Par conséquent, le progrès des usines diminuera progressivement à mesure que l'année décroît, et il faut en tenir dûment compte. Cela dépend tellement du caractère de l'automne et de l'hiver qu'il ne sera pas sage de tout risquer sur un seul semis. Les semences introduites à deux ou trois reprises entre la fin août et la fin octobre fourniront des plantes à différents stades de croissance pour répondre aux exigences de la saison. La production de concombres dépendra alors des soins et de la gestion.

Endive. —Faire un semis final et planter tout ce qui est assez grand, en choisissant, si possible, un talus sec et incliné à cet effet.

Laitue à semer pour résister à l'hiver, en choisissant les variétés les plus rustiques. Dans les régions froides, le milieu du mois est un bon moment pour semer; dans les endroits favorisés, la fin du mois est préférable.

Oignon. - Pendant de nombreuses années, la section de Tripoli a joui de la prééminence pour les semis à cette saison, l'opinion prévalant que les autres espèces ne convenaient pas. Mais il est constaté que plusieurs variétés qui peuvent avec propriété être décrites comme des oignons anglais sont aussi robustes que le Tripolis, et donc aussi bien adapté pour les semis en cette saison. Ainsi, au lieu des sortes qui doivent être utilisées rapidement, nous pouvons commander pour l'été le semis le meilleur des gardiens, et le résultat sera des récoltes plus lourdes et une maturation plus précoce, avec des approvisionnements abondants en `` éclaircies '' pour les salades tout au long de l'automne et de l'hiver. Deux semis - l'un au début, l'autre à la fin du mois - peuvent être adoptés avec avantage. Le stockage des oignons est souvent défectueux et, par conséquent, des pertes se produisent à cause du mildiou et de la croissance prématurée. Si certains ne sont pas encore mûrs, étalez-les au soleil dans un endroit sec, où ils peuvent être recouverts rapidement en cas de pluie. En saison humide et froide, il est parfois nécessaire de terminer la conservation des oignons en les mettant dans un four presque froid pendant quelques heures avant de les stocker.

Pois. - Les cultures venant en avant pour un portage tardif doivent faire l'objet d'une attention, notamment pour les mettre à l'abri des tempêtes par un soutien suffisant, et en cas de sécheresse pour donner de l'eau en abondance.

Des plants de fraises peuvent être plantés si le temps s'avère favorable; mais le mois prochain répondra. Par temps brûlant, il vaut la peine de planter les plantes étroitement dans un endroit ombragé humide jusqu'à ce que la pluie arrive, puis de planter.

Tomates à cueillir dès qu'elles sont mûres. Si le mauvais temps interfère avec la finition de la récolte, coupez les fruits adultes avec une longueur de tige attachée et suspendez-les dans une serre ensoleillée ou dans un autre endroit chaud en plein jour. Les graines semées maintenant ou en septembre produiront des plantes qui devraient donner de beaux fruits en mars, et il faudra du soin et du jugement pour les transporter en toute sécurité tout l'hiver.

Le navet peut être semé au début du mois. Les meilleurs types sont maintenant White Gem ou Snowball. Toute l'année plaira à ceux qui aiment le navet jaune.

SEPTEMBRE

Les mauvaises herbes seront gênantes pour le jardinier surmené et oisif, tandis que la terre la mieux entretenue sera pleine de graines soufflées dessus du jardin du paresseux, et la première averse les fera sortir avec une force formidable. Tout ce que nous avons à dire à leur sujet, c'est qu'ils doivent être réduits, car non seulement ils étouffent les cultures qui poussent dans les lits de semence et gâchent l'apparence de tout, mais ils ont beaucoup tendance à garder le sol humide et froid, quand, s'ils étaient absents, il deviendrait sec et chaud, au profit de toutes les récoltes appropriées. La négligence rendra la tâche d'éradication tout simplement terrible et, entre-temps, toutes les cultures sur le terrain en souffriront. Les deux grands mois pour les mauvaises herbes sont mai et septembre; mais souvent les mauvaises herbes de septembre triomphent, parce que le mal qu'elles font n'est alors pas si évident à l'œil occasionnel. Comme il y a maintenant de nombreuses cultures épuisées qui peuvent être défrichées, de grandes quantités de chou, d'endive, de laitue et même d'éclaircies d'épinards peuvent être plantées pour résister à l'hiver.

Choux. —Nous préconisons d'encombrer la terre maintenant avec des plants de chou, car la croissance sera lente et les exigences de la cuisine constantes. Le surpeuplement, cependant, n'est pas tout à fait la même chose que le surpeuplement, et ce n'est qu'un gaspillage de main-d'œuvre, de terres et de récoltes pour rapprocher les plantes si près qu'elles n'ont pas d'espace pour un développement complet. La règle habituelle pour planter les plus grosses sortes de choux à cette période de l'année est de permettre une distance de deux pieds dans tous les sens entre les plantes. Le principe de surpeuplement peut être poussé jusqu'à placer des choux miniatures entre eux, mais seulement en sachant clairement que tout le petit matériel doit être éliminé avant le début de la croissance printanière et que les gros choux auront alors un espace approprié pour se développer.

Chou-fleur. —Semez à nouveau dans un cadre ou dans une casserole dans la serre.

Céleri. —Continuez à mettre à la terre, en sélectionnant un temps de séchage pour la tâche.

Les blettes mettent six semaines à blanchir au moyen de paille recouverte de terre.

Les concombres pour l'hiver ont besoin d'une gestion minutieuse et d'appareils appropriés. Voir les remarques à ce sujet sous août.

Endive à planter comme indiqué le mois dernier. Plantez-en quelques-uns en bordure d'un verger, ou dans une cave en terre, ou dans de vieux cadres pour lesquels on peut trouver quelques lumières, si folles qu'elles soient.

Les laitues devraient venir du jardin maintenant en bon état, mais l'approvisionnement sera nécessairement à court. Les semis de deux ou trois sortes doivent être faits en partie dans des cadres et en partie sur une parcelle sèche et ouverte sur laquelle une récolte a été prélevée. Le sol doit être bien creusé mais non engrais. Semez finement, de sorte qu'il n'y aura pas beaucoup besoin d'éclaircir, et limitez la sélection à des espèces connues pour être résistantes. Les semis d'août seront bientôt assez avancés pour être mis en place, et il conviendra de faire les travaux le plus tôt possible, afin d'assurer que les plants soient bien implantés avant l'hiver.

Persil. - Le dernier semis nécessitera un éclaircissage, mais pour le moment il ne doit pas être effectué de manière trop stricte; entre ceci et printemps, il y aura de nombreuses opportunités. Éclaircissez la parcelle en tirant des plantes complètes car le persil est demandé pour la cuisine. Si aucun semis tardif n'a été fait, ou, après avoir été fait, a échoué, couper au sol les plantes les plus fortes, pour qu'une nouvelle croissance puisse être assurée rapidement. Quelques plantes mises en pot à la fin du mois, ou soulevées et placées dans des cadres, peuvent s'avérer extrêmement précieuses en hiver.

Les pommes de terre prêtes doivent être prises avec un soin raisonnable. Il n'est pas sage d'attendre la mort des châles, car, lorsque les tubercules sont complètement développés, ils mûrissent aussi bien dans le magasin, hors de danger, que dans le sol, où ils sont exposés à des influences qui sont simplement destructeur.

Épinard. —Pendant les saisons favorables et les localités avancées, les épinards d'hiver semés dans la première moitié de ce mois feront une bonne plante avant l'hiver. Éclaircissez les plantes qui sont déjà jusqu'à six pouces l'une de l'autre.

OCTOBRE

Les mauvaises herbes et la chute des feuilles sont les fléaux de la saison. Il peut sembler qu'ils ne font aucun mal, mais ils sont assurément directement nuisibles à toutes les cultures sur le sol, car ils favorisent l'humidité et la saleté en empêchant la libre circulation de l'air entre les cultures et l'accès du soleil à la terre. Gardez tout propre et bien rangé, même jusqu'à l'élimination des feuilles inférieures des choux, où ils reposent à moitié pourris sur le sol.

Les fortes pluies de ce mois interfèrent de manière significative avec les travaux extérieurs et constituent souvent un obstacle majeur à la gestion ordonnée qui devrait prévaloir. L'accumulation de déchets n'importe où, même hors de vue, est à déplorer comme un mal tout à fait. Les dommages causés à la végétation sont aussi grands que ceux infligés à notre propre santé lorsque la saleté empoisonne l'air et l'humidité accélère la dissolution générale. Il faut donc avant tout garder le jardin propre de bout en bout. Tous les déchets en décomposition qui peuvent être mis dans des tranchées doivent être mis hors de vue dès que possible, pour pourrir sans danger au lieu d'infecter l'air, et les feuilles doivent souvent être balayées en tas, sous quelle forme elles cessent d'être nuisibles, bien que, étalés sur le sol et foulés aux pieds, ils sont des reproducteurs de malice. Si vous manquez de travail, pliez la houe parmi toutes sortes de cultures, en prenant soin de ne pas casser ou meurtrir les feuilles saines, ou de déranger les racines de toute plante. Creuser des parcelles vacantes et aménager le terrain en crêtes de la manière la plus grossière possible. Les terres lourdes peuvent maintenant être fertilisées avec avantage, mais il n'est pas souhaitable de fertiliser les terres légères avant le printemps.

Choux à planter comme conseillé le mois dernier.

Cardon. - Le blanchiment doit être poursuivi.

Les carottes. —Soulevez les racines et stockez-les dans le sable.

Chou-fleur à préparer pour l'hiver.

Céleri-rave. —Une partie de la récolte doit être soulevée et stockée dans le sable; les plantes laissées dans le sol pour être protégées par mise à la terre.

Le céleri doit être mis à la terre et le matériel de protection doit être prêt pour assurer sa sécurité pendant le gel.

Chicorée. —Élevez environ une douzaine de plantes à la fois selon les besoins, coupez ou arrachez le feuillage et emballez les racines, couronne vers le haut, dans des boîtes avec de la moisissure ou de la terre humide. Ils doivent être stockés dans l'obscurité absolue dans une cave ou un champignon à l'abri du gel, mais une température forcée nuit à la saveur. La récolte peut commencer environ trois semaines après le stockage. Le rendement est abondant et est d'une valeur particulière pour la salade pendant les mois d'automne et d'hiver.

L'endive doit être blanchie pour être utilisée au fur et à mesure qu'elle acquiert sa pleine taille, mais pas avant, car le blanchiment met fin à la croissance.

Salade. —Continuer à planter comme indiqué précédemment et faire un dernier semis en cadres au plus tard au milieu du mois.

Les panais peuvent être creusés tout l'hiver à volonté. Bien qu'un léger gel ne les blessera pas lorsqu'ils sont laissés dans le sol, une protection par une litière rugueuse est nécessaire par temps très sévère. Il arrive souvent qu'ils poussent librement peu après la fin de l'année, puis deviennent sans valeur.

Les pommes de terre doivent être prises et stockées à toute vitesse possible.

La rhubarbe pour forcer doit être reprise et mise de côté dans un endroit sec et frais, exposé aux intempéries. Cela met les racines en échec et constitue une sorte d'hiver, qui les prépare en quelque sorte à la fosse de forçage.

Les racines , telles que la betterave, le salsifis et le navet, doivent être récupérées le plus tôt possible et stockées pour l'hiver.

Les Winter Greens peuvent encore être transplantés, et il est souvent préférable d'utiliser le reste des lits de semence plutôt que de laisser les plantes reposer. Dans le cas d'un hiver rigoureux, ces verts plantés tardivement peuvent ne pas avoir beaucoup de valeur; mais dans un hiver doux et croissant, ils feront quelques progrès et peuvent s'avérer très utiles au printemps.

NOVEMBRE

Les remarques déjà faites sur la nécessité de la propreté et de l'élimination rapide de tous les déchets en décomposition s'appliquent aussi fortement à ce mois qu'à octobre. Les feuilles tombent, l'atmosphère est humide et il faut faire très attention à ne pas aggraver les choses par des dispersions de déchets végétaux. Maintenant, nous sommes dans les «jours ennuyeux avant Noël», les affaires du jardin peuvent être examinées en détail, et c'est la meilleure période pour un tel examen. Les sortes qui ont bien ou mal fait, les désirs qui ont été ressentis, les erreurs qui ont été faites, sont frais dans la mémoire, et dans la commande des graines, des racines, des plantes, etc., pour le travail de la saison prochaine, l'expérience et l'observation peuvent être enregistrées avec une perspective d'avantages futurs. En cohérence avec la révision des plans au coin du feu, réviser les travaux à l'extérieur. Commencez à vous préparer pour les récoltes de l'année prochaine en creusant des tranchées, planter et ramasser des trucs à brûler dans un «étouffement». La terre creusée maintenant pour les graines et les racines de printemps, et maintenue assez rugueuse, n'aura besoin d'être nivelée et ratissée que lorsque le printemps sera prêt pour les semences, et produira de meilleures récoltes que si elle était préparée à la hâte. Le matériel de protection pour tous les besoins de la saison doit être prêt, compte tenu du fait que quelques nuits de gel dur peuvent détruire les laitues, les endives, le céleri et les choux-fleurs d'une valeur de plusieurs livres, qui vaut quelques shillings de travail et la litière aurait sauvé. Les travaux de terrassement peuvent généralement être poussés, et il est bon de terminer tous les travaux de réfection des routes et de démantèlement du nouveau terrain avant la fin de l'année, en raison de l'obstacle qui peut résulter du gel et de la pression inévitable d'autres travaux à le tour du ressort. Le temps est une question importante;

Les artichauts, Globe, doivent être protégés avant que le gel ne les attaque. Coupez les tiges et les grandes feuilles à moins d'un pied du sol; puis amassez de chaque côté des rangées une grande quantité de litière sèche constituée de paille, de fanes de pois ou de feuilles, en prenant soin de laisser libre accès à la lumière et à l'air. Les cœurs ne doivent pas être couverts, sinon la décomposition suivra.

Les artichauts de Jérusalem peuvent être creusés à volonté, mais certains doivent être soulevés et stockés dans le sable pour être utilisés pendant les gelées.

Les lits d' asperges non encore nettoyés doivent faire l'objet d'une attention immédiate. Coupez l'herbe brune et ratissez toutes les mauvaises herbes et les déchets, et terminez en appliquant une vinaigrette d'algues ou de fumier d'écurie à moitié pourri.

Haricot, large. —Il est de coutume sur des sols secs et chauds de semer des haricots à la fin d'octobre ou en novembre pour une première récolte, et cette pratique est à recommander. Sur les sols froids et humides, et sur les terres argileuses partout, c'est un gaspillage de semences et de travail à semer maintenant, mais chaque district a ses capacités particulières, et chaque cultivateur doit juger par lui-même. Dans tous les cas, les haricots semés au cours de ce mois doivent être déposés sur un terrain bien drainé dans un endroit abrité.

Brocoli. - Dans les quartiers défavorisés, posez les plantes avec la tête tournée vers le nord.

Carotte à semer dans des cadres, et semis successifs toutes les trois ou quatre semaines jusqu'en février.

Les choux - fleurs se retourneront, et peut-être ceux qui s'avanceront seront d'autant mieux couverts d'être recouverts d'une feuille pour protéger les têtes du gel. Si le baromètre monte régulièrement et que le vent tourne vers le nord ou le nord-est, dessinez tous les meilleurs choux-fleurs et mettez-les dans un hangar ou dans un endroit à l'écart, sûr pour une utilisation.

Céleri. - Le gel dur venant après de fortes pluies peut s'avérer destructeur pour le céleri; et il est bon, s'il y a une récolte qui vaut la peine d'être sauvée, de creuser une tranchée autour de la plantation pour favoriser l'évacuation de l'excédent d'eau. S'ils sont pris et rangés dans un hangar sec, les bâtonnets resteront frais pendant un certain temps.

Le raifort doit être repris et stocké prêt à l'emploi, et les nouvelles plantations réalisées lorsque le temps le permet et le sol peuvent être épargnés.

Pois. - Le semis de pois en plein air n'est pas recommandé pour la pratique générale, mais seulement pour ceux qui sont si favorablement circonstanciés qu'ils ont de bonnes chances de succès. S'il est déterminé à semer, choisissez à cet effet une bordure ensoleillée sèche, légère et bien drainée, et mettez-la à l'abri des souris, des limaces et des moineaux. Les variétés à graines rondes à croissance rapide doivent être choisies à cet effet, et il sera conseillé de semer deux ou trois sortes plutôt qu'une seule. Les pois à cultiver entièrement sous verre peuvent être démarrés maintenant.

Sea Kale doit être soulevé pour avoir été forcé. Ce délicieux légume peut, en effet, être forcé pour la table ce mois-ci; mais il n'est pas conseillé d'être si pressé, car un bel échantillon ne peut être obtenu si tôt. Sea Kale est la chose la plus facile au monde à forcer; le seul point important est d'avoir des racines solides pour commencer. Tout endroit tel que Des champignonnières, caves, fosses ou vieux hangars, où il est possible de maintenir une température de 45 ° à 55 °, peuvent être utilisés à cet effet. Mettez les plantes épaisses dans des pots ou des boîtes, ou plantez-les dans un lit, et il est essentiel d'exclure la lumière pour assurer le blanchiment. Par ces moyens simples, un approvisionnement régulier peut être obtenu jusqu'à ce que les lits permanents en pleine terre entrent en service.

DÉCEMBRE

Le meilleur conseil que l'on puisse donner pour ce mois-ci est de se préparer soit à de fortes pluies, soit à de fortes gelées, afin que les variations extrêmes de température puissent infliger le moins de dommages possible au jardin. Que le travail soit ordonné en fonction de la météo, qu'il n'y ait pas de «braconnage» sur sol mouillé, ou de conflit absurde avec le gel. Acceptez toutes les occasions de jeter le fumier; et tant que le sol peut être creusé sans gaspillage de travail, procéder à ouvrir des tranchées, faire des drains et réparer des promenades, car c'est la période pour s'améliorer, et l'endroit doit être très parfait, ce qui ne permet aucun travail pour le temps hivernal. Débarrassez-vous de tous les déchets par le simple processus de les mettre dans des tranchées lorsque vous creusez des parcelles pour les premières graines. Dans les hangars et les dépendances, de nombreuses tâches peuvent être trouvées, telles que faire de grands comptes substantiels pour le jardin; les petites choses dérisoires couramment utilisées sont simplement illusoires, car elles sont généralement absentes quand elles sont voulues, de leur responsabilité d'être foulées au sol ou frappées n'importe où par un pied insouciant. Préparez des bâtonnets de pois, des piquets de tailles et, parfois, rassemblez toutes les matières sèches adaptées pour un grand «étouffement». Une prévision minutieuse de la récolte de l'année prochaine montrera que même maintenant, de nombreuses dispositions peuvent être prises pour augmenter les chances de succès.

Warm Border à préparer pour les premiers travaux en creusant et en fumant. Tous les déchets de gazon et de moisissure des feuilles du hangar et le sol éliminé des pots peuvent être utilement éliminés en l'ajoutant à cette bordure, qui ne peut être trop légère ou trop riche, et un bon pansement de fumier le donnera. force pour s'acquitter de ses fonctions.

Beans, Broad , à mettre en terre pour la protection et le soutien.

Céleri à mettre en terre pour la dernière fois. En cas de temps violent, ayez à portée de main un matériau de protection sous forme de litière sèche ou de nattes. Les bâtonnets de pois constituent une base capitale sur laquelle jeter une longue litière, des nattes, etc., pour couvrir rapidement le céleri, la protection étant aussi rapidement retirée lorsque le gel est terminé, et ne coûte presque rien.

L'endive sera valorisée maintenant et doit être blanchie au besoin. Placez-en quelques-uns dans les cadres et autres endroits protégés. Dans les coins inutilisés des hangars et des dépendances, ils peuvent être plus sûrs qu'à l'extérieur.

Persil. - Dans tous les districts froids, il est sage de sécuriser un lit de persil, dans un cadre ou une fosse, ou si quelques plantes ont été mises en pot en septembre, elles peuvent être hivernées dans n'importe quel endroit où elles peuvent avoir de la lumière et de l'air librement. Il est si important d'avoir du persil aux commandes comme on le souhaite, qu'il peut valoir la peine de placer un cadre sur quelques rangées alors qu'ils se trouvent dans le quart ouvert, plutôt que de risquer de perdre tout en cas de temps violent.

Un radis. —Semez une des espèces longues pour un premier approvisionnement dans un endroit chaud, pour assurer une croissance rapide.

Les oignons souterrains doivent être plantés en rangées espacées d'un pied. Ils ne doivent pas être mis à la terre, car les jeunes bulbes se forment autour des tiges en plein jour.

LA ROTATION DES CULTURES DANS LE JARDIN DE LÉGUMES

C'est un sujet qui mérite l'attention de ceux qui visent la plus grande production possible et la plus haute qualité possible de toutes sortes de cultures maraîchères, car il concerne les relations naturelles de la plante et du sol quant à leurs divers constituants chimiques. Le principe peut être illustré en considérant les exigences de deux des cultures potagères les plus courantes. Si nous soumettons un chou à l'action destructrice du feu et analysons les cendres qui restent, nous y trouverons, en nombres ronds, huit pour cent d'acide sulfurique, seize pour cent d'acide phosphorique, quatre pour cent. de soude, quarante-huit pour cent de potasse, et quinze pour cent de chaux. Il est évident que nous ne pouvons pas nous attendre à faire pousser un chou sur un sol dépourvu de ces ingrédients, sans parler des autres. L'odeur désagréable de soufre émise par les choux en décomposition pourrait indiquer, à quiconque est habitué à réfléchir sur des événements ordinaires, que le soufre est un constituant important du chou. Si nous soumettons un tubercule de pomme de terre à un processus similaire, le résultat sera de trouver dans les cendres cinquante-neuf pour cent de potasse, 2 pour cent de soda, six pour cent d'acide sulfurique, dix-neuf pour cent d'acide phosphorique, et deux pour cent de chaux. La leçon pour le cultivateur est que pour préparer un sol pour le chou, il est de la plus haute importance d'employer un fumier contenant des sulfates, des phosphates et des sels de potasse en quantité considérable; quant au citron vert, qui peut être fourni séparément, mais le chou doit l'avoir. D'autre part, pour préparer un sol pour les pommes de terre, il est nécessaire d'utiliser un fumier fortement chargé en sels de potasse et de phosphates, mais il n'a pas besoin d'être fortement chargé de soude ou de chaux, car nous ne trouvons qu'une petite proportion de ces ingrédients dans la pomme de terre. Il y a des sols si naturellement riches en tout que les cultures exigent, qu'elles puissent être labourées pendant des années sans l'aide de fumier, et qu'elles ne cesseront pas de produire un rendement abondant. Mais ces sols sont exceptionnels et ceux qui nécessitent un fumage constant sont la règle. Encore un point, avant de procéder à l'application de ces considérations élémentaires. Dans presque tous les sols, qu'il s'agisse d'argile forte, de limon moelleux, de sable pauvre ou même de craie, il y a des mélanges de tous les minéraux requis par les plantes, et, en effet, s'il n'y en avait pas, nous ne devrions voir aucun herbage sur les bas, et aucun Des lierre grimpant, comme eux, jusqu'aux plus hauts sommets des roches calcaires. Mais généralement, une proportion considérable de ces constituants minéraux dont les plantes se nourrissent sont enfermées dans les aliments de base et ne se dissolvent que lentement lorsque la pluie, la rosée, l'air toujours en mouvement et le soleil agissent sur eux et les rendent disponibles. Au fur et à mesure que la roche cède lentement ses phosphates, alcalis et silice à la végétation sauvage qui se déchaîne sur elle, de même le champ cultivé (qui n'est que de la roche en état de pourriture) cède ses phosphates, alcalis et silice au service des plantes d'autant plus rapidement que le cultivateur a l'habitude de remuer le sol et d'exposer continuellement des surfaces fraîches au pouvoir transformateur de l'atmosphère. Il a été dit que l'air que nous respirons est un fumier puissant. Il en est ainsi, mais pas dans le sens qui s'applique au fumier stable ou au guano. L'air peut et ne permet aux plantes une grande partie de leur nourriture, mais il ne peut les aider aux minéraux dont ils ont besoin en les dissolvant de cailloux, de silex, de nodules de craie, de grès et d'autres substances dans le sol qui les contiennent dans quoi peut être qualifiée de condition de verrouillage.

L'application à la pratique de ces considérations est une question extrêmement simple en premier lieu, mais elle peut devenir très compliquée si elle est suivie suffisamment loin. Ici, nous ne pouvons toucher que la surface du sujet, mais nous espérons le faire utilement. Supposons donc que nous cultivions du chou, ou du chou-fleur ou du brocoli, sur la même parcelle de terrain, une récolte se succédant pendant une longue série d'années, et que nous ne rafraîchissions jamais le sol avec du fumier, il doit être évident que nous allons, un jour ou l'autre, trouver la récolte échouer par l'épuisement du sol de son soufre, phosphates, chaux ou potasse disponibles. Mais si ce sol était laissé en jachère pendant un certain temps, il produirait à nouveau une récolte de chou, en raison de la libération de matières minérales qui, lorsque les récoltes échouaient, n'étaient pas libérées assez rapidement, mais qui, pendant le reste, permettaient au sol, pour soutenir une récolte. De toute évidence, ce mode de procédure n'est pas rentable et tend nécessairement à l'épuisement, bien qu'il faille admettre que l'épuisement total de tout sol est une chose actuellement presque inconnue. Mais, au lieu de suivre une pratique qui appauvrit, enrichissons le sol avec du fumier et changeons les cultures sur la même parcelle, de sorte que lorsqu'une culture l'a largement taxée pour une classe de minéraux, une culture différente est cultivée qui sera taxée il pour une autre classe de minéraux. Considérez un instant l'un des constituants nécessaires d'un sol fertile, le sel commun (chlorure de sodium). Dans la cendre d'un chou, il y en a environ six pour cent de ce minéral, dans le navet environ dix pour cent dans la pomme de terre deux à trois pour cent, dans la betterave dix-huit à vingt pour cent. Par contre la betterave contient très peu de soufre, mais le navet et la betterave sont d'accord pour être fortement chargés de potasse et de soude. Il s'ensuit que si nous récoltons un morceau de terre avec du chou, et que nous souhaitons éviter l'échec qui peut survenir si nous continuons à cultiver avec du chou, nous pouvons nous attendre à bien faire en donnant au sol un pansement de sel et de potasse, et puis recadrez-le avec de la betterave.

Le sujet entier n'est pas épuisé par cette façon de le voir, car tous les faits ne sont pas encore pleinement compris par les plus capables de nos chimistes et physiologistes, et les cultures diffèrent dans leurs méthodes de recherche de nourriture. Nous pourrions trouver deux plantes distinctes presque d'accord dans la constitution chimique, et pourtant l'une pourrait échouer là où l'autre réussirait. Supposons, par exemple, que nous ayons cultivé du chou et d'autres cultures à racines superficielles jusqu'à ce que le sol commence à manquer, même alors nous pourrions en obtenir une bonne récolte de panais ou de carottes, pour la simple raison que ceux-ci envoient leurs racines vers une strate. que le chou n'a jamais atteint; et il est très instructif de garder à l'esprit que, bien que le panais pousse sur des terres pauvres et paie sur des terres mal labourées depuis des années, les cendres du panais en contiennent trente-six pour cent. de potasse, onze pour cent. de chaux, dix-huit pour cent. d'acide phosphorique, six pour cent. d'acide sulfurique, trois pour cent. de phosphate de fer, et cinq pour cent. de sel ordinaire. Comment le panais obtient-il sa nourriture minérale dans un sol qui, pour d'autres cultures, semble épuisé? Simplement en poussant vers le bas pour cela dans une mine qui n'a jusqu'ici été que peu travaillée, bien que Cabbage puisse échouer sur la même parcelle parce que la couche superficielle a été surtaxée.

Après avoir tenté un général, nous procédons maintenant à une application particulière. En premier lieu, une bonne terre, bien labourée et abondamment fertilisée, ne peut pas être bientôt épuisée; mais même dans ce casune rotation des cultures est recommandée. Il est moins facile de dire pourquoi que d'insister sur le fait qu'en pratique, il en est ainsi. La question se pose alors: qu'est-ce qu'une rotation des cultures? C'est l'ordre d'une succession de telle manière que les récoltes taxeront le sol pour les aliments minéraux d'une manière différente. Une bonne rotation inclura à la fois les différences chimiques et mécaniques, et placera les racines pivotantes dans un cours entre les racines de surface, comme, par exemple, la carotte, le panais et la betterave, après le chou, le chou-fleur et le brocoli; et les cultures de surface légères et rapides, comme les épinards, pour remplacer les jachères. La culture du potager doit être, autant que possible, ordonnée de telle sorte que les plantes des mêmes familles naturelles ne se succèdent jamais immédiatement; et, par-dessus tout, il est important de passer d'un endroit à l'autre, année après année, les choux et les pommes de terre, car ce sont les cultures les plus exhaustives que nous cultivons. Dans une tonne de pommes de terre, il y a environ douze livres de potasse, quatre livres d'acide sulfurique, quatre livres d'acide phosphorique et une livre de magnésie. Nous pouvons remplacer ces substances par une fumure abondante, et nous sommes tenus de dire que la meilleure rotation n'éliminera pas la nécessité de la fumure; mais même alors, il est bon de cultiver la parcelle avec des pois, des épinards, de la laitue et d'autres plantes qui l'occupent pendant un laps de temps relativement bref, et nécessitent beaucoup de fouilles et d'agitation; car ces agences mécaniques se combinent avec le fumier pour préparer la parcelle à cultiver à nouveau des pommes de terre, bien mieux que si la terre n'était réservée à cette culture que d'année en année. Si nous pouvions tracer une parcelle de terrain en quatre parties, nous devrions consacrer une parcelle aux cultures permanentes - comme les asperges, le chou frisé et la rhubarbe - et sur les trois autres garder les cultures en rotation dans un ordre tel que celui-ci: n ° 1, pommes de terre, céleri, poireau, carotte, panais, betterave , etc. N ° 2, pois, haricots, oignons, épinards d'été, etc., suivis des navets pour l'hiver, du chou pour le printemps et des épinards d'hiver. N ° 3, Brassicas, y compris le brocoli, les choux de Bruxelles, le chou frisé, etc. L'année suivante, le n ° 1 original serait classé n ° 2 et le n ° 2 n ° 3. Au cours de la troisième saison, des changements correspondants seraient apportés, constituant un système à trois plats. Le cultivateur doit faire preuve de discrétion pour cultiver un terrain vague. À titre d'exemple, il sera évident que les terres défrichées de pommes de terre primeurs conviendront parfaitement à la plantation de fraises. Un autre point mérite l'attention: Les pois semés sur les lignes où le céleri a été cultivé prospéreront sans aucune préparation autre que le nivellement du sol et le dessin des exercices nécessaires. C'est une coutume de l'ouest de l'Angleterre, et elle répond extrêmement bien.

LA CHIMIE DES CULTURES DE JARDIN

Un examen de la chimie des cultures qui attirent l'attention dans ce pays permettra d'expliquer une grande différence entre l'agriculture et le jardinage. Et cette différence doit être gardée à l'esprit par toutes les classes de cultivateurs comme base des opérations de travail du sol, de culture, et de l'ordre et du caractère des rotations. La première chose à découvrir dans la culture d'une ferme est le type de végétation pour lequel la terre est la mieux adaptée pour assurer, en une série de saisons, des résultats assez rentables. Si le sol est impropre aux céréales, alors c'est une pure folie de semer plus de maïs que ce qui peut être nécessaire pour des raisons de commodité, comme, par exemple, pour fournir de la paille pour la couverture et la litière, et l'avoine pour les chevaux, pour économiser les frais de transport, etc. . Dans les grandes exploitations éloignées des marchés, il est souvent nécessaire de risquer quelques cultures pour lesquelles la terre est mal adaptée, afin de satisfaire les exigences de la ferme, et d'économiser les dépenses d'argent et les inconvénients liés au transport de marchés éloignés. Mais partout la culture doit être adaptée au plus près du sol et du climat, à la fois pour simplifier les opérations et élargir au maximum les chances de succès. Dans la culture d'un jardin, cette procédure simple ne peut pas être suivie. Nous sommes certainement obligés de considérer ce que le sol et le climat favoriseront particulièrement parmi les cultures maraîchères, mais, malgré cela, le jardinier doit cultiver tout ce dont le ménage a besoin. Il devra peut-être faire pousser des pois sur un sable chaud et peu profond; et pommes de terre et carottes sur une argile froide; et Asperges sur un lit peu profond de galets et de tessons. Pour le jardinier, la chimie des cultures est une question de grande importance, capable de transporter plus ou moins de tous les légumes et fruits qui trouvent une place dans le catalogue des besoins domestiques. Qu'il doive échouer à certains moments est inévitable; néanmoins son but sera, et doit être, d'un genre quelque peu universel, et une idée claire des rapports des plantes au sol dans lequel elles poussent lui sera d'une valeur constante et incalculable.

Nous devons dire d'emblée qu'un essai complet sur la chimie de la végétation n'est pas notre but. Nous tenons à transmettre quelques informations utiles et à susciter un intérêt suffisant pour inciter ceux qui n'ont jusqu'ici donné que peu d'attention à cette question à s'enquérir davantage, en vue d'aller bien au-delà du point où nous devrons abandonner le sujet.

Les plantes se composent de deux classes de constituants: l'inorganique, que l'on peut appeler la fondation; et l'Organique, qui peut être considéré comme la superstructure. Avec le premier de ceux-ci, nous sommes principalement concernés ici. Une plante doit tirer du sol certaines proportions de silice, de chaux, de soufre, de phosphates, d'alcalis et d'autres constituants minéraux, ou elle ne peut pas exister du tout; mais, étant donné ceux-ci, la fabrication de fibres, d'amidon, de gomme, de sucre et d'autres produits organiques dépend de l'action de la lumière, de la chaleur, de l'air atmosphérique et de l'humidité, car les produits organiques doivent être créés par une action chimique (ou vitale) dans la structure ou, comme on dit parfois, dans les tissus de la plante elle-même. Dans une très large mesure, les agences qui conduisent à l'élaboration de produits biologiques sont hors de notre contrôle (mais pas entièrement), alors que nous pouvons directement, et à un degré considérable, fournir à la plante les minéraux dont elle a plus particulièrement besoin; d'abord, en choisissant le sol pour cela, et ensuite en labourant et en fumant d'une manière appropriée. Un sol argileux, dans lequel, en plus de l'alumine prédominante, il y a une bonne proportion de chaux, peut être considéré comme le plus fertile à toutes fins; mais nous en avons peu en Grande-Bretagne, nos argiles étant pour la plupart d'une texture tenace, rétentives d'humidité, et exigeant beaucoup de culture, et contenant, de plus, des sels de fer dans des proportions et des formes presque toxiques pour les plantes. Mais il y a des ressources profondes dans la plupart des argiles, de sorte que s'il est difficile de les apprivoiser, il est également difficile de les épuiser. Par conséquent, une argile qui a été bien cultivée pendant plusieurs générations produira généralement un juste retour pour toute récolte qui peut y être appliquée. Les sols calcaires sont généralement très poreux et pauvres en argile, et n'ont donc aucun pouvoir de maintien. Beaucoup de nos grandes étendues de calcaire de montagne sont de simples promenades à moutons, et seraient comparativement sans valeur, sauf pour la chaux qui peut être obtenu en brûlant. D'autre part, la craie, qui est une forme plus récente de carbonate de chaux, est souvent très productive, surtout là où, à la suite d'une longue culture, elle a été très brisée et est devenue limoneuse par accumulation d'humus. Entre le calcaire le plus ancien et la dernière craie, il existe de nombreux types intermédiaires de sols calcaires, et ils sont pour la plupart bons, en raison de leur richesse en phosphates, les produits des organismes marins dont ces roches en grande partie, et dans certains cas entièrement, consister. Pour la croissance des céréales, ces sols calcaires ont besoin d'une certaine proportion de silice, et là où ils en ont, nous voyons certaines des meilleures récoltes de blé, de trifolium, de pois et de haricots dans ces îles. Si nous pouvions mélanger certaines de nos argiles tenaces avec nos calcaires stériles, les deux agrafes comparativement sans valeur s'avéreraient probablement remarquablement fertiles. Bien que cela soit impossible, un examen de la chimie du mélange imaginaire peut être utile, plus particulièrement au jardinier, qui peut, à petite échelle, accomplir beaucoup de choses impraticables à grande échelle. Les sols sableux sont caractérisés par un excès de silice et une carence en alumine, phosphates et potasse. Ici, la texture mécanique est aussi grave que dans le cas de l'argile. Le sable est trop meuble car l'argile est trop pâteuse, et il se peut que nous devions éviter que le domaine ne soit emporté par le vent. Il est particulièrement intéressant d'observer, cependant, que les sols sableux sont les plus facilement accessibles à l'opération de travail du sol. Si nous ne pouvons pas en retirer beaucoup, nous pouvons y mettre n'importe quel montant, et il est toujours nécessaire de calculer où s'arrêtera le processus d'enrichissement. Il n'est pas moins intéressant d'observer que les sols sableux peuvent être rendus capables de produire presque tous les types de cultures, sauf les céréales et les légumineuses, et même ceux-ci peuvent être sécurisés là où il y a une base de tourbe ou de limon ou d'argile avec le sable. Les parcs et jardins de Paris, Versailles et Haarlem sont sur des sables profonds qui dérivent devant le vent lorsqu'ils sont laissés exposés pendant un certain temps sans récolte sur eux; et non seulement nous voyons les meilleures pommes de terre et les herbes les plus nutritives produites sur ces sols, mais de bons choux-fleurs, pois, haricots, oignons, fruits et grands arbres de bois sain. Et même ceux-ci peuvent être sécurisés là où il y a une base de tourbe ou de limon ou d'argile avec le sable. Les parcs et jardins de Paris, Versailles et Haarlem sont sur des sables profonds qui dérivent devant le vent lorsqu'ils sont laissés exposés pendant un certain temps sans récolte sur eux; et non seulement nous voyons les meilleures pommes de terre et les herbes les plus nutritives produites sur ces sols, mais de bons choux-fleurs, pois, haricots, oignons, fruits et grands arbres de bois sain. Et même ceux-ci peuvent être sécurisés là où il y a une base de tourbe ou de limon ou d'argile avec le sable. Les parcs et jardins de Paris, Versailles et Haarlem sont sur des sables profonds qui dérivent devant le vent lorsqu'ils sont laissés exposés pendant un certain temps sans récolte sur eux; et non seulement nous voyons les meilleures pommes de terre et les herbes les plus nutritives produites sur ces sols, mais de bons choux-fleurs, pois, haricots, oignons, fruits et grands arbres de bois sain.

Les sols de jardin sont généralement constitués de limon quelconque, conséquence d'une longue culture. Les limons naturels sont le résultat de la décomposition et du mélange de diverses terres, et ils sont pour la plupart d'une texture douce, faciles à travailler et très productifs. Ils sont, en règle générale, les meilleurs de tous les sols, et leur bonté est en partie due au fait qu'ils contiennent un peu de tout, sans grande prédominance de personne. terre particulière. La culture produit également du limon. Sur une terre argileuse, nous trouvons une croûte supérieure de limon argileux, et sur une terre de chaux ou de craie une croûte supérieure de limon calcaire. Là où la culture est pratiquée depuis longtemps, l'agrafe est cassée et le fumier est mis, et les racines des plantes aident à la désintégration et à la décomposition. Ainsi, il y a accumulation d'humus et une décomposition de la roche se déroulant ensemble, et il en résulte un terreau quelconque. D'où la nécessité de la prudence en ce qui concerne les tranchées profondes, car si nous enterrons la terre végétale et mettons à sa place un matériau brut qui n'a pas encore vu la lumière du jour, nous pouvons perdre dix ans en culture rentable, car nous devons maintenant commencer à apprivoiser un sol sauvage que nous nous sommes donné beaucoup de mal d'élever, de recouvrir une couche d'un bon matériau préparé pour nous par les opérations combinées de la Nature et de l'Art pendant, peut-être, plusieurs siècles. Mais les sols de jardin profonds et bons peuvent être en toute sécurité creusés dans des tranchées et librement heurtés, car non seulement le processus favorise l'enracinement profond des plantes, mais il favorise également cette désintégration qui est l'une des causes de la fertilité. Chaque galet est capable de donner au sol une solution - infinitésimale, peut-être, mais non moins réelle - de silice, ou de chaux, ou de potasse, ou de phosphates, ou peut-être de tout cela; mais il doit être exposé à la lumière, à l'air et à l'humidité pour lui permettre de se séparer d'une partie de sa substance, et c'est ainsi que le travail mécanique du sol est de la première importance dans toutes les opérations agricoles et horticoles. mais il favorise aussi cette désintégration qui est une des causes de la fécondité. Chaque galet est capable de donner au sol une solution - infinitésimale, peut-être, mais non moins réelle - de silice, ou de chaux, ou de potasse, ou de phosphates, ou peut-être de tout cela; mais il doit être exposé à la lumière, à l'air et à l'humidité pour lui permettre de se séparer d'une partie de sa substance, et c'est ainsi que le travail mécanique du sol est de la première importance dans toutes les opérations agricoles et horticoles. Mais il favorise aussi cette désintégration qui est une des causes de la fécondité. Chaque galet est capable de donner au sol une solution - infinitésimale, peut-être, mais non moins réelle - de silice, ou de chaux, ou de potasse, ou de phosphates, ou peut-être de tout cela; mais il doit être exposé à la lumière, à l'air et à l'humidité pour lui permettre de se séparer d'une partie de sa substance, et c'est ainsi que le travail mécanique du sol est de la première importance dans toutes les opérations agricoles et horticoles.

Les principaux constituants inorganiques ou minéraux des plantes sont la potasse, la soude, la chaux, le fer, le phosphore, le soufre, le chlore et la silice. Les argiles et les limons sont généralement riches en potasse, en soufre et en phosphates, mais déficients en silice soluble et en chaux. Le calcaire et la craie sont généralement riches en chaux et en phosphates, mais déficients en humus, silice, soufre et alcalis. Les sols sableux sont riches en silice, mais sont généralement pauvres en phosphates et alcalis. Par conséquent, sur une argile ou un limon, le fumier de ferme est inestimable, car il contient des ingrédients que toutes les cultures apprécient, et aussi parce qu'il est utile pour briser la texture du sol. L'application occasionnelle de chaux est également importante pour son effet presque magique sur le sol de jardin qui a été généreusement fertilisé et fortement cultivé pendant de longues années. Les sols calcaires bénéficient grandement d'une application gratuite sur eux du fumier de l'étable et des bovins; mais en règle générale, ce serait comme porter des charbons à Newcastle pour habiller ces sols de chaux. L'argile peut être appliquée avec avantage; et rien ne profite plus à un sol calcaire chaud qu'une bonne dose de boue des étangs et des fossés, qui fournit à la fois de l'humus, de l'alumine et des silicates, et donne un `` aliment de base '' àle sol, tout en l'empêchant de «brûler». Lors de la fertilisation des sols sableux, un grand soin est nécessaire, en raison de leur pouvoir absorbant. Dans les districts de culture de bulbes de Hollande, le fumier des étables vaut un prix énorme pour creuser dans le sable meuble pour une récolte de pommes de terre, suivie de bulbes. Les sols sableux sont généralement déficients en phosphates et alcalis; c'est pourquoi on trouvera fréquemment sur de tels sols que le kaïnit (une forme brute de potasse) et le superphosphate de chaux produiront conjointement les meilleurs résultats, plus particulièrement dans la culture des pommes de terre, des oignons et des carottes, qui sont particulièrement bien adaptés aux sols sableux. L'un des meilleurs engrais est probablement le véritable fumier de ferme provenant de bovins nourris à l'étable, car il contient des phosphates, des alcalis et des silicates sous formes disponibles. Pour des raisons similaires, le guano péruvien est souvent utile sur de tels sols. Le fumier artificiel doit être sélectionné en vue de corriger les carences du sol et de satisfaire les exigences des cultures qui y sont cultivées.

Bien que nous ayons ainsi traité principalement des constituants inorganiques ou minéraux des plantes, et de la manière dont les carences du sol par rapport à l'un d'entre eux peuvent être comblées par des applications artificielles, nous ne devons pas ignorer l'autre classe de constituants, la . Ceux-ci sont fournis presque entièrement par l'atmosphère elle-même, bien que, dans une mesure limitée, la présence dans le sol d'humus ou de matière végétale y contribue également. Pourtant, ce dernier, comme on le voit dans le cas des terres lourdement habillées de fumier de ferme ou d'étable, de déchets végétaux, etc., exerce des fonctions importantes dans d'autres directions. Non seulement les constituants minéraux, sous des formes disponibles pour l'assimilation, sont fournis, mais les sols ainsi traités présentent des avantages particuliers en ce qui concerne leur état mécanique et des conditions physiques améliorées, principalement en ce qui concerne la rétention d'humidité, chaleur, etc. Ainsi, les sols sableux, qui sont très aptes, à cause de la pauvreté dans l'humus, à perdre facilement leur humidité et à `` brûler '', sont rendus plus rétentifs d'humidité et de constituants fertilisants par l'utilisation de fumier de ferme, etc., et ont plus de `` base ou substance qui leur est donnée, tandis que les argiles lourdes et tenaces sont épanouies, allégées et rendues plus sensibles aux influences du drainage, de l'aération, etc., et deviennent ainsi moins froides et inactives.

Aux fins présentes, les principales cultures maraîchères peuvent être regroupées en deux classes, en fonction de leurs principales caractéristiques et de la prédominance de certains de leurs éléments minéraux. Les chiffres donnés à la page suivante montrent les proportions moyennes en pourcentage des différents minéraux dans les cendres des différentes plantes.

Dans la classe I. Les phosphates et la potasse prédominent. Cette classe comprend les plantes les moins succulentes et comprend les suivantes: Le pois: contenant, dans 100 parties de cendres, des phosphates, trente-six; potasse, quarante. Haricot: phosphates, trente; potasse, quarante-quatre. Pomme de terre (tubercules uniquement): phosphates, dix-neuf; potasse, cinquante-neuf; soda, deux; citron vert, deux; acide sulfurique, six. Panais: phosphates, dix-huit; potasse, trente-six; citron vert, onze; sel, cinq. Carotte: phosphates, douze; potasse, trente-six; soda, treize; acide sulfurique, six. Topinambour: phosphates, seize; potasse, soixante-cinq.

Dans la classe II. Les sels de soufre, de chaux et de soude sont prédominants. Cette classe comprend les plantes les plus succulentes et comprend les suivantes: Chou: contenant, dans 100 parties de cendres, des phosphates, seize; potasse, quarante-huit; soda, quatre; citron vert, quinze; acide sulfurique, huit. Navet: phosphates, treize; potasse, trente-neuf; soda, cinq; citron vert, dix; acide sulfurique, quatorze. Betterave: phosphates, quatorze; potasse, quarante-neuf; soude, dix-neuf; citron vert, six; acide sulfurique, cinq.

Naturellement, les lentilles et autres types de légumineuses s'accordent plus ou moins avec les pois et les haricots dans la prédominance des phosphates et de la potasse. Ainsi, encore une fois, tous les Brassicas, que ce soit le chou frisé, le chou-fleur ou quoi que ce soit d'autre, sont presque d'accord avec le chou en présence proéminente de chaux et de soufre; ingrédients qui rendent pleinement compte de l'odeur désagréable de ces légumes lorsqu'ils sont en état de pourriture. En règle générale, les fruits sont fortement chargés en alcalis et sont rarement déficients en phosphates; de plus, les fruits à noyau ont besoin de chaux, car ils doivent produire des os aussi bien que de la chair lorsqu'ils produisent une récolte. En ce qui concerne les alcalis, les plantes semblent capables de substituer la soude à la potasse dans certaines circonstances, mais il ne serait pas prudent pour le cultivateur de supposer que l'alcali le moins cher pourrait remplacer l'alcali le plus coûteux en tant qu'agent minéral, car la nature est sévère et constante dans ses manières, et on peut difficilement supposer qu'une plante où prédomine normalement la potasse puisse atteindre la perfection dans un sol pauvre en potasse, si bien approvisionné en soude. L'alcali moins cher en combinaison sous forme de sel (chlorure de sodium) peut, cependant, être généralement utilisé pour aider les cultures vertes à croissance rapide; et plus ou moins avec des racines pivotantes et des Brassicas. Le sel est également très utile en saison sèche en raison de son pouvoir d'attirer et de retenir l'humidité. En ce qui concerne les pommes de terre, il convient d'observer qu'elles ne contiennent qu'une trace de silice, et pourtant elles se développent généralement sur le sable, et dans de nombreux cas, les cultures cultivées sur le sable sont exemptes de maladie et de haute qualité, bien que le poids puisse ne pas être grand. . La texture mécanique du sol a beaucoup à voir avec cela; et on ne peut guère supposer qu'une plante où prédomine normalement la potasse puisse atteindre la perfection dans un sol pauvre en potasse, si bien approvisionné en soude. L'alcali moins cher en combinaison sous forme de sel (chlorure de sodium) peut, cependant, être généralement utilisé pour aider les cultures vertes à croissance rapide; et plus ou moins avec des racines pivotantes et des Brassicas. Le sel est également très utile en saison sèche en raison de son pouvoir d'attirer et de retenir l'humidité. En ce qui concerne les pommes de terre, il convient d'observer qu'elles ne contiennent qu'une trace de silice, et pourtant elles se développent généralement sur le sable, et dans de nombreux cas, les cultures cultivées sur le sable sont exemptes de maladie et de haute qualité, bien que le poids puisse ne pas être grand. . La texture mécanique du sol a beaucoup à voir avec cela; et on ne peut guère supposer qu'une plante où prédomine normalement la potasse puisse atteindre la perfection dans un sol pauvre en potasse, si bien approvisionné en soude. L'alcali moins cher en combinaison sous forme de sel (chlorure de sodium) peut, cependant, être généralement utilisé pour aider les cultures vertes à croissance rapide; et plus ou moins avec des racines pivotantes et des Brassicas. Le sel est également très utile en saison sèche en raison de son pouvoir d'attirer et de retenir l'humidité. En ce qui concerne les pommes de terre, il est intéressant d'observer qu'elles ne contiennent qu'une trace de silice, et pourtant elles prospèrent généralement sur le sable, et dans de nombreux cas, les cultures cultivées sur le sable sont exemptes de maladie et de haute qualité, bien que le poids puisse ne pas être grand. . La texture mécanique du sol a beaucoup à voir avec cela; aussi bien fourni soit-il en soude. L'alcali moins cher en combinaison sous forme de sel (chlorure de sodium) peut, cependant, être généralement utilisé pour aider les cultures vertes à croissance rapide; et plus ou moins avec des racines pivotantes et des Brassicas. Le sel est également très utile en saison sèche en raison de son pouvoir d'attirer et de retenir l'humidité. En ce qui concerne les pommes de terre, il est intéressant d'observer qu'elles ne contiennent qu'une trace de silice, et pourtant elles prospèrent généralement sur le sable, et dans de nombreux cas, les cultures cultivées sur le sable sont exemptes de maladie et de haute qualité, bien que le poids puisse ne pas être grand. . La texture mécanique du sol a beaucoup à voir avec cela; aussi bien fourni soit-il en soude. L'alcali moins cher en combinaison sous forme de sel (chlorure de sodium) peut, cependant, être généralement utilisé pour aider les cultures vertes à croissance rapide; et plus ou moins avec des racines pivotantes et des Brassicas. Le sel est également très utile en saison sèche en raison de son pouvoir d'attirer et de retenir l'humidité. En ce qui concerne les pommes de terre, il convient d'observer qu'elles ne contiennent qu'une trace de silice, et pourtant elles se développent généralement sur le sable, et dans de nombreux cas, les cultures cultivées sur le sable sont exemptes de maladie et de haute qualité, bien que le poids puisse ne pas être grand. . La texture mécanique du sol a beaucoup à voir avec cela; est très utile en saison sèche en raison de son pouvoir d'attraction et de rétention de l'humidité. En ce qui concerne les pommes de terre, il convient d'observer qu'elles ne contiennent qu'une trace de silice, et pourtant elles se développent généralement sur le sable, et dans de nombreux cas, les cultures cultivées sur le sable sont exemptes de maladie et de haute qualité, bien que le poids puisse ne pas être grand. . La texture mécanique du sol a beaucoup à voir avec cela; est très utile en saison sèche en raison de son pouvoir d'attraction et de rétention de l'humidité. En ce qui concerne les pommes de terre, il convient d'observer qu'elles ne contiennent qu'une trace de silice, et pourtant elles se développent généralement sur le sable, et dans de nombreux cas, les cultures cultivées sur le sable sont exemptes de maladie et de haute qualité, bien que le poids puisse ne pas être grand. . La texture mécanique du sol a beaucoup à voir avec cela;et quand cela est aidé par un approvisionnement en potasse et en phosphates, que ce soit à partir de fumier de ferme ou artificiel, les sols sableux deviennent hautement productifs de pommes de terre de la meilleure qualité. D'autre part, les pommes de terre poussent également bien sur le calcaire et la craie, et pourtant elles ne contiennent que peu de chaux. Ici encore, la texture mécanique explique en partie le cas, et elle s'explique encore par la suffisance de potasse et de phosphates, ainsi que de magnésie, qui entre d'une manière spéciale dans la constitution minérale de cette racine.

Jusqu'à présent, nous n'avons même pas mentionné l'azote, ni sa forme commune de sels d'ammoniaque; nous n'avons pas non plus mentionné le carbone ou sa forme très familière d'acide carbonique. Ce sont des éléments importants de la croissance des plantes; et ils rendent compte de l'efficacité des fumiers provenant directement du règne animal, comme, par exemple, les excréments d'animaux, y compris le guano, qui consistaient à l'origine en excréments d'oiseaux de mer. Une partie de l'azote de ces substances, cependant, a un caractère évanescent et s'envole rapidement sous forme de carbonate d'ammoniaque; par conséquent, un tas de fumier de ferme, laissé pendant plusieurs années, perd une grande partie de sa valeur en tant que fumier, et le guano doit être conservé en vrac le plus longtemps possible et protégé de l'atmosphère, sinon son ammoniac disparaîtra en grande partie. Une difficulté rencontrée par les chimistes et autres dans la préparation des engrais artificiels est celle de `` fixer '' l'ammoniac nécessaire, de sorte qu'il puisse être empêché de se dissiper dans l'atmosphère, et en même temps être toujours dans un état dans lequel il peut être approprié. par la plante. Dans tous les bons engrais, cependant, il y en a une certaine proportion en combinaison et, dans de nombreux cas, le pourcentage d'azote est le test de la valeur d'un fumier.

L'importance de l'humus - la substance terreuse noire résultant de la décomposition de la végétation - dans un sol est qu'il contient sous une forme assimilable plusieurs des ingrédients essentiels à la vie végétale. L'humus lorsqu'il se décompose dégage de l'acide carbonique, qui décompose les substances minérales du sol et les rend disponibles comme nourriture végétale. Lorsque les déchets végétaux sont brûlés, l'azote - l'un des constituants les plus coûteux - est dissipé et perdu. Mais en enfouissant les déchets, le sol récupère une partie de l'azote organique qu'il a rendu et quelque chose de plus sous forme de sels phosphatiques et potassiques solubles; et comme cet azote organique prend en fin de compte la forme d'acide nitrique, il peut être assimilé par la plante en croissance, au grand avantage de toute culture qui occupe le sol.

La conclusion pratique est que, dans le traitement du sol, un jardinier habile s'efforcera de promouvoir sa fertilité en offrant les influences naturelles de la pluie, du gel et du soleil sont l'occasion de libérer les constituants enfermés dans l'agrafe; en restituant le plus possible sous forme de déchets ce que le sol s'est séparé de la végétation; et par l'addition de tels agents fertilisants qui sont adaptés pour remédier aux carences naturelles du sol. Ainsi, au lieu de suivre un processus d'épuisement, les ressources du jardin peuvent être augmentées annuellement.

LES FUMIERS ARTIFICIELS ET LEUR APPLICATION SUR LES CULTURES DE JARDIN

Les plantes, comme les animaux, ont besoin de nourriture pour leur subsistance et leur développement, et lorsque celle-ci est administrée en quantité insuffisante ou que des aliments inappropriés sont fournis, elles restent petites, affamées et malsaines.

Les éléments chimiques qui composent la nourriture naturelle des cultures ordinaires sont au nombre de dix, à savoir: le carbone, l'hydrogène, l'oxygène, l'azote, le soufre, le phosphore, le potassium, le calcium, le magnésium et le fer. Ceux-ci sont obtenus à partir du sol et de l'air, et à moins qu'ils ne soient tous disponibles, les plantes ne pousseront pas. L'absence de l'un d'entre eux est aussi désastreuse que le besoin de tous, et une carence de l'une ne peut être compensée par un excès de l'autre; par exemple, si le sol est déficient en potassium, la culture en souffre et ne peut pas être améliorée par l'ajout de fer ou de magnésium. Tous les éléments alimentaires se trouvent en quantités suffisantes dans pratiquement tous les sols et dans l'air environnant, à l'exception de trois: l'azote, le potassium et le phosphore. Ceux-ci sont souvent présents en quantité réduite ou dans un état inadapté aux plantes;

L'une des substances les plus connues employées de cette manière est le fumier de ferme, qui est indirectement dérivé de plantes et contient tous les éléments nécessaires à la croissance des cultures. Il est cependant de composition très variable et contient rarement, ou jamais, ces éléments dans les proportions les plus appropriées, et sa valeur peut toujours être grandement améliorée en complétant son action par l'un ou l'autre des engrais ou engrais dits artificiels. Bien qu'il soit fortement conseillé d'ajouter du fumier de ferme ou des composts végétaux au sol de tous les jardins de temps en temps, afin de maintenir la texture du sol dans un état satisfaisant, d'excellentes cultures peuvent être cultivées en utilisant uniquement des engrais artificiels. Pour obtenir les meilleurs résultats de ces derniers, une certaine expérience est bien sûr nécessaire, mais ce qui suit les détails concernant la nature et l'application du roturier et des types plus utiles devraient s'avérer utiles dans la majorité des cas.

Les fumiers artificiels peuvent être divisés en trois classes : -

1. La classe azotée, dont le nitrate de soude et le sulfate d'ammoniaque sont des exemples.

2. La classe phosphatique, telle que le superphosphate, le laitier basique et la farine d'os cuite à la vapeur.

3. La classe Potasse, y compris le kaïnit et le sulfate de potasse. Les plusieurs exemples de chaque classe ne contiennent qu'un des trois éléments alimentaires végétaux importants, et comme un seul élément ne peut être utile que lorsque les autres sont présents dans le sol, il est généralement conseillé d'en appliquer un de chaque classe, soit séparément ou mélangé, afin d'assurer l'approvisionnement de la culture en azote, phosphates et potasse.

Les engrais azotés stimulent spécialement la croissance du feuillage, des tiges et des racines des plantes, et sont donc du plus grand avantage pour les carottes, les panais, les navets, la betterave, le céleri, les asperges, la rhubarbe, toute la tribu du chou et les cultures à feuilles en général.

Le nitrate de soude fournit l'élément alimentaire végétal unique, l'azote et la soude à toutes fins pratiques peuvent être ignorés. Il se dissout très facilement dans l'eau et est immédiatement absorbé par les plantes en croissance, son effet étant clairement visible quelques jours après l'application. Comme cet artificiel s'écoule facilement des terres non cultivées, il ne doit être administré qu'aux plantes en croissance. Il est préférable de l'appliquer au printemps et en été et en petites quantités; par exemple, à raison d'une livre par bâtonnet carré, répété à des intervalles de deux ou trois semaines, plutôt qu'en une seule grande dose. Le nitrate de soude ne doit pas être mélangé avec du superphosphate, mais il peut être ajouté aux scories basiques et aux fumiers de potasse.

Le sulfate d'ammoniaque est un autre engrais azoté, similaire dans ses effets au nitrate de soude, mais plus lent à agir puisque son azote doit subir un changement en nitrate avant d'être disponible pour les plantes. Il est retenu par le sol et peut donc être appliqué plus tôt au printemps que le nitrate de soude sans crainte de perte. Cependant, l'utilisation continue de ce fumier est susceptible de rendre le sol aigre et, par conséquent, il ne doit être employé que sur un sol contenant de la chaux ou auquel de la chaux a été ajoutée. Ne jamais mélanger du sulfate d'ammoniaque avec du laitier basique ou avec de la chaux, mais il peut être mélangé avec du superphosphate et des fumiers de potasse.

Les engrais phosphatiques ont l'effet inverse des engrais azotés, en contrôlant la croissance effrénée et en encourageant la formation précoce de fleurs, de fruits et de graines. Ils sont relativement peu coûteux et devraient être généreusement appliqués à tous les sols pour toutes les cultures. *Le superphosphate* est un fumier acide qui convient le mieux à une utilisation sur des sols contenant de la chaux. *Le laitier de base* est un meilleur matériau pour les sols carencés en chaux, ou là où la «racine-club» est répandue. Il est moins soluble et donc plus lent à agir que le superphosphate. Ces deux engrais doivent être creusés dans le sol quelque temps avant que la culture ne soit semée ou semée - superphosphate à raison de deux à trois livres par tige carrée; laitier de base en plus grande quantité, cinq à six livres par tige carrée. Le superphosphate peut également être utilisé comme couche de finition et travaillé dans la surface autour des plantes en croissance avec la houe. *Farine d'os cuite à la vapeur* ou *la farine* est un autre engrais phosphaté utile, précieux sur les classes de sol les plus légères.

Les fumiers de potasse sont bénéfiques pour les plantes à tous les stades de croissance. Ils sont particulièrement précieux pour les pommes de terre, les légumineuses, les carottes, les panais, les navets et les betteraves. Comme les engrais phosphatés, ils doivent être incorporés dans le sol avant de semer les graines ou d'éteindre les plantes. *Kainit* est mieux appliqué en automne, car il contient une quantité considérable de sels communs et de composés de magnésium qui sont parfois délétères et mieux lavés dans l'eau de drainage pendant l'hiver. Il devrait être creusé à raison d'environ trois livres par tige carrée. *Le sulfate de potasse* est trois ou quatre fois plus riche en potasse que le kaïnit, et par conséquent plus cher; appliquer au printemps et en été, un peu avant le semis ou la plantation, à raison d'environ une livre par tige carrée.

Chaux.—- Il faut dire un mot ou deux sur la chaux, qui est un constituant naturel de tous les sols. Dans de nombreux cas, il est suffisant pour les besoins de la plupart des plantes, mais lorsque la chaux est insuffisante en quantité, elle doit être ajoutée avant de pouvoir cultiver des cultures saines. Les vieux jardins sur lesquels le fumier a été librement appliqué chaque année nécessitent un pansement généreux de chaux toutes les quelques années, ou le sol devient aigre et incapable de faire pousser de bonnes récoltes de toute sorte. Pour assurer la bonne action de tous les engrais utilisés et pour garantir des récoltes saines, une application de chaux vive éteinte, à raison de quatorze à vingt livres par tige carrée, est fortement recommandée. En tant que remède contre la maladie du «clubbing» ou «des doigts et des orteils» de la tribu des plantes du chou, il est indispensable; il neutralise également l'acidité néfaste de la terre, et ouvre les sols raides,

Les suggestions suivantes pour le fumage des différentes cultures mentionnées seront jugées efficaces. Il n'est cependant pas prévu qu'ils doivent être suivis servilement, car des substitutions utiles peuvent être faites dans les formules données, si la nature des divers engrais est comprise et une compréhension intelligente est obtenue des principes de fumure énoncés dans ceci et le chapitre précédent.

Au lieu du nitrate de soude, une quantité similaire de sulfate d'ammoniaque peut être utilisée.

A la place du superphosphate, on peut avantageusement utiliser: le guano phosphatique, ou des mélanges de laitier basique et de superphosphate, ou de farine d'os et de superphosphate; ou les scories basiques peuvent être appliquées seules sur des terres déficientes en chaux.

Quatre livres de kaïnit peuvent également remplacer une livre de sulfate de potasse dans les mélanges suggérés mentionnés ci-dessous.

Là où le fumier est recommandé, on entend vingt à vingt-cinq charges par acre; de plus grandes quantités sont fréquemment appliquées, mais elles ne sont pas rentables et beaucoup moins efficaces que des quantités plus modérées complétées par des engrais artificiels.

Tous les fumiers doivent être incorporés dans le sol avant le semis ou la plantation, à l'exception du nitrate de soude, qui est mieux appliqué séparément sur les plantes en croissance, de préférence à petites doses à des intervalles de deux à quatre semaines.

Dans tous les cas, les quantités d'artificiel citées sont destinées à être utilisées sur une tige carrée ou un poteau de terre.

POIS ET HARICOTS. - Ces légumineuses sont capables d'obtenir tout l'azote dont elles ont besoin de l'air. Ils doivent cependant être amplement approvisionnés en potasse et en phosphates, un bon pansement étant: -

2-3 / 4 à 3-1 / 2 lb de superphosphate

3/4 lb de sulfate de potasse

Les haricots nains bénéficient parfois de l'ajout de 1/2 lb. à 1 lb de nitrate de soude.

ASPERGES.

Un pansement de bouse

2 lb de nitrate de soude

3-1 / 2 à 4 lb de superphosphate

3 lb de kaïnit

Le kaïnit contient une quantité considérable de sel, ce qui est précieux pour cette culture.

BETTERAVE. - Pour une récolte fine, une quantité modérée de fumier bien décomposé appliqué en automne est presque indispensable, ainsi que 3 à 4 livres de superphosphate par bâtonnet carré au printemps. Sur terre auparavantenduits de fumier pour une ancienne culture, les produits suivants peuvent être utilisés, en particulier sur les sols les plus légers: -

1-1 / 2 lb de nitrate de soude lorsque les plantes sont bien en

place, et une quantité similaire une quinzaine

de jours après avoir choisi

4 à 5 lb de superphosphate

4 lb de kaïnit

BROCOLI ET CHOU-FLEUR.

Avec de la bouse .

2 à 3 lb de nitrate de soude

2 à 3 lb de superphosphate

3/4 lb de sulfate de potasse

Sans bouse .

4 à 5 lb de nitrate de soude

4 à 5 lb de superphosphate

3/4 lb de sulfate de potasse

Chou, chou frisé et choux de Bruxelles. - Ces Brassicas ont besoin de quantités considérables d'azote et de phosphates. Pour le chou de printemps planté en automne, une terre bien excrétée pour la culture précédente donne de bons résultats avec l'ajout des artificiels mentionnés ci-dessous: pour la culture d'automne, la bouse doit être appliquée avant la plantation au début de l'année.

Avec de la bouse .

2 à 3 lb de nitrate de soude

4 à 5 lb de superphosphate

3/4 lb de sulfate de potasse

Sans bouse.

4 lb de nitrate de soude

5 à 6 lb de superphosphat

3/4 lb de sulfate de potasse

CAROTTE ET PARSNIP. — Un bon pansement de fumier appliqué sur la récolte précédente est une préparation précieuse pour la culture des carottes et du panais. De plus, l'un des mélanges suivants doit être utilisé: -

(1)

3/4 lb de nitrate de soude

3 à 4 lb de superphosphate

3/4 lb de sulfate de potasse

(2)

3/4 lb de nitrate de soude

2 lb de superphosphate

1 à 2 lb de laitier basique

3 lb. kainit

CÉLERI nécessite l'utilisation de bouse plus que presque toute autre culture, et il est peu affecté par les engrais artificiels, à l'exception des phosphates, qui peuvent être donnés sous forme de superphosphate au taux de 2-1 / 2 à 3-1 / 2 lb par tige carrée.

SALADE.

Avec de la bouse .
3 à 4 lb de superphosphate
1/2 à 1 lb de nitrate de soude

Sans bouse.
3 à 4 lb de superphosphate
1 à 1-1 / 2 lb de nitrate de soude
1 lb de sulfate de potasse

Les oignons ne réussissent jamais sans un approvisionnement suffisant en potasse. Cette culture doit donc avoir de la bouse de ferme ou des engrais potassiques spéciaux en quantité adéquate.

Avec de la bouse.
3/4 lb de nitrate de soude
4 à 5 lb de superphosphate
3/4 lb de sulfate de potasse

Sans bouse.
1-1 / 2 à 2-1 / 2 lb de nitrate de soude
5 lb de superphosphate
1 lb de sulfate de potasse

Les LEEKS nécessitent les mêmes engrais que les oignons, mais auront besoin de peu ou pas de nitrate si une bonne bouse est utilisée.

POMME DE TERRE. - Pour un bon rendement, une qualité élevée et une absence de maladie, les pommes de terre dépendent d'un bon approvisionnement en potasse. Ils réussissent mieux lorsqu'ils sont fournis avec une quantité modérée de fumier de ferme, complété par des artifices appropriés, mais peuvent être cultivés sur certains sols avec des artificiels seuls.

Avec de la bouse .

3/4 lb de sulfate d'ammoniaque

3 lb de superphosphate

3/4 lb de sulfate de potasse

Sans excréments .

1 1/2 lb de sulfate d'ammoniaque

3 1/2 lb de superphosphate

1 à 1 1/2 lb de sulfate de potasse

Au lieu du superphosphate, un mélange de cet engrais avec une quantité égale de farine d'os ou de laitier basique peut être utilisé, et soit 4 lb de kaïnit et 1 lb de muriate de potasse au lieu de 1 lb de sulfate de potasse.

RHUBARB. — Un pansement annuel de bouse est bénéfique, avec 6 livres de scories de base, 1 livre de sulfate de potasse et 4 livres de nitrate de soude, la moitié du nitrate étant appliquée lorsque la croissance commence et le reste une quinzaine de jours plus tard.

ÉPINARD.

Avec de la bouse .

3 à 4 lb de superphosphate

2 à 3 lb de nitrate de soude

Sans excréments

4 à 5 lb de superphosphate

1 lb de sulfate de potasse

3 à 4 lb de nitrate de soude

Les tomates ont besoin de grandes quantités de potasse et de phosphates pour induire une croissance trapue et une abondance de fleurs et de fruits. Les engrais azotés doivent être retenus jusqu'au stade de la floraison, car ils stimulent la production de tiges et de feuilles succulentes de rang qui sont particulièrement sujettes aux attaques de champignons nuisibles. Après la nouaison du fruit, l'application de petites doses de nitrate de soude ou de sulfate d'ammoniaque, comme indiqué ci-dessous, contribue grandement au gonflement de la récolte. Les mélanges suivants travaillés dans le sol se révéleront bénéfiques pour les tomates: -

5 à 6 lb de superphosphate 7 à 8 lb de laitier basique

1 lb de sulfate de potasse *ou* 1 lb de sulfate de potasse

Le nitrate de soude, ou sulfate d'ammoniaque, à raison de 1-1 / 2 à 2 livres par bâtonnet carré, peut être donné avec avantage dès la nouaison.

TURNIP ET SUEDE. - Pour le développement des racines fines, un approvisionnement libéral en phosphates est indispensable.

Avec de la bouse .

1 lb de nitrate de soude

3 à 4 lb de superphosphate

3/4 lb de sulfate de potasse

Sans fumier

2 lb de nitrate de soude

4 à 5 lb de superphosphate

1 lb de sulfate de potasse